NEVER GIVE UP

永不言败

北京大学"冠军讲堂"课程实录

刘　伟

户国栋

主编

北京大学出版社
PEKING UNIVERSITY PRESS

图书在版编目(CIP)数据

永不言败:北京大学"冠军讲堂"课程实录/刘伟,户国栋主编.—北京:北京大学出版社,2024.1

ISBN 978-7-301-34678-5

Ⅰ.①永… Ⅱ.①刘… ②户… Ⅲ.①体育文化—民族精神—中国 Ⅳ.①G80-054

中国国家版本馆 CIP 数据核字(2023)第 231680 号

书　　　名	永不言败：北京大学"冠军讲堂"课程实录	
	YONG BU YAN BAI: BEIJING DAXUE	
	"GUANJUN JIANGTANG" KECHENG SHILU	
著作责任者	刘　伟　户国栋　主编	
责 任 编 辑	尹　璐	
标 准 书 号	ISBN 978-7-301-34678-5	
出 版 发 行	北京大学出版社	
地　　　址	北京市海淀区成府路 205 号　100871	
网　　　址	http://www.pup.cn　　新浪微博:@北京大学出版社	
电 子 邮 箱	zpup@pup.cn	
电　　　话	邮购部 010-62752015　发行部 010-62750672　编辑部 021-62071998	
印 刷 者	北京宏伟双华印刷有限公司	
经 销 者	新华书店	
	730 毫米×1020 毫米　16 开本　18.25 印张　299 千字	
	2024 年 1 月第 1 版　2024 年 1 月第 1 次印刷	
定　　　价	78.00 元	

编 委 会

主 编

刘 伟 户国栋

执行主编

钱俊伟 贺 凌

副主编

丁 宁 石 慧

执行副主编

肖 扬 任芷谊 王禹潼 段 蕾 冯 凌 张华庆

编 委（按姓氏笔画排序）

丁博岩	万传扬	王为暄	王宏鹰	王 俊	王浩翔	王瑞环
孔昱欢	刘万香宜	刘悦戎	闫艺文	李安然	李若琪	杨若萱
张钰洋	张雪恩	张誉文	张旖诺	陈俊恺	范闵荣	胡俊言
柳淏君	侯旭森	侯伯远	宫铭泽	胥文豪	夏丽雅	徐 娱
高尘镁	高 雪	唐思琪	黄志勐	曹珈瑞	盛弘烨	梁嘉琪
曾劲标	熊文啸	滕 正	魏小森			

党的二十大报告指出,到 2035 年,我国发展的总体目标之一为"建成教育强国、科技强国、人才强国、文化强国、体育强国、健康中国"。在 2018 年 9 月召开的全国教育大会上,习近平总书记强调,要树立健康第一的教育理念,开齐开足体育课,帮助学生在体育锻炼中享受乐趣、增强体质、健全人格、锤炼意志。"培养德智体美劳全面发展的社会主义建设者和接班人"是习近平总书记站在党和国家事业发展全局的战略高度为教育工作指明的根本任务和方向目标。北京大学围绕立德树人的根本任务,高度重视体育育人价值,一百多年前,蔡元培先生就曾提出"完全人格,首在体育"的全人教育理念;进入新时代后,"健康校园,体育先行"的工作理念在燕园落地生根、开花结果。

刘伟教授是倡导"教体结合"的杰出教师,同时也是这一模式的积极推动者,她用十六年时间拿下七个世界冠军,也用了十六年时间在北大获得了学士、硕士及博士学位,实现了"从球台到讲台"的成功转型。留校任教以来,刘伟教授秉承为党育人、为国育才的理想信念,坚持教书育人、立德树人,坚持言传与身教相统一,探索"教体结合"的人才培养模式,在教学实践中不断深化理论研究,致力于为我国的体育教育事业培养更多更优秀的高质量人才。

在新时代新形势下,体育精神变得尤为重要。体育不仅仅是运动,更是一种文化、一种生活态度、一种价值理念,体育教会我们拼搏、坚韧、合作,指导我们超越自己的极限。而冠军精神,则是这一体育文化的最高体现,冠军不仅是比赛的优胜者,更是追求卓越、永不言败的现实典范。冠军精神,不仅在竞技场上闪耀,也在生活中照亮我们前进的道路。2022 年,刘伟教授在北京大学推出"冠军讲堂——体育文化与创新精神"课程,这是她在"教体结合"模式的探索之路上实现的又一创举。这一课程充分体现了刘伟教授在体育课程思政方面的不懈探索和躬耕实践,将思政元素充分融入体育课程,充分提升课程思政价值,旨在创新体育育人形式,为学生树立冠军榜样,激励学生增强身体心理素质,培养拼搏精神,成为新时代德智体美劳全面发展的社会主义建设者和接班人。该课程至今已邀请12位世界冠军、体育领军人物走进北大、走上讲台,分享追梦夺冠故事,在北大师生中引起热烈反响。

为了让更多的人能够从冠军故事中汲取力量,本书以"讲述中国体育故事、弘扬中华体育精神"为宗旨,精选了丁宁、张宁、任子威等多位体育界领军人物的"冠军讲堂"实录,对他们的成长成才路上的人生感悟进行了系统全面的梳理和总结,用他们的亲身经历诠释真正的冠军精神,引导广大读者树立坚定的理想信念,永远听党话、跟党走,奋勇拼搏、磨砺意志,勇做走在时代前列的奋进者、开拓者、奉献者。

我认为本书具有三个显著的特点:首先,是多元的叙述视角。本书中的运动员来自不同的运动领域,这种多元性为读者提供了丰富而多样化的视角,使他们能够更全面地理解冠军精神的内涵。其次,是真实的成长故事。"冠军讲堂"汇集了运动员们真实的故事和经历,它们不仅是胜利喜悦的见证,更是在挫折和坚持中涅槃成长的真实记录,这种真实性使读者能够与运动员们产生深刻共鸣,让读者发现冠军成功背后的艰辛,学会如何提高抗挫力,在面对困难时仍然不放弃。最后,是丰富的教育内涵,本书不仅记录了冠军的事迹,还挖掘了事迹背后的精神内涵,鼓励读者积极面对挑战,追求卓越,并将冠军精神融入自己的生活和事业中,培养积极健康向上的人生态度。

总之,本书作为一本内容翔实且有深度的读物,不仅能够满足体育爱好者的阅读兴趣,更能够激发读者在生活中追求超越、挑战自我的动力,为新时代弘扬冠军精神做出了重要贡献。我希望本书的出版能够影响和启发更多的人,将冠军精神传播得更深、更远。

是为序。

王博

北京大学党委常委、副校长、教务长

2023 年 11 月 15 日

目录 CONTENTS

THE
CHAMPIONS

钟秉枢
以体育人，塑造积极人生

钟秉枢

教育学博士，北京体育大学、福建师范大学、首都体育学院教授、博士生导师。曾任首都体育学院校长、北京体育大学副校长，主要从事体育教育训练学、体育人文社会学和高教管理方面的教学和研究。出版和发表《我国优秀运动员群体社会流动的研究》《执教成功之道》《做 No.1 的教练》《教练学》《奥林匹克品牌》等著作和译著 40 多部、论文 300 余篇。

国务院政府特殊津贴、教育部"高校青年教师奖"、国家教委"十佳优秀青年体育教师"、中国高等教育学会"学生喜爱的大学校长"、国家教材委员会全国教材建设先进个人、多项国家级教学成果奖及省部级科研和教学成果奖获得者。

从小参加排球训练，1974 年获四川省中学生排球赛第一名，1975 年获北京第三届全运会第六名。1985 年任北京体育大学男排主教练，率队获 1986 年全国体育院校联赛冠军。1992 年获国际排联 II 级教练。1993 年任女排希望队教练，培养的学生数人进入甲级队和国家队，如原国家女排队长、奥运冠军冯坤，原国家沙排队员、奥运亚军田佳等。

很荣幸受北大刘伟教授的邀请来到北大团委主办的"冠军讲堂"。当看到"冠军"两个字，我想我们在座的所有同学都会心潮澎湃、梦寐以求。每个人都有自己的冠军梦，不管是体育的冠军、文化学习的冠军，还是日常生活的冠军，每个人都在为了实现冠军梦想的征程上不断奋进、不断拼搏！所以当刘伟教授邀请我来到"冠军讲堂"的时候，我自己也是忐忑不安的，想将什么样的东西带给大家，能够把大家的冠军梦延续，如果没有梦就开始想这个梦做这个梦；如果已经有了梦，如何使自己的梦想成真。下面就以《以体育人，塑造积极人生》这个题目，从几个方面和大家共同阐述和探讨。

01 新征程，新要求

习近平总书记在党的二十大上庄严地向全世界宣布，我国迈上全面建设社会主义现代化国家新征程，并作出"分两步走"的战略安排：到 2035 年基本实现社会主义现代化；到 21 世纪中叶把我国建设成为富强民主文明和谐美丽的社会主义现代化强国。

从 14—16 世纪的文艺复兴到 21 世纪的人类命运共同体，中间经历了多少变化？文艺复兴时期的科学中心在意大利；启蒙运动的科学中心转移到了法国；第一次科技革命的科学中心在英伦三岛；随着第二次科技革命的兴起，科学中心转移到了德国；随着第三次科技革命、第一轮全球化的兴起，科学中心转移到了美国。日本有学者曾经研究科学中心在世界各国的时间：大体上科学中心在一个国家所持续的时间是 80 年左右。我们看看美国，自从科学中心落地美国以后，到现在已经过去多少年了？

中国现在正面临世界百年未有之大变局。这样的百年怎么计算？我们看看，2022 年正好是麦哲伦带领船队环球航海成功 500 年；第一次科技革命到现在也差不多 300 年；美国成为科学中心至今约 100 年；中国共产党建党 101

周年。总书记在党的二十大报告里强调，从现在起我们的中心任务就是全面建成社会主义现代化强国，实现第二个百年奋斗目标。从站起来到富起来是第一个百年，从富起来到强起来是第二个百年。所以，大家一定要清楚我们第二个百年奋斗目标已经走了一大半了。剩下的"强起来"的这个阶段又称为新发展阶段，总书记在二十大报告中把它称为"我们的新征程"。总书记的报告里提到，"到 2035 年，我国将建成文化强国、教育强国、人才强国、体育强国、健康中国"。换句话讲，跟我们人有关的文化、教育、人才、体育、健康，包括科技，都需要超前实现现代化。要超前实现现代化，我们就得问一个问题：2035 年距今还有 13 年，那个时候的建设者和接班人今天在哪里？我想，今天在座的各位同学，恰恰就是 13 年以后强国的栋梁。那么，13 年以后作为栋梁的你们，和我们这一代人，有什么区别？

举一个例子，当今世界教育强国是美国、英国。比如，耶鲁大学、哈佛大学、牛津大学、剑桥大学的毕业生，即便本科毕业，拿着文凭到中国来求职困难吗？他们拿着文凭可以满世界找工作。但是，我们清华、北大的本科生能拿着文凭满世界找工作吗？现在恐怕还不行。13 年以后就不一定了，那个时候拿着北大、清华的文凭，因为是教育强国的毕业生，同样可以满世界找工作。作为教师来讲，同样也是这种情况。这就是一个强国和非强国的区别。

讲到体育强国，大家会更有感触。我们今天的体育在很多项目上已经是世界水平，但是由于我们还不是体育强国，所以你会注意到北京冬奥会上一批强国的教练在中国执教。乒乓球领域我们是世界强国，世界各国的乒乓球队伍中都有一批中国教练的身影，这就叫强。但是，这样的项目现在在中国还很少。13 年以后，我们的人才应该走向世界各地。各位同学，你们今天的学习要为 13 年以后做准备，不管是工作还是领域都应该是全球化的，不仅仅是在国内。

总书记在党的二十大报告里提出，面对这样的要求，我们要"全面贯彻党的教育方针，落实立德树人根本任务，培养德智体美劳全面发展的社会主义建设者和接班人"。什么叫合格的建设者和接班人？2014 年，总书记在南京青奥会运动员村对青少年运动员寄语："少年强、青年强则中国强。"少年强、青年强，是多方面的，既包括思想品德、学习成绩、创新能力、动手能力，又包括身体健康、体魄强健、体育精神，而且他对这些青少年运动员讲道："希望通过你们在这届青奥会上的精彩表现，带动全国广大青少年都积极投身体育锻炼，既把学习搞得好好的，又把身体搞得棒棒的，做到德智体美全面发展，将来成为祖国建设的栋梁之材！"

对于身体健康，2021 年总书记在三明市考察时谈道："健康是幸福生活最重要的指标，健康是 1，其他是后面的 0，没有 1，再多的 0 也没有意义。"党的二十大报告里总书记更是强调，"推进健康中国建设，把保障人民健康放在优先发展的战略位置"。为什么反反复复提到健康？为什么要把健康中国的实现提早到 2035 年？那么，我们首先需要问一个问题：我们健康吗？

对于这样一个问题，总书记在全国教育和卫生健康大会上明确，我们要有大健康的概念，即人的健康、经济健康、社会健康、环境健康。所以，按照这样的理念，我们是否注意到了经济上强调绿色 GDP；社会上强调社会公平，让所有人都富裕起来；环境上强调与自然的和谐共生；人的健康，则提出了全健康：躯体健康、心理健康、道德健康、社会适应良好。这不仅是中国的要求，也是世界卫生组织对个人健康提出的要求。那么，我们到底健不健康？

2021 年第八次全国学生体质健康调研结果显示，对比 2019 年和 2014 年的数据，学生体质健康达标率提升，身高、胸围、体重、形态指标向好，肺活量机能指标提升。中学生的柔韧速度、力量、耐力的素质较好，但是视力不良，近视率偏高，超重肥胖上升，握力下降；大学生身体素质下滑。今天我们在座的各位都是大学生，我们可以将自己现在的身体素质和中学时期做个比较。

02 我们健康吗？

2021 年底《第五次国民体质监测公报》出炉，相比于 2014 年，2020 年城乡居民体质水平差距缩小，女性体质总体向好，体质较弱群体体质水平提高幅度较大。问题同样存在：成年人、老年人超重肥胖率继续增大，肥胖率的增长幅度明显加大，低体重人群在 30 岁前 60 岁后均占一定比例，特别是女性和乡村老人。我们在座的女生，有些就属于低体重人群。成年人的最大肌肉力量持续下滑，男性握力和背力继续下降，女性背力继续下降，男性力量耐力指标平均水平有所降低。2020 年和 2014 年相比，提高的仅有形态指标，素质指标和机能指标都在下降。

现行上海市体育健康课程中，初中毕业的标准低于 1922 年、1936 年吴淞中学的标准。换句话讲，我们现在的中学生的身体素质还不如 100 年前。江苏西山高中校长公布了 2020 年开学高一新生的身体数据：132 名学生一个也拉不了引体向上，893 名学生中有 774 名戴眼镜。

再看我们成年人的状况。我国成年人的平均身高低于日韩两国。原来我们比他们高，逐步地，掉在了他们的后面。另外，我国成年人平均体重高于日本、低于韩国，BMI 指数增速过快，握力低于日本、高于韩国，腹肌力量最差，柔韧性与日韩也有较大差距。

2014 年公布的北京户籍成人居民健康期望寿命显示，我国的期望寿命很高，都接近 80 了，不低于世界先进国家；但是我们的健康期望寿命比其他国家少了 20 年。换句话讲，一个健康期望寿命在 80 岁左右的人，在我们国家健康期望寿命只到 60 岁，后 20 年都是不健康的。而在国外，这个差距是 10 年。把这 10 年换算成资金，就以北京市常住老年人口 300 万人计算：一个失能老人请保姆一个月 6000 元，每年 72000 元，300 万人，一年就是 2160 亿元；十年就是 20000 亿元左右。

身体的不健康带来的必然是心理的不健康。身体健康的心理健康比例高达 30.6%；但是身体亚健康的心理健康比例只有 12.2%，而心理不健康比例飙升到 31.4％；身体有疾病的心理健康比例只有 5.9％。由此看出身体对心理的巨大影响。《心理健康蓝皮书：中国国民心理健康发展报告（2019—2020）》指出，跟十年前相比我们青少年中无抑郁的比例在下降，轻度抑郁的比例在增长，重度抑郁的比例没有减少。而我国 6 岁到 25 岁青少年有 3.2 亿人，轻度抑郁和重度抑郁的两者相加就有 7800 万人。

再看道德健康。2015 年发布的《中国都市青少年发展报告》指出，在校生受教育程度越高，诚信水平越低。2021 年公布的《2020 年国家义务教育质量监测——德育状况监测结果报告》显示，四年级学生勤劳节俭、诚实守信、团结友善、遵守公德，表现好的人数高于八年级学生。这和刚才城市的德育状况的统计一样，年龄越小的在道德健康方面越好，反而年龄越大越容易出问题。

再看社会适应。2020 年和 2008 年相比，我们中国人的心理健康方面，情绪体验、自我认知、人际交往、适应能力不升反降，尤其是适应能力降幅最大。我们看一个经典的案例。2017 年 8 月 18 日的《中国青年报》报道：现在学生宿舍如果出现纠纷的话，原因往往是室友们住在一起不习惯。有的人喜欢早睡，有的人习惯晚睡；有的人好动，有的人好静；有的人有洁癖，有的人不讲卫生，因此给宿舍矛盾埋下了种子。怎么办呢？南京大学从 2017 级学生开始，根据学生的生活习惯、卫生习惯、学习习惯分配宿舍，而且要为这种行为点赞！大家认为这样做真的值得点赞吗？这难道不是对学生社会适应能力的莫大损害吗？由此看出，不论从躯体上、心理上、道德上，还是社会适应上的健康我们都存在问题。

中华人民共和国刚刚成立的时候，毛泽东主席就跟时任教育部部长提出，要求各校注意：健康第一，学习第二。习近平总书记也明确提出："希望孩子们要文明精神，野蛮体魄，把身体锻炼好，把知识学习好。"2020 年，面对学生的普遍"眼镜化"，总书记感到担忧，由于体育锻炼少，身体健康程度下降，再次提出："文明其精神，野蛮其体魄。"所以，从毛泽东主席和习近平总书记的话中，我们都看到了，他们在强调健康。

03 以体育人

习近平总书记说："把体育锻炼作为促进青少年身心健康成长的重要方式。"如果我们把总书记这些话归纳起来，就是运动促进健康。

那么，各位同学在学校怎么做？总书记在全国教育大会上就明确讲，要开齐开足体育课，帮助学生在体育锻炼中享受乐趣，增强体质，健全人格，锤炼意志。2020 年，中共中央办公厅、国务院印发了《关于全面加强和改进新时代学校体育工作的意见》，该意见明确："学校体育是实现立德树人根本任务、提升学生综合素质的基础性工程。"

这就明确了我们整个教育的最终目标就是立德树人，学校体育是立德树人的基础工程。学校体育是基础，学校体育对于弘扬社会主义核心价值观，培养学生爱国主义、集体主义、社会主义精神和奋发向上、顽强拼搏的意志品质，具有独特功能。原来是发展体育运动，增强人民体质，但是现在是要"以体育志，以体育心"，心智的发展都要通过体育来实现。这样的话归纳一下，我们就可以称之为"以体育人"。

早在 2007 年 5 月中共中央、国务院发布的《关于加强青少年体育增强青少年体质的意见》中就有"以体育人"的要求。该意见明确了体育锻炼和体育运动对青少年思想品德、智力发育、审美素养的形成都有不可替代的重要作用。

这样，我们注意到体育和德育的关系：体育奠德育之基。通过体育可以提升道德素养、心理健康水平、磨炼意志品质、培养荣誉感、激发爱国情。以体育之魂，塑造学生坚忍勇敢的品格！

体育奠智育之基，以体育之慧来启迪学生的认知世界，塑造健全的人格；体育奠美育之基，以体育中的形体美、姿态美、动作美，来感染学生的为人处世，让他们去感悟哪些是美的，哪些是丑的，拥有健美的性格；体育奠劳动教育之基，提高动作的准确性、协调性，以体育之力增强学生的体质，收获坚强的体格。

图 1-1 ⊙ **钟秉枢介绍体育课程安排**

在学校，同学们可以通过上体育课、参加课外体育活动、参加体育社团、参与体育竞赛、参加课余的运动训练等进行体育锻炼，这也是我们学校体育的所有内容。那么，这些内容，对国家、对学校、对我们个人，产生了什么样的作用呢？

对个体而言，直接目标是通过参与学校的体育活动，增强我们的体魄，提高我们的社交能力。进而对整个校园、整个社会起到一种校园整合、社会包容的作用。

例如，校运会的时候，校园中不同性别、不同年级的学生，在同场竞技时展示出的那种包容性；世界杯比赛中，不同国家、不同民族、不同肤色的运动员，当他们同场竞技的时候体现出的包容性。这种包容性对国家民族认同、国家形象有着积极的作用。当我们穿着北大的校服，或者穿着印有五星红旗的国服比赛的时候，那种学校认同、国家认同也能够得以体现。

间接地，对个人，爱国、敬业、诚信、友善；对社会，自由、平等、公正、法治；对整个国家，富强、民主、文明、和谐都有一定的贡献。当学校体育把个体—学校—社会连接起来，通过学生的身体发展、心理发展、社会发展、智力发展、文化发展，来提高运动能力，养成健康行为，塑造体育品德的时候，我们还有更高的价值追求——和平、发展、公平、正义、民主。这就是习近平总书记在党的二十大报告中提到的全人类共同价值。我们想想，我们是否在学校体育活动中、竞赛中，能够感受到这样的人类共同价值？体育带来了和平，体育带来了人的发展和社会发展，体育讲究公平，体育充满着正义，而体育的规则的形成都建立在民主的基础上，体育追求着个人的自由，以自由为基础而完善。通过体育，"以体育人"最后形成我们全人类共同的价值观。

这就是今天我们重点要跟大家分享的，"以体育人"之教学目标。奥林匹克的五个环，对应了我要讲的内容，分别是"动、跑、玩、拼、赛"五个字。这五个字实际上就是我们在体育活动中所要经历的。那么，今天我就讲讲为什么要经历这些，以及它们的意义。

04 动起来，动出灵性

我们共同来探讨第一个字——"动"。动起来，动出灵性。我们人的认知过程发展从身体的活动开始。当一个婴儿呱呱坠地，他（她）除了哭，除了伸胳膊蹬腿，什么都不会。但只要一哭，母亲就会去抱他（她），他（她）的视觉、触觉、嗅觉等所有的感觉都凝练起来，他（她）就开始形成了他（她）的情感、思考。这些都从身体活动开始。

身体活动是由骨骼、肌肉、神经和多个感官参与的，不只是肌肉，而是大脑在神经中枢系统指挥下，通过外周神经联系到我们的肌肉、骨骼的运动，再加上多个感官的参与。儿童的所有学习都是从活动开始的。这一切活动遵从了巴甫洛夫定律，即条件反射定律。在动的过程中，儿童动作从泛化、分化、巩固到自动化，建立了神经与肌肉的相互协调关系。卢梭在 1762 年的教育著作——《爱弥儿》中写道，12 岁之前是理性的睡眠期，不能进行道德教育，也不能进行知识教育，对感官和身体的训练才是重点。

日本的研究发现，如果一个幼儿玩得不够、动得不够就可能因为脑力跟不上，9 岁以后出现学习困难。英国的研究显示，适当运动可以提高学习成绩，有利于儿童 13 岁到 16 岁的考试，13 岁到 16 岁正是上初中、高中的年纪。美国的研究显示，锻炼少记性就差，体格壮语言能力就强。而我们想想，学习成绩的提升、记忆的提高、语言能力的增强等都需要靠大脑指挥，所以今天我们会听到很多有关感觉综合能力发展的训练。儿童感觉的发展，就是在 2 岁之前、2 岁到 4 岁，在 12 岁以前，能力就逐步定型了，12 岁以后想再发展它，就非常困难。

研究表明，经常参加体育运动的人智商明显高于没有参加或极少参加运动的，所有的运动都会使创造性提高，而长期运动者的创造力的总体水平高于不爱运动的。即便是运动员，最终决定成败的都是他们的大脑，而在运动过程中他的大脑得到了改造，所以世卫组织号召我们，动起来，而且是每个人（everyone）、每天（everyday）、每个地方（everywhere）。

05 跑起来，跑出韧性

第二个字——"跑"。跑起来，跑出韧性。习近平总书记号召我们，让孩子们跑起来。北大也有奔跑节，让北大的老师同学们一块儿跑起来！总书记讲，体育对陶冶性情、历练意志有重要作用，而跑起来恰恰就在历练我们的意志，跑出韧性。

有一个著名的冲刺故事，讲的是在 1908 年的伦敦奥运会，那天天气非常热，马拉松运动员佩特里一路领先，第一个跑进了体育场，但由于体力消耗太大，倒在了跑道上。这时候一位医护人员冲过去把佩特里扶了起来，之后出现了历史性的画面，佩特里迈着蹒跚的步子，顽强地向终点跑去。在这最后短短的 400 米中，他五次摔倒又五次爬起来，全场观众的视线都集中在佩特里艰难的脚步上，一步、两步……人们非常希望这位坚强的人能够顺利地到达终点。但是，他实在太累了，在离终点还有 15 米的地方再次晕倒。这时候工作人员又一次冲进了场地，搀扶着他跑过了终点。瞬间全场爆发出雷鸣般的掌声！大家都为佩特里这种精神所感动。最终，他耗时 2 小时 54 分 26 秒，比第二名快了 32 秒。但是根据规则，由于最后 15 米是被人搀扶着到达终点，所以他没有拿到金牌，他的名字也没有写进奥运会的成绩册，但是他的故事到今天依然在流传。想一想，这背后是什么？运动带给我们什么？

我们说"跑起来，跑出韧性"，不是说要一口气跑完，而是要有目标分解的。我们开场说到冠军梦的时候，如果我们和拿过这么多次世界冠军的刘伟教授去探讨她的冠军梦是怎么形成的，我想她也一定是把这种冠军梦融入无数次的挥拍中，最后才取得的成就。这就是一种韧性。

王军霞，1993 年世锦赛、世界杯冠军，获得过杰西·欧文斯奖，入选国际田联名人堂。当别人问她为什么有这样的成就的时候，她说的是："很多人说长跑枯燥。可我看中的是每一次超越，每次训练超越上一次。跑步的时候我心里都是唱着歌的，享受这个过程。赛场上也是如此。我几乎感受不到压力。无论国内国外比赛，我到哪儿都吃得香，睡得着，永远是心态最放松的一个。"从中我们看到了什么？面对艰难的过程，心里还哼着歌，享受这个过程，韧性就是这么跑出来的。

06 玩起来，玩出个性

接下来，我们看第三个字——"玩"。玩起来，玩出个性。2015 年，习近平总书记在伦敦孔子学院和孔子课堂的开幕式上讲话："中国孩子玩得太少了。要让他们多玩一玩。"玩能玩出什么来？"Play"也就是"玩"，往下细分就有了自发的玩、有组织的玩。有组织的玩就变成了游戏，然后有了竞技性游戏和非竞技性游戏，竞技性游戏又变成了竞赛，竞赛又有了智力竞赛和身体的竞赛，身体的竞赛又变成了运动。是不是一切都从玩开始？当"play"后面加上"er"的时候，我们常常把它称为运动员。但如果是电子竞技，"play"

加上"er"，我们把它称为玩家。所以"player"既可以翻译成运动员，也可以翻译为玩家。实际上，玩家更能体现其含义，就是要玩起来。

玩出了什么？玩出了个性。正是因为每个人的个性差异才造就了今天社会的丰富多彩。个性从哪里来？个性从自我认知开始，从对自己的生理自我、心理自我、社会自我、自我满意、自我行动的肯定开始。2008年的一份研究报告显示，同样是大学生，一个组每周正常体育课，另一个组除了体育课又增加了三次篮球训练。结果发现额外参加三次篮球训练的同学，其"生理自我""心理自我""社会自我""自我满意""自我行动"高于普通学生，这就是对自己的认知的提高。为什么只是多玩了一会儿就玩出这些名堂？我们以生理自我为例，那些长得又高又帅的男生，非常认可自己这叫生理自我认同，但是那些长得其貌不扬、又瘦又小的同学就总觉得差点什么。

图 1-2 ⊙ **讲座现场**

怎么办？体育课！我们北大开了很多体育课。形体课老师第一节课就告诉大家抬头挺胸目视前方。上游泳课要把外套脱掉、鞋脱掉，换上泳装。开始的时候是不是有同学不好意思？还有球类课，第一节课打球，笨手笨脚，球一到手就跑，真不好意思。第一节课不好意思，第二节课呢？第三节、第四节课呢？时间一长就敢于承认自己了。当一位同学敢于站在别人面前展示自己时，他对自己的生理认同就发生了改变。生理自我的变化又带来心理自我的变化，这些变化直接就会影响他的自我满意和自我行动。

例如，形体课结束以后，老师让同学们自选动作，几个人一组创编，然后让同学们写写自己的感受。一位同学写道："抬起头，目光便向了前方，看前面就会藏有希望于心间。不悲观，不气馁，此为自信。挺起胸，把肩上的重负放一放，轻松上阵游刃有余，此为自信！也许你并不是最完美的，不过拥有了自信，就会使你变得更有吸引力。"另一位同学写道："短短十几节课的简单练习，不可能立竿见影、十分显著地改变我的形体。最可贵的是这种崭新的自信、坦然的健康心态与美好的性情。它所塑造的远远不只是一个物态的形体，而是我的青春，乃至我的人生。"大家注意到了，参加这样的体育活动，就这么玩了几节课，玩出了自信，玩出了青春。

既然是玩，在玩的过程中，由于项目规则的不同，我们就会受到不同项目的影响。我随便举几个例子，排球运动员宽容，田径运动员严谨，帆船运动员平和，体操运动员追求完美，国际象棋选手周全，乒乓球运动员机敏等。例如足球运动员，今天高兴了，准备活动又踢又蹦又翻跟斗，不高兴了就随便踢几脚就上场比赛。排球运动员也一样，高兴的时候又打又垫又是鱼跃，到场上生龙活虎，不高兴了随便打两下就上场。田径运动员会这样吗？跑百米的运动员能今天高兴了就先冲两趟，不高兴了就随便跑跑就上场吗？很少。

我们可能经常听到一些运动员比赛前偷偷摸摸地出去玩，但是这些运动员里有田径运动员吗？没有。他们不喜欢出去玩吗？是什么影响了他们？是不是规则？田径比赛和足球、篮球不一样。球类比赛队员一上场："我今天身体不好，你们先多注意，我后边儿调整调整。"但短跑比赛行吗？能说今天上场先放松点，后边调整吗？枪一响，十多秒就结束了。你只有兢兢业业、按部就班，时间一长就容易形成严谨的特质。

刚才刘伟老师讲到了排球，排球带来宽容。在排球场上我们听到最多的是："没关系，再来"；"你打吧，我保护"。一个人扣球结果被拦死了，其他人是怎么反应的？二传马上跑过去："抱歉，是不是我这球传得太近网了？"保护的人说："抱歉，是我没保护好。"没人去责备他为什么没扣好。

2016 年里约奥运会，中国队拿到了女排冠军。赛后郎平在北师大郎平体育文化与政策研究中心举办的报告会上发言："女排精神实际上就是包容精神。我们从来不讲追责，因为每个人都知道，前一个人不可能把球给到尽善尽美。二传知道一传不可能把每个球垫到我的头上，扣球人也知道二传不可能把每个球都传到我想要的地方。怎么办？二传要弥补一传的不足，扣球要弥补二传的不足，每个人都在弥补前一个人的工作。"大家想一想，在这种弥补的过程中，是不是就学会了宽容？同时也会促进团队的合作。一方面没做到位影响其他人的队员会争取下一次一定要做好，另一方面弥补别人工作的选手，自身的技术水平一定要够硬，这样可以促进每个人不断提高自己的水平。至于帆船运动员的平和、体操运动员的完美、国际象棋选手的周全，我想留给大家思考。下面我们来聊聊乒乓球。

打乒乓球是两个人的较量，球台只有两米多一点，两个人面对面站着，距离非常近，你盯着我，我盯着你，时刻在琢磨对方的特点、优势、弱点；并且尽量不让对方看出来自己有什么优点和特点，自己要怎么打。尽量出手晚一点，不让对方琢磨出来。这样看来，乒乓球运动员是不是非常的机敏？在玩的过程中、参与每个项目的过程中，我们每个人的个性潜移默化地就形成了。

研究显示，我们参与不同类别的项目对个性会有不同的影响。这个研究把所有项目分为两大类：一类是开放式的项目，比如格斗类、球类，像乒乓球，就是开放式的，因为事先不知道结果，也不知道对方的行动，随时要判断并准备进行反击。另一类是闭锁式的项目，比如体操、游泳、田径等，都是按部就班，按照一定的方式、规则和套路完成动作。

这两类项目对个性形成的影响是完全不同的，表现出的人格的倾向完全不一样。开放式项目的典型人格类型为外倾—感觉—情感—感知；闭锁式项目的典型人格类型为内倾—直觉—思维—判断。这就是在玩的过程中塑造人的个性，即"玩出个性"。

07 拼起来，拼出血性

第四个字——"拼"。拼起来，拼出血性。习近平总书记对此有特别强的决心，他指出，要"着力培养有灵魂，有本事，有血性，有品德的新一代革命军人"。在座的不一定会参军，但是我们一定要有军魂，要有军人的气质，要有血性。血性怎么来？这就和我们各位有关了。都要拼，拼搏中成就华章！

1956 年，周总理接见我国第一个世界纪录创造者陈镜开，总理给他的评价："革命加拼命。"容国团获得第一个世界冠军，刘少奇主席接见他时说道："人生能有几回搏。"20 世纪 60 年代中朝越蒙四国足球对抗赛，贺龙元帅当时是副总理，去看中国队比赛，叮嘱他们："上场就要有中华民族勇敢顽强的作风，不要怕死，不要怕伤。就是腿踢断了被抬下来，国家也养你一辈子。要有革命的英雄主义。"

这就是为什么中国体育的口号是：轻伤不下火线，重伤不喊疼，不怕苦，把军队的作风带入体育中去，发扬革命的英雄主义。改革开放后，栾菊杰参加世界青年锦标赛被对方的剑穿透衣服，刺伤手臂，带着伤，碧血凝剑打下亚军。他的口号是："为人民宁可倒在剑台。"还有，冬季项目的运动员叶乔波，1994 年带伤夺得了冬奥会铜牌。当时她膝关节损伤严重，医生建议她不参加比赛，结果她带伤参赛，比赛结束就坐上了轮椅。这都是拼出来的血性。

2012 年伦敦奥运会，中国体操男团比赛。预赛结束，排名第六，队长陈一冰膝关节受伤，缠上绷带，打上封闭，然后和所有的运动员抱在一起，吼了一句话："谁怂谁不是爷们儿，你们要信我，我们最有实力。"最后拼出血性，零失误，从预赛第六到决赛的冠军。这是不是拼出来的结果？所以当 2019 年中国女排获得世界冠军的时候，习近平总书记接见时说："女排精神代表着一个时代的精神，喊出了为中华崛起而拼搏的时代最强音。"什么最强音？为中华崛起而拼搏！女排精神成了在建党 100 周年公布的中国共产党人精神谱系第一批中的唯一一个与体育相关的精神："祖国至上，团结协作，顽强拼搏，永不言败！"

这样的拼搏精神，我们北大也不缺乏。北大教工田径运动会上，王选院士带领他们计算机研究所的员工，穿着工装、戴着眼镜上阵。王选院士在 2003 年的一次报告中就讲道："我觉得体育中的拼搏精神、团队精神和创新精神，对其他领域都起了很好的鼓舞作用。80 年代，我正在从事激光照排科研项目，记得在 1985 年鉴定会的时候，很多代表的发言把我们比喻成科研战线的中国女排，《北京日报》则用头版头条发出了'科研战线的中国女排'。这对我们来讲是非常光荣的一个称号。"当他的激光照排获得成功的时候，他所感激的、希望别人称呼他们的是"科研战线的中国女排"。为什么？就是因为要拼起来，要拼出血性。

这里说的"拼"，并不意味着一定会拿到冠军。这也是为什么我前面说，我们都在追逐自己的冠军梦，但并不是每个人都能拿到冠军，而且最终我们多数人一定是以失败告终。体育就是这样。东京奥运会后，我们开始宣传"拼过就是真英雄"。很多运动员都没有拿到冠军，但是他们拼搏了。人们认可了他们的拼搏过程和拼出的血性。

08 赛起来，赛出德性

最后一个字——"赛"。赛起来，赛出德性。习近平总书记 2018 年在北大师生座谈会上讲道，"人无德不立，育人的根本在于立德"。德非常重要，德从哪里来？"运动员要赛出竞技水平，展现体育精神。"德从赛中而来。

顾拜旦认为体育对人的道德发展至关重要。奥林匹克之美可给人的创新、勇敢、果断、尊严、自信和责任感等素质以启发。那我们看看，人的创新、勇敢、果断、尊严、自信和责任感是不是德的表现？国务院前副总理刘延东

图 1-3 ⊙ 钟秉枢认为比赛中也有德性

在管体育的时候就明确，要以运动项目为载体，以竞赛为手段。北大的体育课、课外活动、社团活动、运动队训练最后的体现是不是竞赛？这些都是以项目为载体，但是项目到最终，教育部就要求落实：学会、勤练、常赛，即"学、练、赛"一体化。通过"学、练、赛"一体化，课内外的结合激发学生的兴趣，让学生体验运动的魅力，领悟体育的意义，养成刻苦学练的习惯。我们北大的体育核心价值就是——激动人心、不断进取、面向大众、魅力超卓，这就是一种德的表现，一种核心价值的体现。

习近平总书记于 2014 年"六一"前夕到民族小学考察，对孩子们讲，各行各业都有值得我们学习的榜样，包括航天英雄、奥运冠军、大科学家、劳动模范等。各位想一想，为什么把航天英雄、奥运冠军在榜样作用中排在了其他各行各业的前面？这可不是随便说的。为什么呢？我们看几年以后就得到了印证。2017 年，党的十九大召开。党代表三人一组接受采访。第一组出来的是航天英雄景海鹏、2010 年花样滑冰奥运冠军赵宏博。2022 年 10 月召开的党的二十大，第一场采访，第一组出来的是航天英雄王亚平、奥运冠军武大靖、科学家朱有勇。大家想想，奥运冠军如果无德，只是成绩好拿个冠军，会给他们排到榜样里吗？一定是因为他们的德性，才成为人们学习的榜样！优秀运动员的人格特征包括：情绪稳定、低神经质、低掩饰性、高随和性、偏外向、善交际、活跃、开朗。心境状态的特点包括：低焦虑、低紧张、低抑郁、低困惑、低气愤、低疲劳、高活力。这些特点难道不是我们普通人需要的吗？然而，这些特点可不是白来的，是在千千万万的竞赛中熏陶出来的。

刚才我们讲动起来的时候是神经与肌肉骨骼，即运动系统之间的联系。当我们讲赛出德性的时候，是神经系统和情绪系统之间建立的联系——"面对胜利，从零开始；面对不公，冷静理智；面对挫折，屡败屡战"。大家可能以为这都是体育界的口号，这不是口号，这是运动员经历了千锤百炼，在竞赛的过程中所形成的带有深刻的情绪烙印的品质。

当我们讲思想教育的时候，有隐性教育、显性教育。高校思政课的指导纲要明确告诉我们，要注意在潜移默化中，坚定学生的理想信念，厚植爱国情怀，加强品德修养，增长知识见识，培养奋斗精神，提升综合素养，这就是潜移默化的隐性教育。它可以立德树人，培养有理想、有本领、有担当的人。在立德树人过程中要把价值塑造、知识传授、能力培养融为一体。这就是体育带给我们的核心素养——运动能力、健康行为、体育品德的素养。

09 塑造积极人生

《第五次国民体质监测公报》显示，积极参加体育锻炼的青年人、老年人身体机能均好于同年龄组，而且频率越高、强度越高，体质越好。参加体育锻炼的青年人、老年人，抑郁、焦虑得分比不参加者低，表现出更加积极健康的情绪和心态。父母体育锻炼行为对幼儿体质有正向影响，其中，母亲影响尤为明显。母亲每周参加两次以上体育锻炼,婴幼儿的各项素质好于对照组。报告从整个人群的发展,告诉我们体育运动对积极人生的塑造。从儿童早期来看,如果积极参加体育活动,肥胖率只有 10%,体重 BMI 指数涨幅较小,考试成绩提高 40%,不良行为降低,考上大学的概率提高 15%。经济上的获益:一生中的收入比别人多百分之七到八,如医疗费用降低,工资提高。健康方面:患慢性病的风险降低,疾病期被压缩,自残率降低,寿命增加五年。在代际循环上:活跃的父母会有活跃的孩子。这就是早期参加锻炼带给我们的积极人生。

那么,如果早期缺乏锻炼,带来的是:肥胖率增加 30%,缺课天数增加,考试成绩下降;女生延迟一年毕业的可能性提高 51%,男生属于差生的可能性提高 46%;工资收入水平下降,医疗费用增加;生病次数增加,寿命减少五年;如果父母缺少体育活动,他们的孩子喜欢体育活动的可能性就小。这就是人生由于缺乏锻炼的恶性循环,最终成人阶段肥胖可能性高出两倍。

那么,为什么积极的活动可以塑造积极的人生?从早期开始,我们那些体能活动的基本技能得到发展,大脑的功能得到开发,心血管的功能得到开发,接着强壮的骨骼形成。这些在青春期前就逐步地形成并固定下来,使得我们的行为代际循环下去。反过来,活动少的、不参加活动的,逐步就会远离跟体能相关的身体活动,造成的代际循环就是朝另外一个方面发展。

总结一下。我们要动起来、跑起来、玩起来、拼起来、赛起来。如果把这些对应在一个人身上:动起来,动出灵性,对应的是我们的大脑。人的一切活动都是大脑指挥的。跑起来,跑出韧性;拼起来,拼出血性。韧性和血性相当于我们的一双翅膀,我们一左一右要对称,既要有血性,还要有韧性。两只脚对应的一个是个性,一个是德性。没有德性,我们立不住脚;没有个性,你也成不了才。所以要塑造积极人生,我们就要动出灵性,有一个灵活的大脑;跑出韧性,拼出血性,有双飞翔的翅膀;玩出个性,赛出德性,有一双坚强的脚。这就是今天跟大家分享的内容,也供大家参考和批评指正。谢谢大家。

　　刘伟： 谢谢钟校长！这个讲座，语重心长，听起来特别亲切！钟校长在讲座中不仅介绍了体育方面的国家政策，还总结了体育在国家发展中起到的作用，也鼓励我们学生跑起来、动起来、玩起来、拼起来、赛起来，强体魄，这个是在具体层面。

　　宏观层面上，您通过对各个项目的分析，介绍了不服输、不怕输、永不言败的体育精神。同学们要学会用这种体育精神武装起来，在自己的学业以及人生道路上碰到问题和困难时，用这种体育精神积极去面对。这是真正的以体育人，塑造积极人生。这个讲座，更重要的是为同学们指定了小目标——2035 年如何成为国家栋梁。接下来，我们就进入后面的提问环节，看看同学们有什么问题。

互动

❓ 同学： 因为我本人对体育比较感兴趣，您这个讲座也是跟体教结合有关系。在中国，体教之间结合得还不太够。感觉目前我们中国似乎更多的还是在往全民健身的方向发展体育教育。我们到底要培养什么样的人呢？是要扩大运动员选拔基础，还是说只要增强人民的体质就好？您认为中国校园体育应该往哪种方向发展，是培养精英运动员，还是说大家玩一玩就好了，不一定要大家都往专业的方向发展？

💬 钟秉枢： 好的。这位同学提了个非常好的问题。换言之，中国未来的学校体育能否培养出精英运动员？日本如此、美国如此，西方国家，包括俄罗斯也如此，为什么中国就不行呢？其实，在这个体系中培养出未来的精英运动员，完全没有问题，一定行的。

那为什么现在没做到，有两个原因。

第一，20 世纪 50 年代，我们在世界上处于一个孤立的地位，而体育起着重要的作用，需要在国际舞台上争金夺银。我们就集中了一批优秀的从各所大学挑选的优秀运动员，所以我们第一代的运动员几乎都是大学生。他们争金夺银，取得了很好的成绩。那个时候教育和体育相对是比较融合的。而在 70 年代末期开始 80 年代盛行的应试教育，使得参与体育活动的人，几乎就赶不上学习了，这是一个很重要的原因。想想你们当年是怎么考上北大的，每天敢花半天时间去训练吗？肯定都不敢，都是各家各户在学习。这样的话，如果要参加运动训练，你就赶不上学习，就使得参加运动训练的人脱离了教育系统，在体育系统自己办的中专、体校学习，体校也是自己办文化教育，专门为运动员开设课程，让他们拿到大专文凭。然后，高校开始办高水平运动队，降分录取一些运动员。这样一套体系导致两个问题：其一，害了运动员本身，让人觉得好像参与运动的人一定是学习不好的，所以要给他们降分，他们降分才能进行文化学习。实际结果也是，进入体育系统的人，由于没有充分进行学习，到了学校也是送文凭，并没有真正去学习。其二，运动训练也一样，由于从上到下的维护，以运动成绩为第一，而不是以育人为第一的，这样一项准则，只要运动成绩好，一好遮百丑。再加上鼓励有运动成绩可以降分录取、可以免试入学等一系列政策，使得这个问题越走越偏。

第二，现在我们注意到一个根本的转变，就是 2020 年体育总局、教育部印发的《关于深化体教融合　促进青少年健康发展的意见》。该意见强调：一是加强学校体育工作，让学生在体育锻炼中培养意志，增强体质；二是改造后备人才培养体系，实行体教融合，把学校体育纳入运动员培养序列。下面要做的就是国家队和省市运动队的改革和学校高水平运动队的改造。大家会注意到我们学校高水平运动队从 2024 年开始，目标、任务、招生、培养全部变了，目标由原来的仅仅培养适合高校需要的人，变成要培养奥运会、世界大运会的支撑性人才。原来从来没说从高校到奥运会，现在变了。入门门槛就由原来的二级运动员变成一级运动员，因为要代表国家参加重大比赛，二级再进高校四年，根本培养不出来。文化学习不仅没有降，反而变高了。

这样一个体教融合的体系在 2020 年文件出台以后，第一个改变的就是我们的竞赛体系，要求我们全国的体育系统的青少年比赛和学校系统的学生比赛有机融合变成一个赛事，不再是两个赛事了。首先改的项目就是足球，所以从 2022 年的 6 月 1 日开始，中国足球青少年联赛成立，是由教育部体育总局和中国足协共同主办，具体由中国足协承办，构建了一个小学、初中、高中、大学的四级联赛，打破了体校职业队的梯队。学校代表队、社会俱乐部代表队都可以报名参赛，因为这个年龄段的都是学生。同时，要求各所学校包括小学、中学、大学设立教练员岗位，原来只有体育老师。各省开始行动，广西是动作最快的，广西推出了万名教练员进学校计划，明确要求小学、初中、高中、大学甚至中专都必须设体育教练员岗位。设想一下，由于竞赛体系的变革、教练员岗位的设立，这个培养系统逐步就会发生一种巨大的变化。这种变化已经在进行中了。习近平总书记 2020 年就强调必须改革竞技体育人才的选拔培养奖励机制，所以整个系统，按照总书记的部署由足球的两个赛事的合并在着手进行，大体上是这么一个过程。

❷ **同学**：感谢教授的解答，我想再问一个问题，您对体育纳入高考这件事是支持的吗？现在网上有两种说法：一部分人认为，这可以增强全民族的身体素质；另一部分人认为，这只不过让大家进入另外一种无效"内卷"，您怎么看？

💬 **钟秉枢**：我是这样理解的。第一，"体育进高考"，这只是一句话。我们的考试制度由综合学业水平测试和综合能力测试两个部分组成，还有考试时的那几门课的考试分数组成。考试已经进入综合水平能力测试，比如各校自己在做的强基计划，已经都把体育纳入考核评定的范围。第二，至于列入考试的科目，比如现在我们已经有很多"体育进中考",效果如何是要去考察的。进入中考以后,带动了学生锻炼,但体育不管是进高考、中考,如果把它又变成另外一种形式的应试教育的话,那就是不应该的。

所以,如果是应试教育的一部分,就不能进。我们应该把它作为综合素质评价的一部分,因为我们整个考试的方案是由两部分组成的。

❓ 同学: 您好,我是北京大学体育教研部研二的学生,也是我们北大乒乓球队的队员,我想问您一个问题。您刚刚讲到,加快建设体育强国,需要提高体育文化的感召力和影响力。乒乓球运动不光在推动中国社会发展上产生作用,甚至在世界乒乓球运动发展上也有一定的引领作用,所以我国乒乓球运动在很多方面都有一定的作为和贡献。对于新时代中国体育强国建设或者说新时代中国在国际社会上的角色和担当,您认为中国乒乓球运动还能在哪些方面发挥出一些特殊作用?

💬 钟秉枢: 这个问题提得非常好。乒乓球运动是中国的一个优势项目,对中国的外交,以及当年"友谊第一"的提出都起了巨大的作用。我觉得,想进一步推进、进一步发展,它有一个很重要的东西,就是把我们想做的事、要做的事,变成国际公认的事情。这样才能更好地体现出它的贡献。比如,我们现在培养运动员方面,已经有了"养狼"计划,帮助培养外国的选手,这就是中国对世界乒乓球的贡献。比如,我们很多教练员出国执教,把中国的教练方式、方法、理念传送给世界各国。这也是我们的贡献,但还不够。

国际乒坛有教练员的培训体系,国际乒乓球规则的制定有它的系统,那么我们在国际乒乓球教练员培训体系等级制度、培训教材的构建方面,是否占有一席之地?我们在国际乒乓球裁判人才的培养方面,是否居于领先地位?恐怕我们还没有。

我举个日本的例子。日本人担任国际体操联合会主席的期间,由日本体协出资为第三世界国家培养了很多体操国际裁判,给他们机会走上国际体操舞台。由于这些第三世界国家是体操的穷国,所以他们根本就没有什么体操运动员去参加世界大赛,一到世界比赛的时候,比如中国和日本比赛,对日本不利的时候,就全派他们培养的这些第三世界国家的裁判上场。他们为这些体操不发达国家贡献了力量,同时又培养了一批为他们服务的裁判。

同样还是讲日本。日本在 20 多年前就实行了一个计划,叫亚洲体育领导人培训班,每年举办一届,由日本体协部分出资,请亚洲各国选派青年体育领导者到日本学习两周。体育总局都选派一批年轻的干部,有的是处长,有的是副处长,到日本学习。

第一周他们系统上课，第二周住在日本人的家里去感受他们的体育发展。这就是在培养对日本的体育的了解和情结。那么，当我们乒乓球那么强大的时候，我们除了培养教练、裁判这个队伍，对于乒乓球的官员，如各个国家、地区也有相应的乒乓球协会，我们是否注意到了培养乒乓球领导力的培训班？这又是一个可以为世界做贡献的地方。

所以，如果沿着这样的思路去开展，我们就要想，我们哪些方面可以做得更多？另外，进入国际乒联的组织系统，做一个国际乒联的联合会，那么在这个组织机构中，我们除了派官员参加各种委员会以外，国际乒联的雇员有几个中国人？包括你毕业以后，你又对乒乓球感兴趣，你的外语能力、与人交往能力可不可以应聘国际乒联的雇员呢？我们国家在各个国际组织工作的人非常非常的少，顶多是一些官员进入国际组织的各个委员会，而且这些官员，由于受职务的变动，还经常被更换，不能连续地工作。反而我们看到日本人在各个国际组织有很多雇员，俄罗斯也有很多。那这是不是我们可以去走的一条路？

再如，俄罗斯的奥委会把他们的奥运冠军、世界冠军，那些条件比较好的，选出来送到莫斯科的外交学院学习，而不是送到体育学院。从外交学院学习毕业后，这些人被送入国际组织，去应聘国际组织的雇员，既是奥运冠军、世界冠军，又是俄罗斯外交学院的毕业生，那他竞争这个雇员的职位就很容易了。相应的，我们国家培养了这么多乒乓球世界冠军，但是有没有培养他们走向国际组织呢？这些都是我们可以扩大服务的领域。

刘伟： 接下来，请咱们团委科创部的贺凌老师给大家讲几句。

贺凌： 好的，谢谢刘老师，今天非常感谢钟教授的精彩讲座！钟教授的课深入浅出、娓娓道来，也是用丰富生动的案例、详细细致的数据给我们生动地诠释了以体育人、塑造积极人生的主题。

我简单说一说印象深刻的几点：一是我觉得钟教授的讲座对同学们的学习生活，很有指导意义。钟教授也介绍了我们常见的一些体育运动的特点，包括对同学们开展体育运动的一些具体的指导意见。这些对于大家的日常锻炼、身体素质的提高是非常有用的。

二是钟教授引用了王选先生的一句话，"在体育运动中的这种拼搏精神、团队精神和创新精神，对于其他领域都起到了很好的鼓舞作用"。我觉得这个对于我来说也是很有启发意义的。我相信对于在座的很多同学们来说，把体育精神中的这种敢于拼搏、团队合作、不断创新、自我突破边界的精神品质，运用到学习中、工作中和生活中来，是大有裨益的。今天钟教授还介绍了优秀运动员拥有的人格特征和心理状态，我看了非常受启发。不管是情绪稳定、活跃开朗、乐观向上的这种人格特征，或者是低焦虑、低紧张、低困惑、高活力这样的一种心境状态，只要我们每个同学能够通过体育锻炼去强化自我、塑造自我，其实都能够达到积极向上的精神状态。习近平总书记在党的二十大报告里对我们青年提出了嘱托："怀抱梦想又脚踏实地，敢想敢为又善作善成，立志做有理想、敢担当、能吃苦、肯奋斗的新时代好青年。"我上次在讨论课的时候，也引导我们选课的同学们去思考这个问题。就是在运动员身上，在我们的世界冠军身上所展现出来的这种精神，这种敢于去拼搏的精神是非常值得我们学习的。

最后，希望同学们能够在体育精神的指引下，勤于锻炼、强身健体，真正去塑造自己的积极人生。谢谢刘老师，我就讲这么多。

💬 **刘伟：** 好，谢谢贺老师！今天的课程就到此结束，再次感谢钟校长今天的分享，谢谢！

图 1-4 ⊙ 现场老师和同学合影

THE
CHAMPIONS

钱俊伟
回顾探险历史，弘扬攀登精神

钱俊伟

河南周口人。北京大学体育教研部主任、教授。国家级运动健将。2018 年带领北大珠峰登山队成功登顶珠穆朗玛峰。

2003 年至今，从事户外运动与教育行业，在北大先后开设攀岩、拓展、定向与徒步、户外探索等课程。2018 年带队登顶世界之巅珠穆朗玛峰；2019 年带队登顶阿尔卑斯山最高峰——勃朗峰。2017 年，获得北京大学教学成果一等奖、北京市教育教学成果二等奖；2018 年，获得"登山国家运动健将"称号；2021 年，获得高等学校体育最高荣誉"校长杯"；2022 年，获得"北京 2022 年冬奥会、冬残奥会北京大学志愿者工作突出贡献个人"称号。

珠峰攀登可以说是这些年来北大比较有亮点的一件事情，亮点的事情背后必然有它的故事，所以我就从人类探险这个角度切入，最终落脚在学生的探索与挑战珠峰这件事情上。整个报告分为三个部分：第一，简单地普及一下人类的探险史；第二，讲一下咱们北大珠峰团队的一些故事，有一些同学可能听说过，但是我觉得这个故事再听一次也不为过，因为它是一个每次听都有新东西的故事；第三，讲一下攀登能够给我们带来什么样的精神状态。

从人类探险史的角度来讲，分四块：一是人类探险的动因；二是人类探险的发展史；三是中国户外探险史；四是北大山鹰社登顶珠峰。

01 引入：探险经历

图 2-1 ⊙ 阿尔卑斯山

这张图片大家能猜到是哪里吗？可能选过我的"户外探索"课的会知道，这是世界登山运动的发源地——阿尔卑斯山。2018 年，我们登顶珠峰之后，我想让自己的孩子也经历一下这种艰苦卓绝的训练，培养他的意志和品质，所以我们一些家长就组团，带他们环勃朗峰徒步。

为什么要选这样的图片？你看，大自然给我们美的体验，我们天然地向往去自然中感受美。休闲游之后，作为人类中的风险偏好型人群，我又留下来去攀登了阿尔卑斯山的最高峰——勃朗峰。

大家知道它有多高吗？答对的有奖品，就是我和方老师写的这本书。

（同学：4810 米。）

对，4810 米。嗓门最大的这个男生你中奖了，待会儿过来，我送你这本《户外探索》签名版。大家也知道最近学校开设了 6 个学期的"户外探索"课，非常受同学们的欢迎。

攀登这座山峰也是很有挑战的，在人类攀登史上，攀登珠峰丧生的有 3300 多人，而攀登勃朗峰则死了上万人。虽然勃朗峰没有珠峰高，但人类攀登它的历史开始得很早。人类在工业化文明时代，在 1786 年就有人登顶这座山峰了。当然了，我也很幸运地登上了这座山峰，事实上整个人类的探险史，包括户外探险史、登山史也都是从阿尔卑斯山向外延展，最终到了喜马拉雅山一带，再到世界各地的山川。

接下来这张图片（见图 2-2）是在世界上比较贫穷的国家，即喜马拉雅山南麓的尼泊尔拍的。这是我和我儿子，我们去走尼泊尔的安纳普尔纳小环线，那个地方比较贫穷，都是走这种吊桥，没有车辆能够到达，通常都是用骡子、马去搬运我们沿途用的物资。

这就是喜马拉雅山。人类开始攀登喜马拉雅山时，正处于人类探险史中的黄金时代，从阿尔卑斯山到喜马拉雅山，随着世界经济和工业文明的发展，人们探险的脚步也逐渐延展。我们虽然是普通人，但也想追逐着这些先烈和这些勇敢者的脚步，到世界各地去看一看。

这一张你们可能猜不到在哪里，但这是什么肯定能看出来——火山。然后再看一张"死亡森林"的照片。这些图片都是在这个国家的某个半岛上拍的，也是 2018 年我从珠峰上下来之后，当时大脑缺氧，算 1＋1＝2 都算得很慢，所以要降到零海拔处，并且待一段时间。我选择了这个原始森林，待了大概 30 多天，果然有疗效，第一可能是自然的治愈，第二也可能是我自己心理状态的调整。

图 2-2 ⊙ 钱俊伟和儿子在雪山上的合影

图 2-3 ⊙ "死亡森林"

这也是"死亡森林"。因为附近的火山经常爆发，会把森林完全烧尽，留下像刚才那样的苍凉场景。看到这些场景大家应该都知道了，在这个地方我们会跟棕熊去抢食物，你们应该知道在哪儿了吧？

（同学：俄罗斯。）

俄罗斯的哪个地方？我刚才说是个半岛。

（同学：堪察加半岛。）

好，你说出来了，那边也有一位，你们两位每人获得一本书。

堪察加半岛，鲑鱼在七八月份洄游到河流中，但是因为我们是荒野求生，有鱼的地方必然就有熊。我们必须要露营的时候，要扎营在岸边；在我们露营的地方，事实上棕熊在夜里已经来过了，因为整个半岛是熊的世界，人到了自然环境中，只是访客而已，所以当时有俄罗斯大兵拿着枪给我们提供保障。早晨或夜里我们听到声音特别害怕，所以一直点着篝火，每个人都发了哨子，如果棕熊来了，我们就用噪音把它吓退，同时还有猎枪备着。

第二天早上我们去取水的时候，发现在离我们营地5米不到的地方有新鲜的熊便，大家都知道，棕熊站起来能达到三四米高。这也可以说是我们当时的探险经历。

但是，比起待会我后面会讲的那些探险家，他们去南极、北极，第一次去第三极——珠峰，我们这个算什么？不过，在和平时代我们衣食无忧的情况下，我们还想去到那些未知的地方去挑战与探索，又是什么促使我们这样去做的呢？

作为父亲，我为什么要逼着我的孩子去那些要吃苦又有高反的地方？我想还是有一些原因的。现在我们先把视线拉回到国内，今年暑假，我儿子刚从北大附小毕业，我说给他一个毕业旅行，带他去登云南香格里拉的哈巴雪山。很遗憾的是，他登到5100米处觉得太难受了。我就跟他沟通，问他"攀还是不攀？"他说听我的，我说："你的旅行听你的。"他说他太难受了，"我先下来，以后有机会我会再攀爬"。然而，在那一刻我觉得他已经成功了，其实从4100米往上，他每一步都在和自己的困难作斗争。所以，为什么户外登山能够锻炼意志和品质，关键就在于此，你的每一步都是在和逆境作对抗。我觉得他已经达成目标了，也没必要逼着他必须到顶峰。做到最好的自己就是达到了自己的顶峰。

02 探险动因之一：刺激感与成就感

关于人类探险的动因，我想从我刚才讲的这些案例故事上来展开。比如，我始终认为探险是人类发展进步的滚滚车轮的引擎，一定是这样，所以我和北大法学院的方翔老师一起去珠峰攀登的时候，就下定决心，回来后在北大一起开一门课，让更多的学生喜欢户外。我们当时想，这门课应该叫"户外探险"，还是"户外探索"？我们怕叫"户外探险"没人选，所以干脆就叫"户外探索"，反正这英文单词都差不多，就把这门课开起来了。其实对于人类来讲，我们的成长和发展就是探索未知、探险世界的一个过程，只有这样，我们才能够做成更大的事情。那么，是什么驱动我们做这些事情呢？我个人通过学习总结，认为有两点：第一是本能驱动，第二是社会驱动。本能驱动在于有刺激感和成就感。

接下来，简单介绍一下探险史，人类发展史就是一部有关勇气和毅力的探险史。记住两个关键词，一是"勇气"。《极盗者》这部电影大家看过没有？里面罗列了大概 8 种最极限的挑战，或者说探险的行为。当然里面并没有攀登珠峰，但是它有从珠峰上定点跳伞，也有裸攀（Free Solo）。前段时间有部纪录片叫《徒手攀岩》，讲的就是美国攀岩大师亚历克斯裸攀美国约塞米蒂国家公园的酋长岩。总之就是不断地去挑战你的舒适区，总待在舒适区里我们是做不成大事的。

二是"毅力"。大家都知道咱们北大有一位杰出的校友曲向东，他组织了一个商学院的赛事，叫戈壁挑战赛。北大有 3 个商学院，光华、国发院和汇丰，每年他们都会参加团队协作活动，不抛弃不放弃，除了去争夺名次之外，他们还会去争夺一个奖——沙克尔顿奖。

在人类探险史上，有一位非常杰出的具有优秀领导力和坚毅品格的人——英国人沙克尔顿。以他的名字命名的沙克尔顿奖是一个非常重要的奖项，用来颁给那些有杰出团队协作精神的组织。这位探险家带着团队在极端恶劣的条件下——那时候没有 GPS，也没有今天的这些信息通联能力，在被围困了 400 多天之后，带着团队所有的人安全回归。这就叫毅力。探险活动能够最大程度地满足人的天性——刺激感和成就感。这就是我讲的本能驱动。你可以想象一下，如果做一件事情没有刺激感（我们所谓的刺激感也不是说太疯狂的），或者没有成就感，你大多是不太会坚持去做这样的事情的。比如，跑马拉松，或者说咱们要求的 APP 跑步，就是因为长距离的持久性的训练，它会让人的身体产生变化，刺激内啡肽的分泌。内啡肽又叫作内源性吗啡，它会让你感觉兴奋，尤其那些马拉松爱好者，跑步会让他们上瘾。登山也是一样，给你带来一种痛苦，这时需要毅力去克服它，与此同时你会获得强烈的成就感。这也是为什么很多企业家在企业做得很好的时候，要再挑战一下自己。他们通常选的项目都是户外的、挑战类的、探索类的，因为这种成就感是非常强烈的，无论是滑雪还是攀登雪山或者航海。

我们人类的探险行为其实就是利益的功能主义，刚才我说的是本能的驱动。事实上在这个之外，一定有利益的功能主义在起作用。我们放眼人类的探险发展历程，最初的动机就是追求个人利益。比如，有的小朋友登上 5000米、6000 米或者 7000 米的高山后，就可以很轻松地申请到美国的高校了，因为美国最高的山德纳里山才 6000 多米。所以，我们有时候去登山，为的就是能够在申请高校的时候有一个优势。

不过，在这个过程中我们成长了。当然了，有的人是为了扬名，比如登完山后发个朋友圈成为顶流，去做一些商业变现或者是获利等。我也讲一下当时我们去攀登珠峰的心态。我们登完珠峰回来后，发现自己的朋友圈都是成功人士或者著名企业家点赞。所以有的时候，一些探索、探险行为，在个人利益层面上会有众多的呈现，从个人到社会到群体，再就是国家利益。比如，1960 年我们为了外交而进行的攀登珠峰北坡活动，那是人类第一次从北坡成功攀登珠峰，参与其中的王富洲和我是同乡，我们都是河南的；当我登完珠峰以后，河南的《大河报》说时隔多少年，河南人再次占领珠峰。

兴趣爱好的驱动，就是我刚才讲的本能驱动，我们会为了追求一种刺激感、一种成就感，去做各类的探险行为或者活动。当然也可能是因为热爱和偏执，比如玄奘西行取经，或者科学家想得到鸟类进化的一些知识，无论是洪堡还是其他人，都是这样。

从人类发展的角度，我们再去看刚才我讲的这些东西，它就是一种佐证。其实在很久以前，人们根本不知道还有新大陆，还有什么美洲。但那些具有探险精神的人，他们敢于走出自己熟悉的环境去挑战、去尝试，最终他们发现了新大陆，绘制了全球的地图，之后再绘内陆图。人类对南北极的不断开拓，还有对第三极珠峰的攀登，以及现在对太阳系的一系列探索尝试，都是在试图开拓人类生存的边界。我们在让更多的不确定变成确定的时候，收获反而更大。

03 探险动因之二：资源与科学探索

第二类基本上属于资源掠夺类的，无论是在北欧的维京人时代，还是在英国、西班牙、葡萄牙的大航海时代，实际上都是很典型的资源掠夺的过程。第三类是宗教方面，我们的高僧法显、玄奘，去印度取经，欧洲的一些传教士在大航海时代去新世界传教等。第四类就是最重要的科学探索。刚才我讲到了洪堡，他在 18 世纪的时候就已经攀登了安第斯山的一个 5800 米的山峰，在现在的厄瓜多尔一带。达尔文也是随着海军去全世界航海做科学调查，他既是博物学家，又是著名的人类学家。我们现在还有对宇宙和微观世界的探索。

从人类探险的方式来看，有航海、潜水，有徒步、登山，在南北极还需要用到雪橇，当然也有很极端的方式，如人类向宇宙的探索是用发射火箭或者卫星的方式。总之，我们通过这些能理解到一点，我们绘制地图的冲动、了解未知世界的冲动，会促使我们去干这样的事情。也不一定是有很强的所谓功利主义动机，总之一句话，就是将不确定的未知变为确定性的已知，它表现为人类的探险行为。我觉得每个人也大概如此，我们都会去试图让这些不确定的未知变成确定性的已知，强大的驱动力会促使你做很多新的尝试。

04 世界探险史

从世界探险史来看，刚才讲的是人类的探险发展史，具体到户外这个层面，1786 年，阿尔卑斯山勃朗峰被一个医生和一个背夫征服，他们是从法国的夏慕尼出发成功登顶的，这开启了人类攀登高海拔雪山的篇章。

当然，人类探索未知的起源从攀登阿尔卑斯山那个时期来讲，它和欧洲的工业化发展有关系，经济发展了，人们有钱有闲了，就可以腾出更多时间去做这样的事情。

阿尔卑斯山时代，人们除了去攀登这些有名的山峰之外，忍不住想去挑战更难的，如三大北壁——马特洪峰北壁、大乔拉斯峰北壁和艾格峰北壁。阿尔卑斯山时代之后，就到了对喜马拉雅山的挑战和攀登了。当人们攀登上 14 座 8000 多米独立山峰的时候，又有人选择了无氧攀登这 14 座山峰，比如意大利的"登山皇帝"梅斯纳尔，包括现在中国也有很多杰出的登山家，也选择无氧攀登这些山峰。我们不知道人的极限在哪里，总是在挑战，总是在探索边界，为了追求一种成就感，一种刺激感。这是人类的内驱力使然。

随着时代的发展和变化，又会有新的挑战方式出现，比如咱们现在有很多杰出校友也完成了"7＋2"，即攀登七大洲的最高峰和依纬度徒步南北极的极点，包括环勃朗峰越野赛（UTMB），还有独自的航海行动等。人们总在开启各式各样的挑战，包括大铁人三项的挑战和生存挑战赛。

近一二十年，又有一些新的挑战方式，比如咱们校友中也应该有五六个人都完成了 7 天在七大洲跑 7 个马拉松的挑战，包括法学院和中文系的杰出校友，还有山鹰社的第二任社长等，都完成过这一挑战。

现在还有一些人玩翼装飞行、速攀、Free Solo、潜水等，这都属于世界范围性的探险。

05 中国探险史

现在聚焦中国的探险史。1953 年，新西兰探险家和尼泊尔向导从南坡登顶珠峰，这个时候中国要和尼泊尔去划定边界，所以我们只有从北坡登上去，这是一个在边界线上的山峰。当时真是不惜一切代价，整个团队确实有多名队员牺牲了，最终还是完成了任务，1960 年 5 月 25 日王富洲、屈银华和贡布三位中国登山队队员成功登顶珠峰，也是人类历史上第一次从北坡成功登顶。

因为没有留下影像资料，整个登山界甚至世界范围内都怀疑中国没有成功登顶。所以，中国登山队又组织再次攀登，1975 年，女队员潘多和 8 名男队员再次从北坡的传统线路成功登顶珠峰。

这条线路我和方老师都走过，攀登到 8650 米处，爬的几乎都是垂直的崖壁。我们穿的鞋非常厚，并且鞋底还有冰爪，但还是没办法爬。1975 年第二次攀登的时候，中国登山队员把梯子扛上去架在那里。后面这几十年来攀登的国际山友都是用这个梯子攀登的，并且称它为"中国梯"。在 2008 年奥运火炬传递之前，对这个梯子进行了更换，旧梯子被放到了登山博物馆，现在的梯子是新梯子。

在新的时代，山鹰社也算是一个典型——一个学生性社团，一个大学的登山队，通过不懈的努力，12 名队员成功登顶，无一伤亡。

有很多人会选择速攀珠峰，有的人用 16 个小时就登上珠峰。我们则通常会用 1 周的时间。所以真的不知道人的极限在哪里。"速攀大王"西班牙人基利安（K 天王）前段时间在 UTMB 的比赛中又获得了冠军，他的最大摄氧量达到了 90。同学们，我们一般人的摄氧量也就三四十，优秀的运动员也才五六十。所以他是有天赋的。

这是我们 2018 年在顶峰上的合影（见图 2-4），可能大家都看到过这张照片，可以说是非常经典的瞬间。我们 12 个人并不是同时到达顶峰的，因为上顶峰的路只有一个脚掌那么宽，大家的体能也不一样，走得快慢也不一样，我们是等到达顶峰人最多的时候拍的这张合影，通常都是三三两两上去，拍

图 2-4 ⊙ 北大山鹰社师生在珠峰之顶合影留念

完合影就下来了，因为顶峰不宜久留，会缺氧。2003 年就有一个民间登山队队员，登顶后在上面待的时间太长，并且把氧气面罩摘掉了，最后往下走了几百米后就永远留在山上了。所以我们通常不会在上面待太长时间。但是，登顶还是很振奋人心的，大家对学校的热爱，对国家和民族的热爱，在那个点上达到了极致。

一般在户外，尤其在这样的探险中，大家最在意的是团队，一人登顶全队光荣，而不会觉得这是个人行为。这张照片就代表了 12 个人全部登顶，我们不会去讨论照片中有谁还是没谁。

谈到珠峰，咱们再讲一讲北大。截至 2022 年 5 月份，已经有 25 位杰出的北大校友成功登顶珠峰，这个数字可不一般。

我们不禁思考，为什么北大会有山鹰社？北大精神里就有这种探险文化、探索文化、挑战文化，有不断去创新的文化，所以咱们培养出来的校友在北大文化的熏陶下，在自己的企业做得很成功的情况下，仍然会去选择表达这样的热爱。

接下来，我分三部分讲珠峰攀登的故事。

第一部分是北大户外。其实刚才大家看了珠峰就已经大概知道了，北大文化里有土壤适合进行户外，或者说北大人就喜欢户外，户外更能彰显北大人的性格，两者互相交融。

在北京大学，事实上是有这些户外类的社团和代表队甚至相关课程的，我希望大家至少加入一个这样的社团，或者一支队伍，如果可能的话，再选一门户外课。未来当你成为校友，你也可以再参加各类校友组织。总之，在北大是有非常丰富的户外活动的，像上周日我就带着我的户外探索课的同学，用了 10 个小时从北大出发再回来，去走了京西古道的一条线路，同学们的感受也非常深刻；再过两三周，我们还要出去两天一夜，在荒野中露营和生存。

北大还有像徒步协会、山鹰社、车协、定向协会等社团，他们每周会组织很丰富的活动，这就是北大的户外传统，丰富而多层次。

06 北大攀登理念之一：科学攀登

第二部分是珠峰攀登的理念。很多人一提到去登雪山，就说我们是行走在生死线上。这么说是没错的，往左可能就是死，往右可能就是生。但是我们很幸运，都能够平安归来，因为北大一直贯彻三大攀登理念。

一是科学攀登。我们的整个训练过程，从队员的选拔到训练系统都是充满着科学指导性的。比如，队员要进行基因检测，检测乳酸耐受性，还有对不同食物的代谢能力等，这都体现了一种科学性。此外，我们还会制定非常科学的训练方案。为了更真实地模拟珠峰的环境，我们通常会在北京郊区垂直落差 200 米的崖壁上，让大家体验徒手攀登，在做好保护的情况下让同学们在垂直的崖壁上去挑战。

我们还会让同学们去探洞。北京有很多洞穴，我们会让同学们进到洞穴内把头灯关掉。那里没有任何的光污染，同学们行走在其中，能感受到那种黑暗带来的压迫感和未知带来的恐惧感，这时候就需要做好心理调适。

大家往往觉得登山需要的是力量或者说体能，但事实上它更需要你走的每一步都经济有效,所以我们还会让队员进行瑜伽训练。我们登顶珠峰大约要走 15 万步,每一步能否节省 1% 或者 5‰ 的力量,决定了你能否登顶成功。在准备登珠峰期间,我们先攀登了 8000 米的世界第六高峰,在这之前又攀登了 7028 米的珠峰北坳,再往前是攀登了 6000 米、5000 米山峰,是逐渐进阶的,而不是直接去登珠峰。北大人是科学做事的,这一点我们必须坚信。正是因为科学,我们才能平安。

07 北大攀登理念之二:绿色攀登

二是绿色攀登。整个攀登过程中,我们始终秉承的一个理念就是环保绿色,将对环境的破坏、对当地居民的打扰最小化,这就是绿色攀登。不像诸位可能看过的一些危言耸听的公众号文章,说珠峰已经成了世界最高的垃圾场之类,其实不是这样的。对于大家看到的一些脏、乱的图片,我可以负责任地告诉大家,那不是北坡的,珠峰的环境还是很美的。

大家可能会关心我们上厕所的问题,珠峰从 6500 米至 7028 米处都有固定的卫生间,排泄物可以直接运下去,再往上走我们会使用专门的垃圾袋之类的工具,通常只是小便,大便一般而言没有;在冲顶的时候我们会吃黄连素等药物,一般就不会产生大便,并且处在高海拔,人是没有任何食欲的,吃得非常少,主要是靠自己储存的能量去完成攀登。以我为例,我在去之前是 75 公斤,登完山回来只有 60 多公斤,体重降了将近 10 公斤,登山事实上就是靠平时的储备。

我讲这一点是要强调绿色环保,不像大家想象的那样,珠峰遭到了污染。北大人是非常有情怀的,我们每个人都有"顺手一袋",即每人发一个袋子,在登山拉练的同时捡一些我们看到的垃圾把它运下山,哪怕是在向上冲顶的时候也坚持如此。有一些人质疑这件事情,认为登山已经很难了,还要捡垃圾,蹲下来再站起来这一刹那,可能就因为高原反应而倒下了,有时还要下到山沟里去捡,都是有风险的。但是,我们仍然达成共识去做这件事,当时的一个口号就是"去做,让改变发生",如果我们作为北大一群最优秀的学子都不去做这件事情，又如何去要求别人改变？所以我们"去做，让改变发生"，如此，带动更多人去保护环境。只有绿色可持续，我们人类才有真正的未来。

08 北大攀登理念之三：人文攀登

三是人文攀登。北大是最讲人文的地方，攀登珠峰很苦很累，需要人文精神、人文故事、人文情怀的浸润。大家可能也看到过一些新闻，比如我们登山队的一名男队员在顶峰向一位女队员求婚，是不是挺浪漫？因为要去冲顶，我们在大本营的时间是有限的，绝大部分时间都是在等待和适应，这时大家就会去作词作曲，拿着吉他唱歌，和其他的攀登队伍交流、互动。

我印象最深的是在冲顶前一天，我们在 6450 米处的前进营地举行了海拔最高的诗歌会。因为黄怒波总指挥是中文系的，他给我们布置了一项任务，每人都要写一首激励自己的诗。在冲顶之前，我们举行了诗歌朗诵会，每个人都朗诵自己写的诗歌。大家朗诵完后全都热血沸腾地憧憬登顶那一刻，好像打了鸡血一样。这就是人文精神带来的激励与鼓舞，我们带队伍或者做任何事情都需要这样的精神与情怀，而北大正有这样的风范，要把优势发挥出来，让攀登更有乐趣。

09 登顶珠峰之路

第三部分是攀登之路。很多人可能没有机会去攀登珠峰，这一部分我会跟大家分享一些图片，记录的是一路上看到的风景，带你们去领略一下整个攀登的过程。

我们登山队 2018 年 3 月 31 日从北大南门出发，5 月 15 日回到北大南门，历时近 50 天，这是一次攀登，一次远征。但相比玄奘、法显、沙克尔顿的远征，我们差太远了。在冲顶的整个过程中，并不是这 50 天我们都在珠峰山脚下等着去攀登的，事实上是一个不断适应的过程，在拉萨的适应、在日喀则的适应、在定日的适应等。实际上冲顶我们只用了 7 天，这 7 天也就走了 15 万步，每天平均 2 万多步，其实也不算多，但是考虑到极高海拔，那真的是很难了。当时我们 1 小时只能走 200 米，五四操场一圈是 400 米，走一圈应该只需要三五分钟，但是我们 200 米要走 1 小时，真的是像蜗牛一样在爬。从北大出发到登顶回来，整个过程中，我们徒步的距离有 168 公里，累计攀升是 12000 米。因为存在着适应的过程，而不是直接到山脚下，一口气爬上去再下来，整个过程是锯齿式的反复的适应过程，直到人的身体能适应那种极端环境。

北坡攀登的线路，从登山大本营到过渡营地到前进营地再到 C1、C2、C3 营地，一共有 6 个营地。登山大本营在 5200 米处，现在中国经济发展得特别好，开车从拉萨可以直接到登山大本营。游客的大本营比登山大本营海拔要再低 1000 米，在绒布寺下面，登山大本营的车也可以直接过去。登山大本营是很现代化的，各种上网的、娱乐的设施都建设得非常好。从 5200 米处再向上到过渡营地，以及到 6500 米处的前进营地，就不能开车了，只能靠驼队、高山牦牛帮我们运送物资，但是攀升的海拔并不是太高，比如从 5200 米到 6500 米处的前进营地，其实海拔才上升了 1300 米，但是两个营地相距 20 公里。实际上从登山大本营出发到顶峰，直线距离也就 3600 多米，行走的距离不到 30 千米，但事实上登山队从登山大本营到前进营地就已经走了 20 千米了。所以攀登中真正难，能够称得上是天堑、有垂直高度的，是从前进营地开始。登山者都在前进营地等待好天气的到来，一个好的天气周期到了，前进营地的人就可以准时出发了。从前进营地到顶峰还需要三四天。最后一个营地是 8300 米处的突击营地，在那里等待着去冲顶然后下撤。这就是整个攀登的线路。

最后一天冲顶，我们是从 8300 米处到顶峰 8848 米，海拔攀升只有 540 米左右，也就是一个香山的高度。但我们当时的绳距是 1500 米，从 C3 到顶峰，我们一直沿着绳走，把自己的保护器拴在绳上，上下都是，如果没有绳，我估计登顶 10 个人能有 1 个人成功地平安回来就不错了。几乎所有人在攀登过程中都滑坠过多次，全靠绳子的保护。如此，我们行走的距离约为 1500

米，通常情况下要走 8 个小时，1 小时也就 200 米左右，这些数据是非常真实的。同学们可能想象不到 1 小时只走 200 米。1 小时在操场内随便走能走多远？跑的话能跑 12 千米，走也能走上五六千米。这就是高海拔给人带来的挑战，人的运动能力、判断能力和恢复能力都下降到了极点。我们登山的这条线路和 1960 年、1975 年以及 2003 年的登山，还有 2020 年的珠峰测量队的攀登都是同一条，这是北坡传统的线路。现在攀登珠峰的成本还是很高的，达到了一个人 58 万元左右。以上就是整条线路的概况。

接下来是对营地的介绍。这张图片展示的就是我们在大本营 5200 米处看到的珠峰的样子（见图 2-5）。这里就是北大登山队还有中国登山队的营地，因为每年会有 200 人左右从北坡攀登，大家会各自建一个营地。这里是我们的营地，下面的这些小帐篷是我们每一个队员的帐篷。

图 2-5 ⊙ **珠峰登山大本营 5200 米处**

从大本营出发向上走就到了过渡营地，在 5800 米处。这个营地已经是建在冰川上面了，但由于冰川退化，地面上仍然有很多岩石碎石。我们就在冰碛积上，下面就是几十万年的冰川。这个地方也让人非常痛苦，我们喝的所有的茶水都有牛粪味，泡咖啡还是其他什么都冲不掉这牛粪味。刚才讲了，从大本营往上都需要耗牛去运输物资，人休息的地方也是耗牛休息的地方，所以我们取水什么的都会或多或少受到牦牛粪的干扰，不过我们后来就慢慢习惯了。

从这里再往上走，大概走20多分钟，风景已经像童话世界一样梦幻了。我们走在冰川的里面，两边都是中绒布冰川，非常美，有的冰塔林高度达到一二百米，一般情况下冰塔林都是二三十米、十几米左右的。6300米快到6450米的前进营地的时候，我们走在冰塔林中，非常壮美，但是我们要快速通过，因为只要风向有变化，或者说温度有变化，太阳有照射，这些冰塔林随时会崩塌。大家也知道在尼泊尔的恐怖冰川发生了多次灾难，就是因为冰塔林崩塌，最多一次造成四五十人死亡。所以尽管风景很美，但是我们不能流连，要快速通过，并且要在早晨通过。当时大家心中对于登顶还是有一定的不确定性，有一些不可掌控的因素在里面。比如，在6450米的魔鬼营地，为什么叫魔鬼营地？因为它前面就是北坳，山体呈S形，空气的流通性特别弱，含氧量特别低，我们在这里休整的时候，晚上都睡不着，头疼欲裂，在那里痛苦地呐喊、尖叫，就像地狱一样，所以人称魔鬼营地。

我们在这里调整了几天，等待好天气准备冲顶。6500米左右，我们走在一片非常大的雪原上，地上插着小红旗，因为这里有很多冰裂缝，如果天气不好，走偏一点都可能掉进裂缝里，有生命危险，很多著名的登山者都是因为掉进裂缝里没法救上来牺牲的。再往前走就是珠峰天堑中的第一道，珠峰北坳，山崖基本上平均垂直地面八九十度，我们要找一些能走的路线，顺着脚印的痕迹一直往上爬到7028米处。在我们冲顶的前两天，珠峰顶的风非常大，把山顶的雪都吹起来了，如果能看到旗云，一般风速都是在12级以上，不太适合去攀登。再往上走，真的要有强大的内心，因为这里暴露感非常强。如果没有前面的科学训练，登顶是根本不可能的。这种暴露感的训练在日常训练中也有涉及，当然没法完全真实模拟。珠峰最大的暴露感是在8800米处进行横切的时候，低头就能看到5000多米处的中绒布或者东绒布冰川，确实还是很恐怖的。登山队队员们顺着保护绳，在行军过程中互相鼓励，互相支持，统一行军。只有在冲顶那一天，大家才按照自己的体能状况先后出发。

7790米处的营地也就是倒数C1、C2营地，是在悬崖峭壁上，看着不陡峭，但从上往下看还是非常险峻的，我们就是在这样陡峭的崖壁上搭帐篷，只能用石头固定，不是很牢靠。到这个营地以后，我过了 1 个小时才敢进去，因为怕帐篷被吹下去。另外，我们很多队员到营地以后排便受限，也可能是因为恐惧，需要把自己调整好。

沿途不论你幸运与否，都可能会看到几十年来在攀登中牺牲的人，他们就倒在这条线路边上。这些年其他登山者可能还会把这些人从我们行走的地方挪到看不见的地方，在此之前的登山队队员可能真的要从他们的腿上或者身上迈过去的。现在大家不一定能看到他们，但还是有不少队员看到了，尤其有一个同学在滑坠的时候，一转身就发现一具尸体，吓得一顿尖叫。再往上 8750 米，这是我们在下撤时拍的一些图片，我刚才讲到的 8800 米在上顶峰的时候，横切暴露感非常强，往下一看就是 3000 多米的落差，需要手扶着绳子，双脚几乎是交叉步、一字步地往前走，还是挺吓人的。这里我走得也是心惊胆战的。讲到这里可能大家就明白了，攀登珠峰不是拼体力，1 小时走 200 米，你想想谁做不到？一天走 2 万步难吗？也不难。关键是要有很强大的心理素质，对恐惧感的控制，对目标坚定和执着的决心。

这次攀登我们特别担心这些学生，最小的十八九岁，而人类攀登珠峰这些年来的平均年龄是 45 岁左右。为什么要科学攀登？就是因为要将 20 岁的学生训练到拥有 45 岁的攀登者所具有的素养。首先体能肯定是没问题的，关键的就是心理素质、团队协作精神等，把这些训练好就没问题，否则这个目标肯定无法平安完成。我们在下山的时候遇到一个韩国登山队的队员，他到了第一台阶，8500 米左右就不敢再上了，这个暴露感他受不了，肯定不能再上，如果到了暴露感更强的第二台阶和 8800 米处，他的队友都没法把他抬下来了。

所以，攀登需要强大的心理素质，经历过攀登的人，心灵上也得到了更深刻的洗礼。这是在顶峰才能看到的日出（见图 2-6），但因为珠峰太高了，所以在顶峰我们看到的景象是，群山在它的倒三角里，太阳从东边升起来，我们站在顶峰去拍我们来时的路，从左边向右边走。其实这个距离还有线路都是科学的，如果太靠右，那里是雪岩，很可能会滑倒，把雪岩踩塌滑坠；太向左，可能会有雪崩或者说滑坠的风险，要把握好路线和距离。

图 2-6 ⊙ 珠峰顶峰照片

我们有很多藏族的向导，他们会带一些经幡哈达去祈福或者祝福。在经幡背后你看到还有一个比较高的山峰，那是洛子峰，世界第四高峰，8600 多米。其实从南坡爬的话就会经过一个有七千四五百米高的山峰，和爬洛子峰的线路是一样的，只是往左就是珠峰，往右就是洛子峰。

在顶峰，我们拍了张合影（见图 2-4），你看我是坐着拍的，因为当时我们总指挥说不要站着拍，对山峰要表现出足够的尊重，我们永远不可能征服任何一座山峰，我们能征服的只是自己的内心和恐惧。

10 攀登之思：顽强的生命

珠峰这个地方很荒凉，但是它是国家保护区，在那里，我们可以看到国家二级保护动物岩羊。我们去绒布寺的时候也拍了照片，我们的向导是藏族向导，他为了让我们适应高原环境，就带我们拉练，带我们去寺庙，去了解当地的民俗、宗教，喝酥油茶，和当地人交流。

我们在上绒布寺的时候，这些国家二级保护动物就在我们身边跑来跑去的，我们顺手拿手机拍了几张岩羊和珠峰的照片。我也去过呼伦贝尔大草原，那里的草很肥，那里的羊很幸福。那些牛羊可能不需要太多运动，站在那儿转一圈就能吃饱。而在喜马拉雅山下的这些岩羊，它一天要不停地觅食，那里的山坡你远望去是有一点泛绿，但当你走到跟前，却连一根草都找不着。所以我当时就想："这地方能够支撑这样的生态系统吗?"而事实上有着大批的岩羊，包括我去登阿尼玛卿山的时候，三江源那一带也是成群的马骡、岩羊，都在那里生存。这就是一种顽强的生命力吧。

在那么恶劣的环境下，它们都能活这么好，何况我们物质生活或者各方面条件这么好的人类，生命更应该有张力。比如那里的牦牛，它们不但要活着，还要体现出自己的价值，帮助我们登山队运送物资，从大本营一直到6450 米。从前进营地再往上还有 3 个营地，这 3 个营地的所有的物料都是由我们的向导或者夏尔巴人帮我们运送的，我们自己也可能会背负一部分，而我们在冲顶阶段的氧气、帐篷等，都由这些夏尔巴人，还有我们的藏族向导，帮我们提前运过去，所以他们都是最值得尊敬的人。

那里的动物和人都是那么伟大，其实植物也是。我们在喜马拉雅山 5700 米的地方能拍到水母雪莲，还有彩色的，非常壮美。生命是有张力的，无论环境多么恶劣，都会绽放出美好。我们在这么好的城市生活，在这么好的学校学习，生命理应更具活力。

11 攀登之思：珠峰的地标

在珠峰大本营，我们在登山前都会去这些纪念的墓碑前，祭拜那些长眠于珠峰的攀登者。从 20 世纪 50 年代到现在已经有三四百位勇敢的挑战者牺牲在攀登珠峰的路上，绝大部分人的遗体还留在那里，因为路太窄，没办法运输。

看完这些墓碑，与我们开始出发攀登的时候相比，心情还是有一些不一样的。事实上在这次攀登的时候，我们已不太能看到遇难者的遗体了，因为西藏登山队已经花了很大的力气把这些勇敢的攀登者挪到了比较隐蔽的地方。因为路很窄，又只能顺着绳子走，所以西藏登山队只能把他们的遗体稍微挪走一点，基本上在登山途中看到不同的遗体我们就会知道大概到了什么位置，是 8550 米还是 8600 米，是第二台阶还是什么。这都是在攀登过程中，暴露感会非常强，挺考验人的心理素质的。

我想重点讲一讲马洛里。英国人马洛里是位高才生，生于 1886 年，卒于 1924 年 6 月。他在第二次尝试攀登珠峰的时候，和同伴欧文消失在了云雾中。人们多次寻找，都无功而返，直到 1999 年由 BBC 赞助的一个美国攀登队，专门去找他的遗体，终于在珠峰北坡 8000 米处找到了他。这时候距他失踪已经 70 多年过去了。

马洛里从剑桥大学毕业后到一个中学当老师，那个时期是英国最辉煌的时候。19 世纪末 20 世纪初第二次工业革命带动了经济发展，使英国成为世界第一大国，所以他们的民众也更愿意去探险、去探索。以马洛里为代表的一大批探险家当时在世界范围内不断地去攀登未知高峰，对于当时的英国人来讲，他们的目标就是要使英国成为世界上第一个成功攀登珠峰的国家。但是，一直到 1953 年人类才真正登上珠峰，而且也不是英国人，而是新西兰人和尼泊尔人，尼泊尔人是向导，和 1786 年登顶阿尔卑斯山最高峰勃朗峰一样，也是由当地的向导陪着。但不管怎样，他们的这种探险精神还是挺激励人的。记者曾问马洛里："你为什么要去攀登珠穆朗玛峰？"那时候去西藏可没现在那么容易，那时候还没有尼泊尔的南坡路线，只有北坡路线，所以他要从印度通过垭口再进到北坡，非常艰难，做一次都需要半年时间，但是他去了好多次，他回答："因为它就在那儿！"这貌似打发记者的一句简单的话，却可以解读出无限的哲理，因为山就在那里。实际上，人类去探险或者探索的最原始冲动就是因为它就在那里，万物就在那里，我不了解它，但我想去了解它。

人类的这种对未知的好奇，想让未知变成确定性已知的这种驱动力，就源于人类基因中的探索精神。

我觉得我很幸运，我看到前辈遗体的时候一点都不怕，对我来说，他们是地标，他们在指引我们、在激励我们，我们在完成他们未竟的事业。事实上很多事情都是这样，都是一代代人的努力奉献积聚而成的。具体到我们每一个人也是如此。

12 攀登之思：心灵的品质

我是从小山村成长起来的，我的梦想是一定要到大城市读书。后来上大学，毕业后来北大教书，是因为受教育我才有这样的机会，同学们可能或多或少也是如此。我们通过接受教育给自己赋能，然后才会有价值。攀登也是一个教育的过程，通过攀登我们可以悟出很多道理，这个过程使我们的人生更有价值。要经历那些震撼的或者艰难的事，你的人生才更有价值，这就是我反复讲的，我们登完珠峰身价会涨 100 倍，不是说给你涨 100 倍的工资，而是你的心灵品质，你对人生、对幸福、对世界的思考和格局都会不一样。

然而，领航梦想的是什么？你只有去做，梦想才能成真。事实上，在 2012 年的时候我们才有攀登珠峰这个想法，也是一个中国登协的朋友说："你们北大应该做点符合北大水准的事，应该攀登珠峰，找一个好的时间节点就行。"后来，我们把时间定在 120 周年校庆那一年，因为百年校庆的时候我们登了世界第六高峰，所以就有了这个想法。

2012—2018 年，经过 6 年，我们就实现了。当时我觉得，作为山鹰社指导老师，我们做一件这样的事也是很值得的。给大家看一个氧气瓶——这个氧气瓶一瓶要 5000—10000 多元，我们在攀登珠峰的时候，一瓶氧气能像这样自由呼吸也就 2—4 个小时。想到珠峰攀登，我们就会想到中国登山队精神，攀登珠峰就是一种积极向上的精神，其中爱国主义和家国情怀全都有，还有奋斗、拼搏和团队协作精神。我提炼出这么一句话："珠峰上缺氧气不缺精神，城市里不缺氧气缺精神。"这几年还好一些，以前很多青少年就是萎靡不振，也没有人生目标和理想，就只说"好吧，躺平吧"，其实"躺平"就是缺乏精神的体现。

13 人生没有白走的路

人生没有白走的路，每一步都算数。确实如此，在攀登珠峰的时候尤其是这样，我们要数数，最难的时候数 5 步就是走 5 步，然后就得停下来，数 10 个数再走，因为你真的走不动了，所以我们说每一步都算数。更难的是，绝大多数时候你是看不到顶峰的，有的时候会有云雾，有的时候会有风暴，这个时候你还要坚定地往前走，挺考验人的。我带着队伍在北京训练的时候，每当大家汗流浃背，快坚持不住的时候，我就说："必须走！你现在流的每一滴汗都是为了让你更好地活着回来。"就是这样，我们每个人都得自己想办法坚持下去，我也多次说过，在冲顶的时候我快走不动了，后来都不喊步数了，就喊我家孩子的名字，两个儿子，左脚是老大，右脚是老二，就这样激励自己往前走；有的同学可能会用其他的方法激励自己，总之就像进入那种修炼的状态。

人生没有白走的路，即使迷茫或者看不到目标，也要坚定信心。雪线之下无风景，路绳之上皆兄弟，这样的景色真的是太美了，太壮观了。

在这么壮美的大自然面前，其实人真的很渺小，但是人又很伟大。因为在自然面前远远望去，我们就像一只只蚂蚁，但是人又因此而很伟大——虽然像蚂蚁那样，却还要去征服或者去攀登世界最高峰。所以这种执念会让人变成一个更谦卑的人，同时又变成一个更自信的人。世界上最成功的正是把这两者处理得最恰当而均衡的人。自然是最好的导师，它会让你深刻地去思考这些。

虽说珠峰那么壮美，但事实上我们整个攀登过程绝大多数时候都是无聊至极的，尤其遇到暴风雪这样的坏天气，或者说修路的时候有人滑坠了等，各种突发情况，于是就需要耐着性子在大本营里等待，一待就是好几天。

你想去大干一场，但是不知道机会啥时候来，所以大家在大本营里，晚上打牌打着打着就打架了，学生们打架我们出来拉架，大家都情绪化了，所以要学会忍耐。这真的是很难，像极了人生。我们的一生很多时候也是这样的，绝大多数时间，要么做科研，要么在做这种很痛苦的积累，甚至是找不到方向的积累，还会反复的失败。所以说荣耀背后都是痛苦。前两天，我们遇见杰哥（杨东杰），他也是杰出校友，也成功登顶珠峰了。他说一见到我就想到一个词——"梨状肌"。因为我攀登珠峰期间梨状肌疼，那时候疼得整夜都睡不着，得吃止痛片才能睡着。后来回到北京治疗了一年，我才能够刷牙的时候弯下腰。现在都已经好了。

现在看我们的冬奥会冠军徐梦桃他们都是这样，团队精神就是为他人着想。我们这次登顶珠峰的 12 个人中有 7 个学生、4 个校友、1 个老师，另外有 3 位没登顶的人，还有因伤因病因事未登顶的。在这次攀登过程中退出的人同样也值得我们感谢。

第一是总指挥黄怒波。他本来完全可以刷新一个纪录，成为成功登顶珠峰年龄最大的登山者，但是他为了团队的整体成功在前进营地留守了。

第二是厉伟师兄。他在 8300 米最后的突击营地放弃了，他把他所有的氧气、向导都留给了学生，一定要确保学生成功登顶。这是他作为队长的一种责任担当，他已是著名企业家，他最值钱的就是时间，但是他说："为了北大攀登、代表北大攀登，我人生中只有这一次机会，但今后我还可以再来。"果然两年后他再次来到珠峰，成功登顶。这就是勇于担当、牺牲自我、成就团队的精神。

第三是赵东岩。也是到了 8650 米的第二台阶，他当时有一些失温的现象，因为向导跟他没配合好，走得太快了，休息超过三五分钟可能就会出现失温，失温后再上，只有两个结果：一是可能没事就上去了；二是有可能需要启动救援，甚至会有生命危险。为了北大的 120 周年校庆，这种事情是不允许发生的，所以他果断下撤了。这都是舍小我、为大我的一种精神体现。

所以，团队也要选对，选对人、选对伙伴一起做事才能做成大事。登完珠峰下了大本营，我样子的变化还是蛮大的，但是这个变化只是外在的皮肤、体重，其实最大的变化是内在的心灵。这是对于一个人身体的改造，人生的改造，可以说攀登珠峰对我有再造之恩。攀登之前我们都会去祈福，这也是当地藏族群众的传统。我们去拜访了扎什伦布寺的活佛阿钦，他跟我说："你们的攀登不只是为了 120 周年校庆，也不只是仅仅为了北大，更不只是为自己，你们是为众生而攀登。"这句话太高深了，我们当时谁都没理解。后来我觉得，在他那个境界上，他认为万物都是有生命的，比如他认为石头都有生命，所以他说我们是为众生而攀登，这是指和自然以及环境的一种交互、一种胸怀。

对我们的这次行动，有的人说是为了自己发个朋友圈攀登，有的人说是为了团队去攀登，有的人说是为了众生，为了世界和平，为了自然。总之，为众生攀登这句话，告诉我们，同样做一件事，当你的站位不同的时候，你的收获一定是不一样的。

总结为三个词——"见山""见人""见己"（见图 2-7）。

图 2-7 ⊙ 见山、见人、见己

这么壮美的山，它对我们心灵的这种治愈，它是我们最好的导师，我们要遵循它的规律，不要自负，但也不能不太自信，甚至自卑，而是要做到执两用中，既谦逊又自信。人在团队中，学到的是人和人之间的交互关系、合作关系，能够一起做成事的一种团队关系，其实是自然对我们最好的教育。

另外，我们通过登山，看见别人对我们的反馈，这也是见社会的一个过程。刚才我讲的戴上氧气面罩后迈步，你只能听到自己的脚步声，这正是一种自我修炼以及和自己对话的过程。知道自己在自然面前的优势，或者说在真正的挑战极端情况下发现真实的自我，这就是见自己了。和自己对话，因为我们现在很少有人会停下来、静下来和自己去交流，我们无时无刻不被信息或者其他的因素所干扰，所以见己就显得尤为重要。

"见山""见人""见己"这三个词就是对珠峰精神的一个总结，我也讲了它是一种向上的精神，向上是纬度，向前是方向，向善是一种状态，与人为善，我们只有具有这样的积极状态，才会做得更好。要敢想敢为、善作善成，这也是习近平总书记对我们青年人的期望。因为我们想去攀登，我们敢于去判断，并且能吃苦、肯吃苦，我们就做成了。人生没有白走的路，每一步都算数，要激励大家，不要因为一时的困难就打退堂鼓。要做最好的自己。发扬为他人着想的团队精神，就是我们每个人都想着不给团队掉链子，拖后腿，所以都会在日常训练中百倍努力。这个时候你就一定会想着要做最好的自己。

每个人要在好的团队中，好的团队要在好的平台上。如同珠峰在喜马拉雅山上，喜马拉雅山在青藏高原上，这对应的就是个人、团队和平台的关系，只有对应得好，我们给自己定位得好，才能做得更优秀。雪山雪线之下无风景，路绳之上皆兄弟，触及灵魂深处的训练方式，让我们站到荣耀的巅峰。

阿钦活佛说为众生而攀登，给我们的启示是做任何事情都要有利他主义，要有格局，要讲奉献，只有做到这样，我们才能够做更大的事，才能体现出我们更高的人生价值。我相信只要大家秉承这种人类的探险精神、探索未知的精神、跨出舒适区的精神，必定能登上属于每个人自己的人生珠峰。

我的分享到这里，谢谢各位。

点评

刘伟：太棒了。刚才看到北大师生登上珠峰的照片，我特别激动，我觉得这正是北大"敢为天下先"的精神。我们敢于挑战、敢为天下先的这种伟大精神，是对北大人的鼓励，更重要的是对同学们的一种激励。

我们在生活、学习当中碰到的任何困难，与钱老师他们在珠峰之上，每一步行走都这么困难的情况相比，都不是事。

今天，非常感谢钱老师为我们奉上了精彩的讲座。我也知道今天有山鹰社的同学在，刚好钱老师也带来了他的新作，签上名送给大家。

在座的同学有没有什么要提问的，请举手。

？ 同学： 钱老师好，很开心见到您。我是刚刚加入山鹰社的社员。我觉得刚刚您的演讲对我的触动很大。由小见大，您攀登珠峰也是那样一步一步跟着团队去突破自己。前段时间我们山鹰社有个活动，也是突破了很多人的舒适圈，突破了自己。当时我们早上5:40在北大西门集合，那个时候可能很多同学都还没有起床，但是我们已经集合热身，6:00准时出发奔向香山，整个过程应该是有12公里多，我们互帮互助到达了终点，这也是突破了我个人的最长行军纪录，所以我感触比较深。

我想问一下您在珠峰的攀登过程中，您觉得最大的一次挑战是什么？或者说您有没有过要放弃的念头？

💬 钱俊伟： 我还真没有。如果非要说要放弃的话，也是因为我们当时的策略，登顶策略是如果队伍中只有一个人能成功，那必须是学生，为了保证学生登顶成功，总指挥说咱们老师和校友要把机会让给学生，那我一定会去遵守。

？ 同学： 老师好，我听您的讲座也是非常有感触。我觉得登山也是一种生活，但它是以一种更尖锐的方式表现出来的生活。我也曾经参加过两年的登山训练，但是最后我在攀冰冬训的时候，和大家一起看了一场叫《绝命海拔》的电影，被吓到了，那一瞬间感觉生命很重要，就放弃了登山。后面也有很多觉得很困难的时刻，就想为什么非要去突破自己的舒适圈？让自己舒服一点，好像也没有什么太大的错误。

想请教您，在这种选择的时刻，到底应该使劲把自己往前推一步，还是说让自己先舒舒服服地休息一段时间？谢谢老师。

💬 钱俊伟： 这是一个哲学问题。其实每个人可能有不同的答案，我觉得还是要听从自己的内心。比如，你看《绝命海拔》的时候，你看到了死亡的危险和户外登山的这种威胁和恐惧，但很多人看到的可能是一种挑战精神。很多我们的学生在毕业了很多年以后，还会再一次去爬雪山，因为经历过不同的事，不同的人生思考以后，你会有转变。我也不太好帮你判断是对还是错，但是我觉得有一点是肯定的，就是要听从自己的内心，你不去做这件事情，并不意味着就没有更好的事情可以做，你现在想干的事把它做到极致，也是没问题的。

本身户外的探险挑战，就是为了更好地去生活和学习，我多次也跟学生讲，出去登山是要回来的，登山是一种退适体验，你暂时离开了你熟悉的环境，在外面去锤炼一番，回来以后把锤炼的意志品质迁移到我们的生活中，而不是说去户外就是为了去户外，那是我最反对的。

我不希望每个同学像我和黄老师这样把它做成职业，其实它就是你们生活的调味品，或者说你人生励志的一个催化剂。所以，我觉得你看完这个片子所做的选择是对的，因为你要跟着你的心去走，你就算是去户外，也是把户外取得好的东西融进大学的生活中，而不是为户外服务。

希望以后你有机会，毕业以后想爬山的时候也可以去尝试，但是现在不仅有山鹰社，还有山鹰会，毕业前可以先感觉一下。

❓ **同学：**老师您好。我也是山鹰社的一名社员，我之前也去过川藏线，但我一直有一个疑问，当时我在登雀儿山的时候，最后也是大平壁，当时我的向导问我要不要放弃，其实我也很痛苦，因为可能高反就喝不了水，最后不知道我是靠毅力上的，还是靠实力上的，反正最后我也登顶了。回来之后也思考过，我未来在遇到类似事情的时候，我是真的去坚持完成这个事情，还是说放弃？这个是我一直没有得出答案的问题，刚好有这样的机会想请教一下老师，谢谢。

💬 **钱俊伟：**可以给你一个肯定的回答，你肯定是要坚持。你刚才问我你是靠毅力还是靠实力，这两者都有，我觉得这个答案没错，并且是肯定正确的答案。我们在做一些事情的时候要推到极致去做，你那个时候再放弃，多遗憾！你和这个女生的区别只是阶段不一样，你已经在路上了，没有回头路。登山的哲学就是你成功登顶、平安回来。登山哲学是一个完整的哲学，就像人生一样，成功登顶仿佛浓缩了人生这一辈子。我们人生中会遇到很多困难，也会怀疑何必对自己这么苛刻，但还是要有一种拼搏精神，因为人生就是要向上、向前。有很多人问："你登过珠峰了，还要登其他的山吗？"向上是种态度，我登上珠峰顶后，我可能会下来，去登另一个珠峰。所以我觉得只需要把拼搏精神拿出来，尤其是人生中你那次攀登，你带的那些东西应该给你的是正能量，你不必怀疑人生中在遇到困难的时候何必对自己那样，因为你已经在路上了。

💬 **刘伟：**好的同学们，由于时间原因提问就到这，当然有一些喜欢探险、喜欢攀登的同学，喜欢钱老师刚才讲到的这些精神层面的问题，也可以从他的书里去寻找答案。一会儿还可以请钱老师签字，把书送给大家。

下一个环节是请钱老师在"冠军讲堂"的大球拍上签名。

接下来，我们请团委科创部的贺凌部长为钱老师颁发我们的纪念奖杯。

有请方翔老师。刚才讲到这本书是方翔老师跟钱老师一块儿写的，他也是一起登上珠峰的队员。你们应该说是共生死的战友了，今天由您把证书送给钱老师，我觉得更加有意义。

今天的课即将结束，最后希望大家能够登上自己人生的珠峰。

图 2-8 ⊙ 现场老师和同学合影

THE
CHAMPIONS

丁宁
不止胜负

丁宁

黑龙江大庆人。北京大学体育教研部教师。中国乒坛第六位包揽奥运会、世乒赛、世界杯、全运会冠军的"全满贯"选手。中共十九大、二十大代表。现任黑龙江省政协委员。

1996年开始练习乒乓球，2003年进入国家青年队，2005年进入国家一队。2009年获得职业生涯首个世界冠军，跻身主力层。2011年5月，获得鹿特丹世乒赛女单冠军，国乒历史上第13位吉·盖斯特杯得主。2012年伦敦奥运会获得女单亚军、女团冠军。2015年获得苏州世乒赛女单冠军。2016年，在里约热内卢奥运夺得女单冠军，成为乒乓球历史上又一位大满贯选手。

2017年2月，当选中国女子乒乓球队队长。6月4日，在杜塞尔多夫世乒赛中成功卫冕女单冠军。6月5日，与刘诗雯成功夺得女双冠军，成为中国女乒历史上，在同一届世乒赛上获得女单女双双冠的历史第六人。2017年，在天津全运会乒乓球比赛中夺冠，成为全运会历史上第10位全运会女单冠军。2021年9月6日，宣布退役。

今天很高兴在这里看到大家。其实在一开始刘伟老师邀请我的时候，我的第一反应是："让我来讲课吗？难道不是让我去邱德拔（体育馆）的乒乓球台前吗？"说实话，这对我真的是一个非常大的挑战，我无数次地接受过采访，也无数次参加过大赛，但是真正以这样的一种身份，这样的一种状态，站在这个讲台前，第一次这么正式地来面对大家，我很紧张，真的超过你们想象的紧张。

图 3-1 ⊙ 丁宁在讲台上为同学们授课

你们可能都觉得："你见过那么多大场面，你在万人瞩目的赛场当中，顶着那么大的压力，都可以发挥得那么好，可以在处理每一个关键球的时候果断出手，现在这个小场面不算什么。"

不是的。在那会儿我不用讲话，这会儿我得讲话。所以我一直在想，我今天到底站在这里要和大家讲点什么？是谈一谈我获得过多少个冠军，参加过多少个大赛？然而这些东西，如果是经常看乒乓球比赛比较喜欢我的人，可能都比较熟悉，比我还熟悉。如果说不是那么了解我的人，上网去查一查这些资料也会很清晰。我想跟大家分享的是，在这些成绩的背后，我成长的经历。我希望能够通过这些经历，无论是胜利还是失败、挫折、迷茫，能够给你们带来一些思考，这些经历在我的成长过程中让我有了很多的思考，所以我才能够成为现在的自己。

我希望在今天这堂课之后，大家并不只是听了很多故事，而是这样的经历能够对大家在未来或者当下碰到的一些问题有所帮助。因为每个人的人生都扮演着不同的角色，经历着不同的变化，都在不断地修正自己，不断地去成长，完善自己。

下面就开始我今天的分享。

01 人生怎么发球，我都接

作为运动员，我们每天都要面对胜负，不是输就是赢。但我也在不断地思考，究竟这些痛苦，这些困难会让我成长吗？会不会有一天被它们打败？刚刚这一段小视频，大家看到的是我这些年的很多比赛，很多人最初认识我，都是 2010 年的莫斯科，那是我第一次参加世界锦标赛，在决赛的赛场上，我是第一个上场的头阵队员，但是这场比赛，我在大比分 2∶0 领先、第四局 7∶3 领先的情况下，却输掉了，最后我们中国队（女团）也输掉了。

其实，这场比赛之前，我跟冯天薇交手过五六次，都是我赢的，这也是我被安排在决赛上打头阵的原因，但是现实却是我在大比分领先那么多的情况下，输掉了比赛。

我不知道当时在场上我都在想什么，为什么会在领先这么大优势的情况下却输掉了这场比赛。更多的细节我就不去细讲，但是这件事对于当时的我来说，绝对是我运动生涯遭遇过的最大的坎。那一年我 20 岁。我记得当我打完比赛第二天回国的时候，在机场就被记者现场采访："关于比赛的这种表现你是如何评价你自己的？"回国第二天就被拉到央视，做了一期名叫"成长"的节目。当时我们在现场看自己的比赛录像，要评价当时是怎么想的，为什么输了，当时的心理状态是否紧张，等等。

2010年，这场比赛之后，网上都是我们输掉比赛的视频，包括我训练的球馆也是。这样的一种压力和挫败感，对于当时20岁的我来说，实在无法承受。毕竟，在我手里输掉的这块金牌是中国女队蝉联了八届十六年的女团金牌。

对于一个20岁的年轻人来说，该怎么承担这样的压力？那个时候我不愿意和别人去交流，也不想提起这场比赛，更多的时候就是一个人静静地待着。

这场比赛的失利还让我想到了退役。20岁就要退役吗？因为中国乒乓球队优秀的人才太多了，竞争太激烈了，你不知道你下一次还有没有这样的机会再站在赛场上，你想证明你自己，但不一定有这样的机会。当时对于20岁的我来说，我第一次意识到这个残酷的事实，那就是你可能连机会都没有了。所以，那段经历让我真正重新开始认识竞技体育，认识乒乓球这项运动，也认识我自己。

我5岁开始打乒乓球，13岁进入国青队，15岁就进入国家队，19岁的时候我就已经成为世界冠军。20岁之前，我觉得就像当时大部分人在说我的一样，挺一帆风顺的；那时候我也经历了很多挑战和磨难，不是像大家想象的那样，我在这背后也付出了很多。但是20岁这一年我明白了，我的第一个运动生涯的坎摆在面前。当时很现实的一个问题是，我到底要不要继续坚持，我是选择勇敢面对还是选择懦弱离开。

通过很长一段时间的思考，不断地和教练、朋友们去探讨，最后我想要再试一次，这一次我要从头再来。我也不知道接下来还有没有机会再一次站在赛场上去证明自己，但我想再试一次，因为我才20岁，应该有这样的勇气去面对挑战。不过，在遭遇如此巨大的失败之后，日常所有的训练、所有的一切都会变得无比艰难，很难投入进去，会觉得不管怎么努力时间都很漫长，每一天都很漫长。

每一天都需要付出巨大的努力，但一上赛场表现得却不尽如人意，没有办法发挥出真正的实力。那一段时光，我每一天都在经历这些。我觉得这种感觉在座的同学也能感受，当你们面对考试失利，再去不断总结重复地做题，付出了很多努力，但是却在上场的那一刻并没有把你们最真实的水平发挥出来。你们会很懊恼很自责，会开始怀疑自己，觉得自己到底是不是真的不行，自己还能不能够站起来。而那是我每天都在不断问自己的问题。

从 2010 年到 2012 年不算长，因为在 2011 年的时候，我拿到了自己单打生涯中的第一个世界锦标赛冠军，也在同年拿到了世界杯的冠军，世界排名上升到了第一位。虽然从低谷到高峰期也就半年，但背后有我更多的思考。你得真正放下自己，重新认识自己之后，才能做出改变。之前的比赛，我是初生牛犊不怕虎，因为我小时候打球属于在赛场上能超常发挥的，很多时候训练没有比赛打得好。但经历了莫斯科一战，我才知道原来并没有那么容易，任何事情都有可能不是你想象的那样。

那个时候不但我在想，很多采访我的人也都在说："这可能是你人生中最大的一个坎，你能迈过去吗？"2011 年，在很多人并不是特别看好我的情况下，我还是拿到了伦敦奥运会的入场券，而且同时参加单打和团体赛。

由于我在 2011 年已经拿到了两个单打冠军，也就是说到 2012 年，我极有可能成为最快拿到大满贯的人。大满贯是指世界杯、世锦赛以及奥运会的冠军。2012 年的伦敦奥运会是我第一次站在奥运会的赛场上，同时我也是冠军最有力的竞争者。当时很多人都很看好我。但是事与愿违，我的奥运会冠军又要多等四年。

当时所有人包括教练都跟我说："从 2010 年到 2011 年，你要做到心如磐石。"可是随着比赛的胜负被逐渐放大的时候，所有人的目光都聚焦在你身上的时候，你很难做到这一点。所以我学习的第一课是，当你站在人前被大家所关注之后，你要学会屏蔽杂念。"专注"在自己的职业或者运动中，这是一门课，至今我还在学习。

2010 年的莫斯科世乒赛给了我最大的一个（感想）是，虽然说失败是成功之母，但是血的教训最好不要。我不知道大家是否能理解这句话，虽然说应该敢于面对失败，超越自我，但如果是付出血的代价，真的最好不要。因为结果并不一定是你能够承受的，即使你真正认识到自己的错误，想要再去改变，可能花费的努力要超 200％，甚至都不一定能够。

俗话说，当你遇到一个坑，可能前头还有一个更大的坑在等着，说的就是 2012 年的伦敦奥运会。当时我很疑惑："为什么是我？"我觉得我平时也是一个不错的孩子，训练也很刻苦，为什么最后在决赛赛场上会这样？

这件事情比之前的更让我无法接受。无法接受的不是这个结果，而是打击了我的自我认同。我应该认输还是不认输？我认输，可是比赛确实发生了很多的意外；我不认输，但我确实输了比赛，这是事实。

该如何再继续下去呢？当时的我很长一段时间没有办法再进入球馆。我一听到打球的声音，我就想哭。后来我回到赛场上，一到跟对手比分胶着的时候我就崩溃了，感觉好像又回到了那场比赛的氛围当中，而且这个低谷远比我想象的时间更长。

从莫斯科一战到 2011 年走出低谷，用的时间并不长，但是从 2012 年到 2016 年，我的低谷期差不多有三年多。在这三年多的时间里，我始终无法走出来。那个时候我形容自己就是人在魂不在，每一天都不知道在干什么。我虽然在训练，虽然在比赛，也很努力，但是找不到一个支撑的力量，总觉得这些东西没有什么意义。

我的人生意义是什么？是我下一个目标吗？在经历了伦敦一战之后，目标指向 2016 年的里约吗？

说实话不是。就在 2012 年，当我刚刚经历失败的时候，我觉得下一个四年离我太远，下一个四年我在哪儿我都不知道。很多人会说未来可期，但是我觉得那个时候对于我来说是未来无期。因为每一天我都很难去释怀，有时候我也想过我是不是就趴在这儿了，不要起来了，太累了，太辛苦了。

不过，随着时间的流逝，我慢慢在思考一个问题。一路过来，可能更多的时候我是在完成别人对我的期待，在做别人认为我应该可以做好的事情，好像在成长的路上越来越忘记了自己的初心和梦想。到底什么才是我的初心？到底什么才是我想要的？我到底想要成为一个什么样的人？是一个会被胜负所打败的人吗？还是说通过胜负可以不断成长，不断改变，变为更好的那个人？

在这个时间足够长的低谷中，我一直在思考。我认为只要在每一个巨大的挫折和挑战中，自己没有放弃自己，就已经很优秀了；面对这样的困难和挑战，能够承受并继续往前走的，哪怕还在坚持和挣扎，都是对于自己的一种肯定。

在那个过程中，我觉得我不再需要别人给予我肯定，我不想让别人来定义我是否成功，是否失败。我希望所有的一切都回归初心，不去想什么其他人对我的评价，别人觉得我是否还能走到下一个四年，我不在乎这些，只想看自己还能走多远，还能否突破自己。

所以，那个时候我更多的是关注自己的内心，关注今天有没有比昨天进步一点，关注每一天的细微变化。就这样，我不断地在很细小的事情上去肯定自己。我觉得这一点在那些年对我来说真的特别重要，因为没有人会去听你说什么，去听你解释什么，更多的时候你需要的是关注自己的内心，内心的成长才是最重要的，也是最能够让你变得更加强大的一个支撑力。

图 3-2 ⊙ 丁宁寄语北大学子

02 初心和热爱

我小的时候特别喜欢看漫画。我那个年代，大家看得比较多的就是《灌篮高手》《足球小将》《网球王子》，我也经常把自己幻想成为这些热血动漫当中的主人公，像他们一样认为困难都是暂时的，只要够努力，就会创造奇迹。确实，梦想是要有的，万一有一天它就实现了呢。小时候，对于我来说，运动的每一天都在和自己做斗争，别人都可以出去玩的时候，别人都有周末和寒暑假的时候，我没有。我们是三百六十五天如一日，没有寒假、暑假、周末，就是日复一日地训练，日复一日地站在球台前，区别仅仅是训练时间的长短。这就是我们的生活。这样的生活，我从5岁过到30岁、31岁。

你们觉得这样的生活枯燥吗？非常枯燥。你需要从最基础的训练做起，每天都在重复可能你已经不用想就会去做的事——抬手打球，并且还要用最高的质量去完成。这一点很重要。当你面对日常这些枯燥的训练或者学习的时候，如何以最高的标准去完成它，是提升自己很重要的一个点。

在备战里约奥运会的过程中，我到现在都还记得，我们的宿舍对面有一个小型露天网球场，很多个夜晚我都独自一人坐在球场的水泥台阶上。想着这四年就这么过来了，当我又有机会再一次站在奥运会的赛场上，应该是什么样的一种心态？我的目标是什么？但直到那一刻之前，我都不敢想，我最后竟然是冠军。

这里我想和大家分享一个小故事。可能大家并不知道，我在2010年的时候，团体赛的决赛我输给了冯天薇，但在2012年的世界锦标赛团体赛上，我又和她相逢了，又是在决赛中，还是第一场球，依旧是我和她。我想问问大家，你们觉得，如果这样的机会摆在你们面前，上一届你还输给了她，而且你当时拥有巨大的优势，让你再打一次，你有没有敢于上场的勇气？如果再输，你可能输掉的不只是这一场比赛，而是你之后的伦敦奥运会可能就没法去了。你敢不敢上？然后，上了你能不能赢？

我不知道大家怎么想，大家不妨思考一下。但是，对于当时的我来说，我觉得这是上天对我的眷顾，因为老天看到了我的付出，又再一次给了我这样的一个机会，让我站在这个赛场上重来一次。可能很多人会觉得这场球压力巨大，因为要背负着你上一次的失败，这一次你要证明自己。但我觉得这一次我真的做好了准备，我已经成长了，我已不是当年的我。这一次的我比当年对自己的了解更多，我对于比赛的掌控要比上次更好，我觉得我可以，而且我觉得我很幸运有这样的一个机会，很多运动员一辈子可能都没有机会再重来，即使重来可能也不是同样的对手、同样的比赛。这样的机会真的很难得。

说实话，我没有想到我们两个人还都能上这个赛场，对于运动员的生涯来说，很难。四年的时间，你要克服的困难太多了，包括年龄、身体、竞技水平的保持、竞争等，太多的因素。所以到了 2016 年，里约奥运会之前，我总是把一句话放在嘴边，"把过程做到极致"。只有把过程做到极致，结果才会自然而然。

我记得我在出发去里约之前，特别正式地和我最好的一个朋友说出了心里话，我说这一次我真的很渴望这个冠军，并不是因为别的，不是为了证明自己，或者作为一个复仇者站在这个赛场上，而是我觉得奥运会的赛场对于我们每一个运动员来说都是最神圣的地方。参加奥运会身披国家队战袍，为国而战，是我们每个运动员一辈子的梦想。

我的一个前辈——郭焱——和我一样都是北京队的。郭焱姐在竞争奥运会的过程中，努力了三届，十二年，但是大家并没有在奥运会的赛场上看到过她。我问她："你后悔吗？"她说："我不后悔，因为我在我的运动生涯，付出了我的全部，我很满意。"

当时我就想，我可以再一次拥有站在这个赛场上的机会，就够了，我很满意，我也觉得自己很优秀。很多人连重新站在这儿的勇气都没有，我能站在这儿，就已经赢了，最起码我赢了我自己。这一次，我不希望有任何其他的包袱，我只想为我最初的梦想而战。就是作为一个运动员，站在最神圣的地方，拼尽全力，把最好的一面展现出来，这就是我当时对自己定下的一个目标。

最后，我在里约奥运会上实现了梦想。当时我和李晓霞也是打满了七局，当时我还 2：3 落后，她已经拿到了局点。很多人都问我，在那种情况下，对方已经把你逼到悬崖了，你可能一松手就从悬崖掉下去了，到底是什么支撑了你，逆转这个局面？

后来我跟郭焱姐说，我下来喝水的一刹那，回头看向这个赛场的时候，并不是觉得快要输了，反而感觉特别留恋，因为我付出了太多才走到这儿。这一刻太珍贵了，我必须得没有任何杂念，打好每一分钟。所以很多时候，是我们把事情想复杂了，反而把本质的东西给忘了。

03 关于角色

里约奥运会之后，我逐渐地从小将丁宁熬到了老将丁宁，又在 2017 年成为队长丁宁。这对我来说是人生当中又一个新的角色，也是一份新的责任，在此之前，我只代表我自己，为自己而战，只想成为最好的自己。成为队长之后，你需要肩负起更多的责任，在队伍当中你是核心，需要做出表率。这个时候我不能像原来那样只专注于自己了。

大家看这张照片，这就是张怡宁和郭焱姐。我 10 岁来到北京队，当时北京队的两位年长队员就是张怡宁和郭焱，她们俩当时就像是神一样的存在，太优秀了。那个时候我还是一个小屁孩，每天跟在她们身后。北京队有一个特别好的传统，就是前辈对后辈的言传身教，并不是教会你如何打好乒乓球，而是教你如何做人，如何把有关乒乓球的一切做好，以乒乓球为中心，还有很多需要学习的地方。那个时候我才明白，原来要打好乒乓球还要学这么多的东西。

图 3-3 ⊙ 当时的北京队

打个比方,吃饭、睡觉这些最基本的生活习惯都是要去学习的。作为一个运动员,要有一个好的身体。我小时候特别挑食,郭焱姐和宁姐就跟我讲,如果现在到了大赛,这个地方只有一种肉,你吃不吃?如果不吃饭就去打比赛,你能打好?吃饭是什么有营养吃什么,而不是你喜欢吃就吃,不喜欢吃就不吃。曾经我想:"这跟打球有什么关系,是不是为了让我吃东西而骗我?"随着不断成长,我才发现,我们二十四小时都围绕着乒乓球,所做的一切都是为了乒乓球,这就是所说的人球合一。比如,我们日常训练,到了周六晚上,要和朋友一块出去吃个饭放松一下,这也是人之常情。但这时候我可能就会想:"我要出去吗?"训练完挺累的,这个时候是否应该回到宿舍去牵拉一下,去做个理疗恢复一下,为了第二天可以以更好的状态去迎接训练。别看这是一件小事,想坚持下来是很难的。

对于我来说,乒乓球在我的运动生涯中,就是我的唯一,它就像我最好的朋友,我们每天都在一块儿,不离不弃。这些道理,都是郭焱姐和宁姐在我还很懵懂的时候教会我的。这种传承，让我少走了很多弯路，让我更快地成长。所以，当我成为中国国家乒乓球队女队队长的时候，我也是以这样的一种使命感去传承这些东西。

我特别想跟大家分享一个我在北京队的有趣故事。我为什么写了"1、2、3"？大家肯定很茫然。其实这代表了3号、2号和1号。我们在团体比赛的过程当中，是分角色、分号的，主力是1号，然后是2号，接下来是3号。当年我就是北京队的铁3号，一直是3号。那个时候，前面是张怡宁和郭焱，她俩打完比赛，2：0领先，坐下来看着你，意思是："快点吧，赶紧的，赢完我们就走了。"然而比赛往往并不像我们想象的那么流畅，我跟对方3号水平差不多，打得很纠结，不是那么快就能结束的，很有可能输掉，这个时候我的压力就特别大，心想："为什么总是让我打3号，我也想打前两场。"

后来，我逐步成为队伍当中的2号。一开始上场的时候自我感觉良好，特别开心，谁知对方全是1号，原来3号的时候还有赢有输，现在基本就是输。原来2号就像一把非常锋利的剑，是一个要去冲杀对方的角色。这个角色，对我来说是要去学习的。比如，作为2号的你第一场上去输了，第四场或者第五场还要再打，而且这一场再打，如果输了，这一场团体赛就都输你身上了。这比打3号的压力大多了，打3号最不用决定胜负，打好自己这场球就行了。

这样的经历对我的成长是非常有帮助的。成长都是从点滴积累，没有谁是一日就能成功的，需要不断地去磨炼，不断地去调整。张怡宁、郭焱退役之后，我真正地成为北京队的1号，那一天，我才真正明白作为1号的压力。当你成为队伍核心的时候，所有人都看着你，你的一举一动大家都很关注，大家对你的那种期望和要求可能远超你自己的想象。特别是当你站在赛场上，你就是定海神针，你必须要赢下比赛。当队友发挥并不是特别好的时候，你要力挽狂澜；当大家都正常发挥的时候，你要把好自己这一关，稳稳拿住两分。

我印象特别深的是张怡宁作为队长的最后一年。当时我们打联赛，在最后决赛的时候，因为分主客场，主场如果输了，就要买票去客场再打一场。当时教练来问我们的意见，要不要提前订票，先做好准备。宁姐看了他一眼说，"买什么票，就在这儿了"。能够说出这句话，证明了她的实力，更主要的是这种话给了当时的同伴很大的信心。后来我们真的赢了比赛。所以，随着我角色不断地变化，我的心态以及对于比赛的理解，有了更高或者更宽广的维度，不仅仅局限于胜负，或者说某一个比赛。我越来越清楚在每一个不同的比赛中，当我的位置不同的时候，我应该以什么样的一种心态去面对，而在这个位置上我将会碰到什么样的困难和挑战，我要提前去预知它。

这个很重要。当时赛前教练总是说："你得做好所有的准备"，输了以后又说："你是不是没做好这个准备，所以才输了？"我就想："这个东西我怎么来准备？万一还是有，像我在伦敦奥运会上的这种事情，我怎么也想不到的。"但是，通过这一次的经历，我每次做赛前准备的时候，都会问自己："所有的我都准备到了，但如果还是有万一没准备到的情况出现，应该怎么办？"

不管怎么样，先保持头脑清醒，把自己的情绪稳定住，保持冷静，其他的不重要。因为只有你保持冷静，才有可能走出这个困境。如果当时先慌了，那就什么都没有了。这个真的是我用切身的经历总结出来的，也希望能够对大家有一些帮助。

成为队长之后，在 2017 年的无锡亚锦赛上，我在八进四时输给了日本的平野美宇；正是因为我输了这场比赛，后来她又连过我们两关，连过我们当时的陈梦和朱雨玲两位年轻的运动员，最后拿到了亚锦赛的冠军。

虽然我没有打决赛，最后不是输在我的场上，但这场失利对于当时的我来说，那种难受不亚于是我打输了决赛。我很自责，因为是我先输了，对于陈梦和朱雨玲来说，那个时候她们还年轻，刚刚开始，但是对于当时的我来说，我已经是大满贯，已经是队长了，我是不能够原谅我自己的。直到四五个月后的 2017 年世界锦标赛。

图 3-4 ⊙ 2017 年德国杜塞尔多夫世锦赛

这张照片是在 2017 年德国杜塞尔多夫世锦赛上拍的。我们一共派出六名运动员，抽签过后，只有我一个人独守下半区，其余五名全部在一个半区。我所在的这个半区中就有平野美宇、石川佳纯。日本队一直是我们非常主要的对手，但是当时刚刚经历了亚锦赛，封闭训练一段时间来到杜塞尔多夫，又遇到了。当时压力非常大，我独守半区，如果输了这个半区，就完了。

当时的挑战不仅关乎胜负，还关乎荣誉。我要把这一关给它守住。

那一刻我更加明白作为队伍当中的 1 号，或者说作为核心的使命感和责任感，它让我变得更加强大。虽然打的是一个单向的比赛，但全队都会为我去准备来帮助我，那个时候我不是一个人在战斗，而是和大家一起在战斗，每一个人都非常希望我能够赢下比赛，守住这个半区。

在这个过程当中，我学会了强调凝聚力，让大家把力量合在一起很重要。虽然上场的时候我们都是个人，打好自己的比赛，守好自己的就行了，但如果能够把胸怀打开，想到输了也没有关系，还有伙伴，当然因为有伙伴，就更要把自己这关守好，别给伙伴添麻烦。更多的时候，通过团队感受到的是源源不断的力量，团队让我成为更好、更全面的一个人。

04 喝彩之后

成为大满贯之后，我走的每一步都是未知的，因为你站在山顶上，而山顶只有你一个人。

那一刻更多的是孤独。这种孤独指的是你很难和别人去沟通很多事情。然而，竞技体育是不进则退，如果你不再继续去突破或者完善自己，你就可能会掉下神坛。虽然这个时候全世界的人都看着你，所有的运动员都以你为榜样，但同时你也是他们最想要打败的人。站在山顶的你需要接受来自所有人的挑战。

首先，它对我来说是一种荣耀；其次，是个巨大的挑战。当你站在高处的时候，才会知道自己的提升空间已经很小了，你不可能再像年轻的运动员

图 3-5 ⊙ 丁宁抱着获得的奖杯

那样有大幅度的提升，更多的是陷入一种维持，你想要往前走一步都很难。这种进步已经由纵向的转为横向的，也就是说，需要更宽阔、更宽广的天地才行。你必须增加你的宽度，这不是一件容易的事情。例如，你打乒乓球的时候还蕴含了很多你对乒乓球的理解，对赛场的理解，对胜负的理解，对人生的理解，它是一种有更多维度的理解，只有这样，你才能够提升。

我们到最后就在追求这种极致，在这个过程当中，已经没有谁能告诉你应该怎么走这条路。我们的人生有时候经常这样，当你走到一个地方的时候，没有人能告诉你前方的路是什么，只能你自己去走，边走边看边思考。你也不知道怎么做是对的，怎么做是不对的，只有做了才知道。

很多人会问："你成为大满贯以后，打比赛还紧张吗？"说实话，我比原来更紧张。当站在高处的时候，你会比原来更害怕失败，因为你没有退路，你不可以输，而所有冲击你的人他们都可以输，只要每一次比上一次有所进步就好，一旦他们赢了，马上新闻标题就是：丁宁被超越了。

成为大满贯之后，我所面对的挑战，从单纯的赛场蔓延到更广的范围，很多的因素都在影响着我。我需要学会把这些因素缩小，或者排除，或者更好地利用它们，这都需要学习。比如，从我原来只会正反手拉球，到将所有的技术变成更多维度的一些东西。乒乓球界有一句老话："从领奖台下来后一切归零。"我觉得这句话说得一点都没错。

这里，我特别想说一个我与北大的故事。我 18 岁时正值北京奥运会，大家都知道当时乒乓球比赛就是在这里——邱德拔体育馆。18 岁的我刚刚上一队，当了两三年小运动员，非常有幸，我去现场观看了女团决赛。

我小时候的梦想和目标就是要当世界冠军，要当奥运会冠军，为国争光，那个时候这个梦想对我来说太遥远了。但是在邱德拔体育馆，当我在现场看前辈们打完女团决赛的时候，看到五星红旗升起，听到奏响国歌全场所有人起立，大声合唱国歌的时候，我的内心无比激动，不仅作为一个中国人，还作为中国国家乒乓球队的一分子，我感到无比的骄傲和自豪。那一刻，我的梦想离我是那么近，而现在我是他们当中的一员。这就是我和北大的故事，也是一个乒乓小将和乒乓球的故事。

05 新的开始

2021 年 9 月份我正式退役了，也以一个新的身份来到了北大。说实话，我没有想到我和北大的缘分延续到了现在，其实各种角色身份的转换，都是人生的一部分。我们不要总是抱着很多东西不放，你不放下就很难再创造，也很难走出去看到更多的风景。

每一个人的人生阶段不同，有的时候你必须选择坚持、专注、纯粹，但有些时候要变得更加柔软，不那么纯粹，不那么极致。随着人的成长，角色的转换，环境的变化，需要不断地去调试自己，才能让自己更加舒服，舒服其实很重要，但不要舒服得太久。

我们为什么要不断尝试？特别像我，之前一直穿运动服，现在穿上这种小西服或者是很漂亮的裙子的时候，才发现要非常注意仪表，不能像之前那样随性。如果你不尝试，你就不知道。

我希望大家可以多一点兴趣爱好，要有敢于尝试的心态，先不用做什么特别大的尝试，哪怕是日常的很小的转变，都会有更多不同的感受，而这些感受会让你变得更丰满。

人生只有一次，我希望自己的人生是丰满的，有更多维度的，所以我愿意去尝试。但当然不是无度的尝试，而是愿意去做一些小的尝试，这样的过程能让我们体验到其他领域的人，他们是如何做事情的，如何生活的，如何思考的。我会想，这样的经历是不是可以运用到我自己身上？我很喜欢这样的感觉，所以我也希望大家可以去做一些尝试。

最后我想说，来到北大是我新的开始，我不知道未来我会走向何方，停在哪里，但是我觉得人生永远都是在出发，谢谢大家！

刘伟： 让我们再次用热烈的掌声对丁宁的演讲表示衷心的感谢。我在下面听讲座的时候，其实特别心疼，因为我知道她是怎么一步一步走过来的。她刚才介绍到的比赛，世界锦标赛团体赛输给冯天薇，当时我在央视解说那场球，也知道她经历了什么。伦敦奥运会她跟李晓霞决赛的时候，我在央视做点评人，也就是杨颖在前面解说，之后我作点评。可能有的同学没有看那场比赛，不知道伦敦奥运会决赛丁宁失利在什么地方。从来没有过一次国际大赛，更不用说奥运会的女单决赛当中，由裁判员的判罚决定胜负。所以，她才会在比赛打完之后转到后台让我点评，我说我只能告诉大家什么是标准的发球。

如果说，裁判在她一发球就说她失分，一发球就说她违规，我就只能说标准的发球是怎样的；但如果说在这之前她发球一直犯规，她为什么能打到决赛？打到决赛了，反而来判她的发球犯规，这种情况是从来没有过的，但是被丁宁赶上了，所以两三年里她都难以从阴影中走出来。一听到乒乓球的声音，她就非常伤心。今天丁宁给大家分享的就是碰到挫折的时候，我们如何面对，面对的时候我们又该如何选择，选择之后又该如何坚持，在坚持的过程当中我们如何面对，在这个时候大家应该有一个心态，做最好的自己。

我觉得冠军并不是特指竞技体育的冠军，而是在各个领域当中，杰出的人才、优秀的人才，他都是冠军。这些冠军们也很羡慕在座的北大学子，在他们的眼中你们才是最棒的。所以，我有这个责任去把各个项目的奥运会冠军、世界冠军介绍给大家，让大家来了解他们的成长历程，更重要的是让大家汲取丁宁以及更多冠军身上的这些，不只是光环，更是他们经历挫折之后的这种精神。

接下来我们留一些时间给大家互动，大家可以向丁宁提出自己的问题。

互动

❓ 同学： 您好，我是2020级临床专业的学生。刚才听到您在讲座中说道，您退役之后开启了人生新的篇章，人生有了新的宽度，但是我想请问，在您退役之前，就像我们比如说以后当医生在没有退休之前，可能都在一个非常高压的环境中，需要我们去追求极致，怎么在这种环境中实现人生的张弛有度，劳逸结合？谢谢！

💬 丁宁： 谢谢这位同学的问题。

在我的运动生涯中，我也很难去做到绝对的平衡，但是我觉得时间包括这种平衡，更多的是取决于自己。虽然每天背负着巨大的压力，可能你的训练比赛一直非常的多，一年三百六十五天都是这样一个强度，并且多少年如一日。但是人生有的时候是这样，可能你对这个环境或者你当时做的这个事情有很高的标准和要求，但是作为你个人来说，你要通过自己日常的一些休息的时间，去做一些自我调节，这个很重要。

我也是一直在学习。我在上幼儿园的时候，就开始了无止境的训练，只要我有劲我就练，但是你会发现练着练着就受伤了，就需要更长时间休养。所以你需要对自身有一个了解。当你觉得已经很满的时候，你就需要去放松一下，然后准备好了再出发。谢谢。

❓ 同学： 学姐您好，我是2021级政管学院的工商管理硕士。想问下当时您是因为什么来到了北大？

💬 丁宁： 可能很多人对运动员会有一种标签化的认识：头脑简单，四肢发达。但是，运动员也有很丰富的内心世界，只是有的时候没有办法去表达。作为运动员，确实如果说从5岁开始打球，到现在，这么些年一直只做一件事情，虽然做到了专注，也做到了唯一，但是人生就像我刚刚说的，还有很多的内容，运动生涯总会有结束的那一天。

基于这种想法，我还是希望自己能够更多地去提升。这种提升像我刚刚讲的，它并不是说上下的这种提升，而是有宽度和广度的提升，这种提升很多时候你是需要去学习的。

北大是中国最高的学府，也拥有非常丰富的资源。我现在的很多同学年龄都比我小很多，但是我从他们身上学到的东西特别多，这些东西对我来说都是非常新鲜的，是我原来不知道的。我希望通过这样的学习能够让我自己更丰富，而且我希望在未来可以把这些多元化的能量知识或者理解、见解、眼界，更好地融合，传递给更多的人，这就是我想做的事情，所以来到北大。

❓ **同学：** 我是医学院的博士研究生，也是您的粉丝，我从 2009 年就开始看您的比赛，也看了您第一次参加的世锦赛。我特别关注您和李晓霞，你们都是我的偶像。在 2012 年的时候，李晓霞是一个相对比较弱势的选手，但我看了很多评论，包括刘伟老师的一些评论，说李晓霞在逆境当中崛起，包括您也是在 2016 年里约奥运会的时候崛起，前期因为选拔赛也是输掉了，应该是输了是吗？

我想问的第一个问题，是不是人在逆境的时候会更加容易找到激发自己的那个点？或者是你在比较逆境的时候，更加专注于自己的技术，和整个人的某些方面？第二个问题，我以前都是在电视上看到您，觉得您挺瘦的，为什么真人也还这么瘦？我希望您能够注意营养，多吃一点。

💬 **丁宁：** 首先我回答第一个问题，为什么刚刚说可能晓霞在 2012 年奥运会是一个相对弱势的感觉，这是因为在 2011 年，我拿到了世界杯和世锦赛的冠军，而这两次我赢的都是她，所以可能这也是为什么在 2012 年我参加伦敦奥运会的时候，很多人觉得我是绝对的夺冠热门，觉得我会成为历史上第一个最快成为大满贯的人，所以说那个时候外界对我的期待或者关注更大。

这场比赛，之前我也讲过，对于我们两个人来说都是一种伤害，因为我们并没有在赛场上把最好的一面展现出来。

所以，2012 年对于她来说是突破了自己，因为在之前的两次大赛当中，她都说过，如果在奥运会中能够赢下，就是突破了她自己。

2016 年对于我来说也是一样，我也是在突破我自己。有很多人问运动员："你最大的敌人是谁？"他永远都会说："我最大的敌人是我自己。"这不是一句空话。你们自己想一想，有多少人能够打败你？其实更多的时候是你先输给你自己，这也是为什么我觉得我们都是在不同的位置在做自己最大的努力。

第二个问题，你问我为什么这么瘦。我觉得我在赛场上应该更壮一点，我其实很注重营养，可能就是因为营养比较均衡才瘦的。

❓ **同学：** 姐姐您好。我是 21 级医学部的学生。刚才您最后说小短片对您意义非凡，我想问一下您在放短片的时候，您的内心是一种什么样的感受？还想问一下，您说您的训练和我们在高考备考的时候有相似之处，您之前作为运动员在训练的时候有一个非常明确的目标和驱动，当您以运动员的身份退役下来之后，您是否有过迷茫或者不知所措的一段时期？谢谢。我还想说一下，您今天穿西装真的好飒。

💬 **丁宁**：谢谢这位同学的提问。首先是第一个问题，刚才看到自己这个小视频的时候，首先我觉得这个小孩好可爱，就是这样一个小孩，她完成了她儿时的承诺和梦想。它对我意义非凡，我能留下自己小时候这一个片段，其实是一个机缘巧合。

北京申奥成功后，北京电视台有一个节目，组织采访一些项目的运动员，看他们未来是否真的有机会站在 2008 年北京奥运会的赛场上。

他们当时就来到我训练的新龙潭体校采访。这位记者当时在乒乓球队采访小孩，这是特别真实的一段经历。后来我在里约夺冠以后，他说这个小孩就是当年那个孩子，又把素材给了我，所以我一直珍藏着。我觉得这是我运动生涯一个完美的句号。

第二个问题，你问我的是什么？迷茫？其实不管是在我退役之后，还是之前，我也不是永远都有目标的，谁也不可能每天都有目标，尤其是当你面对失败的时候，你还有什么目标？基本上会进入一种迷茫、崩溃的状态，然后开始怀疑。这又是在说不断重复的过程，你要重新树立你的信心，树立你的目标，或者像刚刚刘老师讲的，你要再一次选择去面对，因为选择和面对非常重要。当你选择之后，你要学会去承担你选择的这份责任，而不是只做选择，后边什么都不管，你要对它负责，你要去努力把一件事情做到最好。

我从 5 岁到 31 岁都在打乒乓球，我选择把它放下，重新出发。我把自己的经历告诉大家，希望你们都能够在面对人生一些选择的时候，能够更有勇气，永远保持一颗勇敢的心，我觉得这很重要，谢谢。

💬 **刘伟**：好的，确实大家应该知道邱德拔体育馆见证了中国国家乒乓球队的巅峰时刻，在 2008 年北京奥运会时，曾经有三面五星红旗同时升起，现在的奥运会再也看不到这种场景了，2008 年之后，国际乒联修改了规则，单项比赛每个国家只能报两个人。所以，国校、国球、国手，应该说你跟北大有缘分。

接下来还会有冰上项目的冠军给大家授课，还会有射击项目的冠军，大球拍也是定做的，讲座的这些冠军们会在上面签名，最后放在我们的校史馆留存。现在我们就请丁宁把她的名字签在大球拍上。

张宁
弘扬奥运精神，树立远大理想

张宁

辽宁锦州人。2004 年雅典奥运会、2008 年北京奥运会羽毛球女单冠军。

1991 年进入国家羽毛球队，曾获得 2003 年世界锦标赛羽毛球女子单打冠军、2004 年雅典奥运会羽毛球女子单打冠军、2008 年北京奥运会羽毛球女子单打冠军，在 2008 年北京奥运会闭幕式上担任中国代表团旗手。2012 年作为国家队女子单打主教练带领队员包揽伦敦奥运会上的女子单打冠亚军。

多次获得国家体育总局颁发的优秀教练员称号。获得过全国五一劳动奖章、全国三八红旗手称号、中国青年五四杰出贡献奖章等。2019 年，荣获由中共中央、国务院、中央军委颁发的"庆祝中华人民共和国成立 70 周年"纪念章。2021 年 6 月入选世界羽联名人堂。

图 4-1 ⊙ 讲座现场

尊敬的各位老师，亲爱的同学们，大家晚上好。我是张宁，很荣幸受邀来到北京大学"冠军讲堂"的现场，可以和大家分享我运动生涯的学习心得体会。2022 年是中国共产党成立 101 周年，又是香港回归 25 周年，在这伟大而又特殊的时刻，我作为一名共产党员，今天站在北京大学"冠军讲堂"的讲台上，此刻的心情激动而又自豪。

中国共产党建党百年以来，祖国的发展与体育精神不可分割，如乒乓外交、女排精神、奥运精神等。体育在特定的历史时期促进了国家的外交事业，也激发了国人爱国爱党、奋发向上的力量。我作为一名中国共产党党员，同时作为一名体育人，更能感受到在中国共产党的领导下，我国全民健身、全民健康事业不断推进的历程。国家"十四五"规划也明确提出要建设体育强国，广泛开展全民健身，增强人民体质，共同开展祖国建设。

今天我要和大家分享下面几个方面的内容：一是一帆风顺的少年时代；二是披荆斩棘的冠军之路；三是不忘初心的退役生活。

我于 1991 年进入国家队，1994 年还不满 19 岁的我第一次参加法国公开赛并获得我公开赛的第一个冠军。为什么要特别强调这个？因为当时我在赛前准备活动的时候，把脚崴了，崴脚以后一直坚持到了决赛，而且每一场比赛都打了 3 局。这个对我的成长特别有意义，在那种情况下获得冠军以后，无论再遇到什么样的困难，只要选择坚持，就一定能取得成功。

从 1994 年尤伯杯世界羽毛球团体锦标赛，一直到 2003 年，中间有过很多比赛，大家或许没有看过这些内容，其实各个比赛都有不同的经历，我一会儿为大家讲这 9 年当中的一些故事。后面都是一些我们团体赛、世界杯，还有一些亚运会等团体的比赛。

01 一帆风顺的少年时代

我是 10 岁开始接受训练的，锦州羽毛球队的杜志新教练去学校选拔，一下看中了我，因为我从小个子比较高，也是学校校队的。从那个时候起，我开始了真正的羽毛球运动生涯。所以我也非常感谢杜教练这个伯乐，是他成就了今后的我。

我家离体育馆很远，骑自行车大约需要 30 分钟。大家看到第一张图片，我小时候没有现在的共享单车，也没有小轿车，家里能有一辆自行车已经非常不错了。我当时才 10 岁，也骑不上去，所以就掏裆骑。当时家里还有个弟弟，爸爸去当兵，妈妈照顾弟弟，所以没人送我去体校训练，我就自己骑着 28 寸的大自行车去。我们家住的那胡同特别黑，早上我一般都是 5：30 就出门，要经过一段没有路灯的路，当时我才 10 岁，特别害怕。所以我的胆子可能是从小这么练就的。战胜恐惧的种子，从学习打羽毛球的那一刻就埋在了我的内心深处。通过刻苦的训练，12 岁时我被辽宁队的教练选中。以前我是锦州体校成绩最好的，但是到了省体校以后，就变成最差的那一个，因为我比别人都去得晚，那些优秀的孩子比我都更努力，当时这对我触动非常大。

图 4-2 ⊙ 张宁展示自己早年练习羽毛球的历程

有一天早上我起床以后发现我的室友全都不在房间了，不知道她们去哪儿了，后来我才知道她们悄悄地起床去训练了。从那以后我也悄悄地穿着裤子睡觉，然后早早地起床，为的就是比别人多练。

14 岁的时候我被选入了国家少年队，经过 1 年多在国家少年队的集训后，我被选进了国家队。那个时候教练是印尼华侨陈玉娘。所以我从 1991 年就开始了国家队的运动生涯。

在我 16 岁到 19 岁的这段时间里，我的运动生涯非常顺利，在国内也取得过很多成绩，而且进入了全国比赛的前 4 名，成为国家队里的重点培养对象。

1994 年，不满 19 岁的我就代表国家参加了国际大赛，刚才我讲的，在法国获得了一个冠军，当时也是最年轻的冠军，打破了纪录，当时的我前程似锦。也正因为这样的良好表现，在 1994 年我刚满 19 岁后，第一次代表中国国家队参加在印度尼西亚举办的第 15 届尤伯杯赛。这是世界女子团体赛，我作为中国队的一员，代表中国去争夺尤伯杯的六连冠，此前中国队保持着五连冠。那是我第一次参加世界锦标赛，我也信心满满。

02 披荆斩棘的冠军之路

　　第 15 届尤伯杯中国队一路顺利地进入决赛。决赛的时候，中国队和印尼队相遇，因为是在印尼比赛，印尼是主场，比赛进行得特别激烈。前 4 场比赛结束后，中国队与印尼队打成了 2∶2 平。我是中国队最后出场的选手，面对火爆的印尼球迷，这个场面同自己想象中的差异太大，印尼球迷的呐喊声、锣鼓声大有要把球馆房顶揭开的架势，我连教练指导的声音都听不到了，当时显得非常慌乱，战术运用失常，技术水平不能完全发挥出来，最后以 1∶2 输给了印尼队的张海丽，最终中国队 2∶3 输给了印尼队，从而失掉了冠军。也正是因为我的失利，使中国队失去了尤伯杯六连冠的机会。我站在领奖台上，看着五星红旗在第二名的位置上升起时，非常自责，眼泪一直在流。

　　因为那次的失利，我在国家队失去了主力的位置，在之后长达 9 年的时间里，我在被边缘化的状态中生活与训练。

　　大家都知道，当时我们国家羽毛球队有很多的人才，包括乒乓球队也是一样，人才特别多。失去主力的位置意味着你会更多地成为训练对手和陪练角色出现在每天的训练场上。为了更好地帮助队友备战世界大赛，比如说，有时训练 40 分钟，正常的时间是一人 20 分钟，可是为了大赛，我会把我自己的 20 分钟都用来帮助队友去训练。职业球员为了更好地打磨个人技术，每天都会重复地训练一个动作或者某一个技术，多球训练对我们是最好的方法。正常情况下，往前给对手扔 200 个球，对手再给我扔 200 个球，但是为了给予队友备战世界大赛更多的训练机会，我会把这 400 个球都扔给队友，这就是陪练应该做的。又如，队友做防守训练，我们就必须站在场边一直不停地给队友杀球，就是类似这样的一些训练。我只有等队友休息的时候，或者晚上或者周末，自己再约上几个小队员在训练场上训练，来完善我的技术，弥补我失去的训练时间。

　　9 年的时间里从等待、委屈、忍耐、坚持、坚忍再到坚强，完全是一种磨炼，是对你自尊心的磨炼。在这 9 年里，我至少陪练了两三代运动员。看着很多比我小的运动员都拿到了世界冠军，而我还在原地踏步，只能在一旁羡慕地观看。那种煎熬，那种对自尊心的打击甚至摧残，让人无法想象，无法忍受。很多时候，晚上我只能躲在被窝里偷偷哭。

我是 1991 年进入国家队的，到 2003 年我已经 28 岁了。12 年的国家队生涯，身边的队友换了一拨又一拨，很多队友都成为世界冠军、奥运冠军，他们当中很多人功成名就后选择了退役，没有出成绩的队友也相继提出了退役申请。对羽毛球运动员来说，尤其是女运动员，基本上在 26 岁左右就会选择退役。当时我真的是队里名副其实的老大姐。

说实话，12 年的国家队生活，其中 9 年基本上都是在这种边缘化的陪练当中度过的。坦率地说，一般人在这种情况下很难再坚持下去。在这期间，我也饱尝了体育人几乎所有能尝到的艰辛、委屈和痛苦，但我咬牙坚持了下来。

在那 9 年的时间里，我每天都在刻苦训练着、准备着、等待着，等待给我比赛的机会，展示自己的能力。为了这个机会的到来，我加倍地训练，在跑步、力量训练中我练的都是最多的，一直是那个跑得最快的人，一直是 100％甚至超额完成任务的那个人。

我也有自尊和骄傲，多少次我都写好了退役报告。但每当我要去交给队里领导的时候，我内心又充满了痛楚、充满了不甘。能当运动员不容易，能进国家队更不容易。我的内心总是有个梦想，始终感觉我的运动使命还没有完成，不能放弃，我还要坚持，我要成为世界冠军。这个梦想始终激励着我把痛苦藏起来，加倍努力地训练，在训练中不断地磨砺自己。我告诉自己一定要擦干泪水，坚持坚持再坚持。

每天早晨铃声响起的时候，我总是第一个来到训练场。机会总是留给有准备的人，9 年的时间里我没有放弃，我坚持着，我时刻准备着。正是因为我的坚持，我才得以参加 2003 年世界羽毛球锦标赛。2003 年正好赶上"非典"，当时我们在晋江封闭训练了 100 天，本来 5 月份的比赛推迟到了 8 月份。那时候我每天拼命地训练，我告诉自己这是最后一次世界锦标赛的机会了，因为那个时候我已经 28 岁了，如果这次世界锦标赛打得不好，我可能就要退役了，我的梦想也就无法实现了。所以我练得非常刻苦，在训练达到极限时也不断提醒自己："这是最后一次机会，一定要坚持下去。"

2003 年 8 月，世界羽毛球锦标赛在英国的伯明翰如期举行。我终于把自己积蓄了 9 年的能量全部释放了出来。在 8 进 4 的比赛里，我打败了 2000 年奥运会的亚军——丹麦的马尔廷，第二局 11：0；在半决赛里我又打败了当时非常厉害的印尼的张海丽，第二局又是一个 11：0。这两个比分到目前为止在世界锦标赛里没有再出现过。大家知道以前我们是打 11 分制的，而且是换发球制，所以从中能看出当时我的能力提高了很多，这些都得益于我赛前的刻苦训练，遇到困难时的坚持和不放弃的决心。

在这次比赛中，我终于过关斩将打进了决赛。进入决赛时，中国队已经稳获冠军了，因为我决赛的对手是我的队友。决赛的时候，我们都穿着自己的黄色幸运球衣进入赛场。结果决赛之前，裁判跑过来跟我们说，你们有一个人要换掉衣服，不能两人穿同颜色的衣服比赛。当时我们两个人都明白裁判在说什么，但都装听不懂，没有理睬裁判，最后他们没有办法就请来了我们的教练去调解。

我们的教练过来说："要不然你俩就剪刀石头布吧。"我觉得我们是代表中国来参赛的，如果在外国人面前做这样的举动，有失我们中国羽毛球队和国家的脸面。所以当时我就说，我去换吧，虽然打到决赛特别不容易，我自认为这是我最后一届世界锦标赛，所以当我在换衣服的时候，我就告诉自己比赛是靠实力的，不是靠这件衣服取胜的。我把困难和压力留给了自己，鼓励自己要大气一些，要更勇敢一些。

比赛打得异常激烈，这是我第一次打进世界锦标赛的决赛，我对胜利的渴望太强烈了。最后，我直入两局取得了胜利。我靠自己的实力证明了我自己，也战胜了我自己，获得了我的第一个世界单项冠军。站在领奖台上，当国旗升起、国歌响起的时候，喜悦的泪水充满了我的眼眶。我做到了！我实现了自己的梦想！五星红旗披在肩上时的自豪与温暖，更让我懂得了以前的坚持和付出都是值得的，是坚强的意志，帮助我实现了自己的梦想。

梦想永无止境，接下来我要争取参加奥运会！经过那几年不懈的努力与坚持，我获得了参加 2004 年雅典奥运会的资格。奥运冠军是体育界的最高荣誉，我要在奥运赛场上为荣誉而战，为梦想而战。2004 年是我第一次有资格参加奥运会，那一年我已经 29 岁。10 岁开始接受羽毛球训练，经过 19 年的高强度训练，我终于能够参加奥运会了！

图 4-3 ⊙ 张宁介绍自己获得的荣誉

竞技体育追求的是更快、更高、更强，也是对人身体极限的考验。经过 19 年的高强度训练，身体一定会有一些伤病，但是伤病什么时候出现，谁都不能预测。而这个不幸再一次让我遇上。临近奥运会，一次训练中，我腿部跟腱受伤，出现了粘连发炎，影响到了我的训练。我梦寐以求的奥运会即将开始，但是我又不能正常训练，此时的我心如火燎。面对困难和伤病，只有自己咬牙坚持。我只能每天忍着疼痛训练，训练之后再坚持进行每天两次的跟腱治疗。治疗过程可以用痛苦无比来形容：先是把冰放到桶里，再注入水，让冰把水的温度降得很低，这时候再把脚放进去，直到脚发红，其实是非常刺骨的，特别是伤的位置，被冰的脚先是疼，后面是麻木，再就完全没有知觉。整个过程我都强忍着泪水做完。用冰桶冰完 15 分钟以后，需要再把脚拿出来放到药汤里面，药汤里加了醋，能够把肌腱肌肉再软化过来。最后一步需要医生再把受伤粘连的部分给推开。所以，当时每天医务室里都会传出我痛苦的声音。在成功运动员的背后，都有着这些默默无闻的人在帮助我们成长，包括教练、陪练、医务人员、队里的后勤服务人员等，他们都是我人生道路上的贵人，我永远要向他们的辛勤付出表示崇高的敬意和衷心的感谢！

2004年奥运会8进4的比赛中，我的对手是香港的选手。平时我对她的比赛从来没有输过，这次和她打应该也很轻松，不会有问题。没有想到因为我轻敌的心态，也由于奥运会上的千变万化，我的对手对我发起了强攻，打得我措手不及，一直打到了第三局决胜局，我还以5：8落后，11分制的比赛，她还有3分就胜了。在请求喝水的时候，我用球拍重重地打了我的小腿，让自己清醒。参加奥运会一直是我奋斗了19年的梦想，不能因为我的轻敌就此结束我的奥运征程，我还没有完成自己的梦想。我必须要清醒，必须要冷静，也必须要去拼了。

最后我靠着耐心和意志，最终以11：9惊险的比分赢得了比赛的胜利。因为这场比赛，我深深地意识到轻视对手会带来的可怕结果，差一点就葬送了自己的梦想和运动生涯。这场比赛对我今后的运动生涯、执教生涯都有非常大的帮助，它让我明白了人不可轻狂，每一个细节都关系到成败。

奥运会决赛场上，我也再一次面对曾经在1994年第15届尤伯杯决赛场上战胜过我的印尼对手。我的内心非常激动，因为她，我在世界赛场上代表中国升国旗、奏国歌的梦想推迟了9年。十年磨一剑，这一次我要用胜利来证明自己，实现自己的奥运梦想。比赛中，尽管她的技术发挥得很好，让我深深地懂得两强相遇勇者胜，但我要坚持打好每一分。那场比赛每一分都争夺得非常的激烈，我记得有一个很多拍的回合。其实我们打单打的人都是这样，在打完一个球转身背对着对手的时候，都会大口地喘气，非常累；一转过身来恢复常态，告诉对手我一点都不累，不能让对手看出我的疲惫，必须从心态上给予对手强势的压力。

最后，我顶住了压力，凭借着坚强的意志、坚定的信念和坚忍的心态，打好了每一发球，拼抢了每一分，尽管又一次打满了3局，最后还是取得了胜利，获得了自己运动生涯里的第一枚奥运金牌。

有人讲奥运会是人类和平的战争，通过奥运会体现出各个国家、各个民族的坚强，对此我深有感触。

从 2001 年开始，随着北京申奥成功，全国人民为之欢呼。雅典奥运会之后，我想我是否还能再次参加奥运会？再一想，到 2008 年我都 33 岁了，也是体育界的老人了。当时在羽毛球这项运动中还没有人在 33 岁拿过世界冠军，更何况是女运动员。是否能参加？是否能坚持？是否能克服 23 年来高强度训练之后的运动创伤的困扰？这么多问题，说真的，我自己心里也没有底。但是，我知道在这 23 年的运动生涯中，我学会了坚强、坚忍、坚持。心中有了目标，下定决心去努力，要实现自己的更高梦想。当我下定决心后，我就不考虑自己的年龄问题了。我要争取参加在北京举办的奥运会，在家门口代表中国再次登上最高领奖台，升国旗、奏国歌，这是我更高的梦想。

为了实现这个目标，我努力着。在 2005 年、2006 年的世界大赛上，我基本上都是傲视群雄，都取得了胜利。我对 2008 年奥运会也充满了美好的憧憬。然而，这时候命运再次捉弄了我，我的膝盖因为长期的超负荷训练和比赛，受伤了，而且伤得非常重，膝关节严重积水，这对羽毛球运动来说是最大的忌讳。从那以后我开始了充满磨难的备战奥运历程。

在 2007 年奥运会积分赛的新加坡比赛上，当时因为膝盖受伤的原因，我已经很长时间不能正常训练，体能、体力各方面都大打折扣，整体能力下降了很多。但尽管如此，经过坚持和努力，以我 2004 年奥运冠军的气势和威慑力，我还是打进了决赛。那场决赛给我印象特别深刻，我打到了第三局，在第三局我出现了前所未有的体能透支，那个时候我真的是一点劲都没有了。圈内人都知道，我是体能出了名的好，而且一般人都不敢跟我打第三局的，第三局一般我都是胜的。但是当时我特别的累，真的坚持不下去了。当我拎着拍套走过裁判站到场地对面的时候，我的内心深处告诉我不能放弃，放弃也不是我的性格，一定要坚持下去，我当时就鼓励自己能打成什么样就是什么样。

本来应该是一场恶战的第三局，出乎我的意料，我以 21：3 大比分的优势取得了胜利，拿到了冠军。这场比赛让我收获的不仅是一个冠军和奥运积分，它使我再一次认识到遇到困难的时候，只要坚持、再坚持一点，曙光就一定在你前面，胜利就一定会属于你。

在 2008 年奥运会比赛前，5 月是尤伯杯比赛，也就是我们世界女子团体比赛。我那个时候是老运动员，而且我知道这是我参加的最后一届，我很想为我们这个队伍再出一份力。然而，4 月份我的膝盖出现了水肿，膝关节都看不到了，而且祸不单行的是还出现全身过敏，不知道什么原因，全身一直痒，反复出现过敏的症状。最严重的还是膝盖水肿的问题，从表面看已经完全看不到中间的骨头，就是小腿直接连着大腿的肉，中间水肿得非常严重。所以，我就被紧急送回了北京，可见当时我是什么心情。

那个时候距离北京奥运会还有 3 个月。下了飞机，我就直接被送去了医院，当时抽出了 100 毫升的积液，为了保证肌肉还有弹性，当时用厚厚的棉花包住再用纱布绑住。回到宿舍，就我一个人，内心的失落让我都要崩溃了。一个是尤伯杯，因为伤病恐怕不能参加了，另一个是即将开始的北京奥运会，我还能参加吗？我当时就想怎么能受这么大的伤呢？我这腿还能让我继续打球吗？这些想法和疑问白天出现在我的脑海里，半夜睡着了又出现在我的梦里。

作为运动员，在奔向目标的过程中出现这种大的伤病，内心真的特别无助，难受得不行。我就第一次让我爸妈来北京看我。平时我训练受伤、比赛受伤从来不告诉他们，但如果马上奥运会都参加不上，我想让他们知道这是因为受伤，而不是因为我不努力。当时我妈一走进宿舍看到我的样子，立马哭了，问我："姑娘你的腿还能走路吗？"当时我强忍着眼泪说，"没事，过两天就好了"。从 2004 年奥运会到 2008 年的 4 年里，面对伤病、比赛的压力、国家队的责任等，我付出了太多，父母没有来的时候我经常是自己默默地去承受，但他们来了，我也只有反过来去安慰他们。

不过，即使是这样的一个情况，我仍没有耽误任何训练。等到第 15 天拆开纱布后，就开始慢慢恢复训练。一个月以后，我就跟所有的队员一起进行正常的技术训练了。我当时想，为了这个梦想，为了奥运会，我也必须想尽办法去坚持训练。膝关节受伤不能跑步，在田径场跑步或者跑步机上跑步有可能会伤害到膝盖，为了不给受伤的膝盖再增加压力、负担，我就到游泳池里去练我的体能。每天中午队员休息的时候我就去游泳池里练，等她们回到球馆以后，我再跟她们一起去参加技术训练。等技术训练结束，队员们回宿舍，我又开始了我的体能训练。大家知道打开跑步机是要我们开始正常跟着跑步机的节奏去走，但在体能教练的安排下，我的训练是不打开跑步机的电源，用我的腿部力量把跑步机的皮带转起来，按照教练的时间、次数、组数来完成。

当时我都 33 岁了，我几次都告诉教练，我真的太累了，坚持不住了。33 岁的体能恢复时间肯定比年轻队员慢很多，但是我的训练强度却是年轻运动员的 3 倍。为了参加奥运会，我努力地坚持着，我只有比年轻队员多练，才能去和年轻的对手比拼，去赢得比赛。在备战 2008 年奥运会之前，我便是在这样的情况下，在带着伤病、带着痛苦的情况下进行训练的。不管有多困难，我心中就只有一个目标、一个理想——参加在自己国家举办的奥运会，并争取代表中国站到最高领奖台上。

转眼来到了北京奥运会。8 进 4 的比赛，这场比赛打完以后我哭了。当时是对阵法国的选手，由于年龄、伤病、体能的原因，那场球打得非常艰苦，比赛后我真的是累哭了，最后 21：19 才赢了那位法国的选手。在 4 进 2 的比赛中，我又战胜了北京奥运会的一匹黑马——印尼的选手。当时赢完这场比赛，我彻彻底底地哭了。因为那时上半区有我们两个中国队员把守，我一个人独守下半区，我的压力非常大，不能出现任何一点差错，我要把下半区的外国选手全部挡在决赛外，一旦我失手，决赛就可能是我们中国选手跟外国选手比赛，那样我们教练的心脏可能就要跳得很激烈了，我必须要坚守住这一关。最终我没有辜负祖国人民的重托，是责任，让我在每一场的比赛中努力地去赢得比赛。我用自己坚忍的毅力、坚强的意志和坚持的精神，完成了祖国交给我的任务。

决赛由于对手是自己的队友，可以说中国队已经提前包揽了冠亚军，所以从心理上来讲，压力会小很多。不过从技战术角度来讲，由于我和队友平时在国家队一起训练，所以对于彼此的技术特点相互都特别了解。而且从以往的战绩上来看，大家也是互有胜负，谁战胜谁可以说都是正常的现象。但是当时我输给她（谢杏芳）的可能性多一点，所以那场比赛一开始，我就做好了艰苦作战的准备，当时我的想法就是一分一分地打，一球一球地拼，不能急于求成。最终的结果就是我把自己训练储备的能力，通过得当的技战术运用，成功地发挥了出来。最终我艰难地以 2∶1 赢得了比赛，再次实现了自己的最高梦想，获得了北京奥运会的冠军。

图 4-4 ⊙ 张宁讲述自己最幸福自豪的时刻

这场决赛打完之后我又哭了，我为自己的坚持感到欣慰，也为不辜负全国人民的期望感到自豪，而且我实现了自己的梦想，再次获得了奥运冠军。当时我成为北京奥运会闭幕式中国代表团的执旗手，我为此感到由衷的骄傲和自豪。我也是历史上中国奥运代表团的第一位女执旗手，这也是国家对我的最大肯定，非常感谢祖国对我的培养和关怀。这些是我所获得的一些奖牌，我把最重要的两块放在中间：一个是金镶玉的，是 2008 年奥运会的，左边的这一块是 2004 年奥运会的。每次一看到这些金牌都会掉眼泪，因为那是我自己拼搏了这么多年所付出的努力换来的结果。

图 4-5 ⊙ **张宁作为中国奥运代表团的旗手**

　　有记者问我："在你光辉的运动生涯当中，你最难忘的时刻是什么？"我说："站在最高领奖台上升国旗、奏国歌的时候，党和人民交给我的任务我完成好了，那是我最幸福最自豪的时刻。"也有记者问我："你对哪场比赛、哪块金牌印象最深刻？"其实作为运动员，我对每一次的金牌场景都有一个美好回忆，但是记忆最深刻的还是 2008 年那场奥运会决赛。因为那个时候我已经33 岁了，再参加奥运会已经是不可求的事，而且那几年我受的伤病比以往都多，但是我坚持了下来。当最后一个决胜的球落地后，我情不自禁地跪了下来，眼泪也忍不住地流下来，那场比赛赢得太不容易了，应该是我运动生涯中最艰难的、付出最多的一场，所以这块金牌也是最重的。

03 不忘初心的退役生活——转型教练

退役后我很想好好休息一下，但是当组织找我谈话，让我继续留在国家队当主教练的时候，我还是毫不犹豫地答应了。因为这是国家的使命，这是党和国家、人民对我的信任，我深深感受到身上的重任。我要不忘初心，把体育精神、奥运精神继续传承下去，也想把自己多年的实战经验毫无保留地传授给年轻的队员们，让他们少走弯路。

做教练要更注重自己的言行，以身作则，带领队员们面对困难，面对压力，共同去承担祖国赋予的使命，为国争光。

初当教练的时候，队员们都抱怨我安排的训练计划太苦太累，但是我坚持我的执教理念，平时多流汗，战时少流泪。也有媒体问过我，是愿意做教练还是愿意做运动员。其实做运动员比较简单，管好自己，对自己有要求就好了。做教练会比较累，每个细节你都要考虑到，因为细节决定成败，要让她们真正理解坚持、坚忍、坚强的含义，帮助她们勇于面对困难，挑战自我，战胜困难，多为国争光。

下面大家看到的是当时我带队员一起共同努力所获得的成绩。只有 2010 年的尤伯杯团体赛，我们获得了团体亚军，其余的比赛，从我带队开始，2009 年、2010 年、2011 年所有的世界锦标赛，我们女单全部拿冠军，还在2012 年拿下了女单的奥运冠军。这几年中，我们所有的尤伯杯跟亚运会还有苏迪曼杯的比赛，女单都绝对是冠军。这是我和运动员们共同努力的成果。

2012 年的伦敦奥运会，当时我已经怀孕 6 个月了，还是那句话，不能因为我个人的原因影响团队夺冠的任务。我是领导这支队伍的人，是队员心里的最后一道防线，所以我还是坚持每场都下场指导队员比赛。

在备赛期间，我一堂课都没有耽误，所有的队员都不知道当时我已怀孕，而且我怀孕期间的血压比较低，其实应该天天卧床休息，但是我每天还是跟队员们一起去训练。奥运会期间，我也坚持每场球都下场去指导，帮助队员解决心理、技战术的问题，做到有备而战；多制定几套战术方案，帮助队员把每个细节都做足做好，让她们充满信心，保持必胜的信念。当时我的先生也给我们的队员减压说："你们不要怕，对面只有两个人，而我们这边有三个人。"

奥运会结束后，11月我生下了宝宝。生完宝宝几个月后，我又回到了国家队，继续带队员训练。因为要带队参加比赛，所以集训期间经常会离开家，几个月见不到女儿。每次回到北京见面，过几天又要离开她的时候，我的内心有太多的不舍。她每次都是哭，很舍不得我，不让我走。但是为了祖国的荣誉，我也必须要舍小家为大家。2018年，因为种种原因，我最后还是离开了国家队，回归了我的小家。

辉煌成绩

2008年至2018年在国家队作为女子单打组教练带队成绩

2009年	苏迪曼杯（世界混合团体锦标赛）团体冠军 世界锦标赛女子单打冠军
2010年	世界锦标赛女子单打冠军 亚运会女子团体冠军 亚运会女子单打冠军
2011年	苏迪曼杯（世界混合团体锦标赛）团体冠军 世界锦标赛女子单打冠军
2012年	尤伯杯（世界女子团体锦标赛）团体冠军 奥运会女子单打冠军

图 4-6 ⊙ 张宁作为教练的辉煌成绩

04 弘扬奥运精神，传承奥运理念

从我拿起羽毛球拍的那一刻起，我的命运便与这项运动紧紧联系到了一起。离开国家队的一线工作后，我依然没有放弃对羽毛球运动的推广与普及。目前，我已经在好几个地方成立了张宁体育青少年羽毛球训练基地，帮助青少年学习羽毛球，推广、普及羽毛球这项运动，为中国羽毛球队输送后备人才。未来无论我身在何处，为羽毛球运动做贡献都是我人生的主线。同时我也一直在宣扬奥运精神，做了很多公益活动。比如，奥运冠军进校园、宣讲体育故事、传播奥运精神等。我们还做了体育精准扶贫——为贫困家庭的孩子们提供免费学习羽毛球的机会，通过体育增强孩子们的自信心；为边远山区产品免费做代言，宣传他们的产品，为乡村脱贫致富做贡献；慰问边疆的战士，感谢他们为国家作出的贡献。

2021 年 6 月，我非常荣幸入选了世界羽联名人堂。我很感谢世界羽联颁给我这个羽坛最高的荣誉，也感谢世界羽联对我的肯定，正是因为国家羽毛球队集体的共同努力，才成就了今天的我。这份荣誉，既是对我的肯定，也是对我的鞭策，告诉我作为一名羽毛球运动员，无论身处何处，都应该为羽毛球运动的进步与发展贡献自己的力量。

2021 年 7 月 1 日，我作为全国体育界的代表之一，有幸参加了在北京天安门广场举行的建党百年庆祝活动。当我身处天安门广场，看着人民英雄纪念碑和广场上欢呼的人群，听着青少年们对祖国的朗诵以献礼建党百年时，那句"请党放心，强国有我"令我心潮澎湃。中华人民共和国的建立来之不易，多少革命先烈抛头颅洒热血才有了我们今天的美好生活。作为一个有着16 年党龄的党员，我感到荣幸，同时也明白自己身上的那份责任。

05 总结与展望

总结自己多年的运动生涯，我始终认为要想成为一名成功的运动员，要坚持、坚忍、坚强，要心存感恩、胸怀理想，要比别人更加努力，遇到困难时不放弃自己的初心，成功才可能眷顾你——你只有心怀感恩，才会越发努力去做好每一件事，用你的成绩去回报祖国，回报对你默默付出的人；只有胸怀理想目标，才能站在最高的领奖台上，为国争光，敢想才会敢成。

体育训练给我带来的不仅仅是比赛的荣誉，更珍贵的是不畏艰难、敢于挑战、坚持不放弃的精神。这种精神一直延伸到了我的整个人生历程中，成为一种内在的品质与动力。当你从体育运动中收获了长期坚持、不懈努力的精神，它终会成为你人生路上一笔宝贵的财富，引领你实现华丽的蜕变。

感谢每一位球迷对我的热爱，你们的鼓励和鞭策，帮我度过了每次的难关。没有人能随随便便成功，这不仅需要你自己坚持不懈的努力拼搏，也离不开背后更多的人对你的付出。所以我心存感恩，感谢那些在我背后默默支持与付出的人，感谢祖国的培养，感谢教练的栽培，感谢老师传授给我知识，感谢所有在我成功或失败的时候陪在我身边的人。总之一句话，祖国和人民是我坚强的后盾。人生都需要有理想，运动员的理想是站在最高领奖台上，为国争光；要想实现这个理想就要战胜对手；要想战胜对手就要比对手更快、更高、更强；要想更快、更高、更强，就要比别人付出更多的努力，就要比别人多一些坚持，有更坚忍的毅力，更坚强的意志。同时，体育竞技也不仅仅是运动员为国争光，它应该和我们更多人的生活联系在一起，让更多的人感受到体育给人们带来的快乐，让我们的生活更加美好。

今天的分享到此结束。感谢各位老师和同学们，祝愿各位老师工作顺利，桃李芬芳。祝愿北大的同学们在学习中不断提升自我，超越自我。我相信，只要你奋斗过、努力过、坚持过，你的梦想就会离你不远，你的明天就会更加精彩！

谢谢大家！

点评

刘伟： 让我们再次以热烈的掌声对张宁老师表示感谢！

今天，张宁老师通过她的讲座，让我们感受到什么是体育精神，那就是在她身上体现的不服输、不怕输、永不言败的精神。并且从中我们又看到了她追求卓越、不断超越的冠军精神。我觉得，这对乒乓球运动员和羽毛球运动员来说，太不容易了。

她刚才讲到治疗跟腱伤的情况，这个是乒乓球运动员所没有的，因为每个项目对身体的损伤是不一样的。对羽毛球运动员来讲，体力上的要求很高，刚才说的长跑3000米，她比田径队队员跑得还快。在治疗跟腱粘连的时候得先把脚泡到冰水里，让患处冰得麻木了之后，再去将它粘连的地方剥离开，真是难以想象这种痛苦。我昨天晚上看了她的稿子，其中让我非常感动的一点是，她能够在中国羽毛球队熬住9年的孤独，在这9年中还能够坚守，还能坚定自己的信念，在国家队为国争光。我觉得在她身上体现出来的爱国精神、奉献精神尤为突出，让我们再次对张老师表示感谢！

接下来是我们的互动环节，同学们有什么问题要提问的，请举手。刚才张宁老师没讲到的，大家都可以提问。在提问之前，我们今天也有幸请到了张宁老师的爱人李昂，他也是前羽毛球国手。李昂也是舍弃自己的小家，为国家创造了非常优异的成绩，我们也以热烈的掌声对他表示感谢。

❓ **同学：** 张老师好。刚刚听到在您受伤的时候您的父母过来看您，看到您受伤特别心疼。您丈夫也是国手，在您已经经历过这些，比如身体上的痛苦，还有一些心理上的痛苦的前提下，有没有考虑培养你们的女儿做运动员，也经历一些磨炼，最后为国争光？谢谢！

💬 **张宁：** 谢谢你的提问。遗传基因在我们家女儿身上体现得非常强大，对于体育运动中的跑、跳，她都绝对是一个好苗子。我没有强求她一定要成为羽毛球的奥运冠军，还是尊重她自己的意愿去选择自己的项目。但体育会让她在生活或者学习当中磨炼出坚强的意志，所以我一定会培养她一个体育项目。但是我不知道她会怎样发展，羽毛球我教了她几下，运动天赋非常好，但我们没有强求，只希望她能通过体育锻炼而有一个好的人生目标。谢谢！

图 4-7 ⊙ 张宁认真回答同学提出的问题

❓ 同学： 张老师好，首先很感谢您刚刚分享的职业生涯的经历，我也很钦佩您坚持了 23 年。我想请教的就是，您在这么长的职业生涯里，有没有状态很不好的时候？您是怎样调整的？谢谢！

💬 张宁： 谢谢你的提问。作为运动员，我回想自己走过的路，真的是从特别难的状态当中走过来的。当你失败以后，你怎么去重新站起来？我经常会问自己这个问题。作为运动员，其实能进国家队，无论是排第几，都是全国最好的，而且那个时候我觉得我的身体素质特别好，我一定要把自己的能量都释放完，才能对得起我的整个运动生涯。当时我可能也没想那么多，想着每一次的比赛我要去坚持就是了。

有一次在全英羽毛球公开赛上，那是 2008 年奥运会前的最后一场比赛，我第一场球就输了。我回到酒店，就坐在酒店的床边，足足坐了两个小时。当时我给一个特别好的朋友发短信，说我不打了，她立马回了一个"真的吗？"我也立马回了一个"假的"。其实，当你失败的那一刻，真的会有一念之差，觉得什么都不想干了，就这么结束算了。然而，从英国发到中国的信息，当中也没有几分钟，自己又马上冷静了。一场球能打败你吗？或者就此失败了吗？经历了这么多年的训练，是不会被一场球打败的。但是，那场球的确输了，你会一直回顾这场球出了什么问题，很自责，又觉得特别不舒服，特别不高兴。

其实运动员有时候面对失败的时候，可能一瞬间都会觉得很不舒服。但是我们运动员也有一句话：从领奖台上走下来，一切从零开始。当我拿完冠军走下来，跟大家又是平等了；但是输了以后，我们会更有动力，当下一次遇到你的时候，我一定要赢你。所以，我想跟大家分享的就是永远不服输的体育精神。当我们面临失败或者挫折的时候，其实没有关系，明天重新再来。希望同学们遇到困难的时候不要太悲观，当然可以发泄一下，哭一下，或者是用别的方式解决，但第二天我们依然要以一个好的心态去面对每一天的学习。谢谢！

❓ 同学： 张宁老师，我今天很认真地记录了您的课程。您刚才讲的有几条我印象特别深刻。第一，是您用了 9 年的时间沉淀，每天花别人 3 倍的时间去训练，我觉得您为了打好羽毛球真是重复了千千万万遍；第二，膝盖受伤，您只用了 15 天的时间就恢复过来了，而我因为打篮球崴了脚都用了 100 天才恢复，我觉得您面对困难，就好像在您面前没有困难；第三，特别想让李昂老师讲一讲，他是如何和您一起面对困难、解决困难的。谢谢！

● **张宁：** 特别谢谢你的提问。是这样的，我当时是 15 天拆了纱布，又用了 1 个月的时间才恢复的。15 天拆开纱布以后，我又抽了 15 毫升的积液。在此期间，除了这条腿没练，剩下这边腰腹、上肢、左腿踝关节我一天没停过。等这条腿好了，为了平衡，还要把这条腿练得跟另一条腿一样，所以当时我是用了一整个月的时间恢复的。

在比别人翻倍训练的时候，那个时候是没有办法。为了能参加 2008 年奥运会，当时早上别人休息的时候，我就跟着我的体能教练出操了，中午也没有午休时间，下午又跟他们练技术，晚上开始治疗，一直到晚上十点才回到宿舍。说是训练治疗好像能帮助放松，其实每一天我都感觉很疲惫。但是因为心中有目标，所以就奔着那个目标去努力。

我的爱人也给了我很大的鼓励和帮助。我们那个时候相互之间更多的是研究这个球该怎么练，或者是那个球该怎么接，就是这样一种互相帮助的状态。其实主要是他扶持我多一点。谢谢！

② **同学：** 张老师好。非常感谢您的分享，听了您的经历真的非常感动，也会忍不住想哭。我感觉您特别纯粹，想问问您是怎样保持这种纯粹的。您在那段时间年纪也是比较大，您也谈到过伤了自尊心，您是怎样调整的？还有您是怎样培养自律的？还有谈恋爱会不会影响训练？问题比较多。谢谢！

● **张宁：** 一是怎样一直能够保持现在这样纯粹的状态。我老公讲我心比较大，没心没肺。我觉得，凡事不要太纠结、想法太多，心得放宽一点，有些事情过了就过了，这样才可能让自己永远保持一个很好的状态。

二是自尊心受伤了怎么面对。刚才讲的 1996 年和 2000 年的比赛我被 PK 掉的时候，那时候真的自尊心特别受伤。但是说大了这是一个集体的荣誉，所以我觉得因为我心大、心宽，才成就了后面这些冠军。

我当时跟谢杏芳打第一个球的时候，就打了很多回合。第一个球打完我就告诉自己，今天这场球要打得吐血了。当时只有放宽心态，不急于求成，一分一分来争取。她想很轻松地战胜我，或者我很轻松地战胜她，都不可能。

三是如何培养自律。我觉得特别是拿过冠军以后，还要为下一个冠军努力，不能放任自己。比如，训练我要比别人多练，技术我要比别人更精，怎么样把这个球搓转，怎么样把这个球吊得更近，网杀得更狠。其实岁数大的好处就是会练得比别人更精，做什么事情都有数，比如看电视不能看太晚，不能吃太辣的，影响到胃就会影响正常训练。更重要的是，一定要保证休息好，储备好体能，并且计划好明天的战术训练等。

❓ **刘伟：**同学们，提问环节我们就到这里。谢谢张宁老师！现在请张宁老师在"冠军讲堂"的大球拍上签名留念，将来球拍会放在我们北大的校史馆。现在请我们团委科创部的贺部长为张宁老师送上纪念证书。团委还为张宁老师定制了"冠军讲堂"的纪念奖杯，我作为课程的负责人送给张宁老师！

THE CHAMPIONS

陈中
相信"相信"的力量

陈中

河南焦作人。获 2000 年、2004 年奥运会跆拳道冠军。全国劳动模范、三八红旗手。现任北京体育大学团委书记。

1997 年 1 月入选国家集训队；2000 年参加亚锦赛夺得女子 72 公斤以上级冠军；同年 9 月 30 日，在第 27 届悉尼奥运会女子 67 公斤以上级比赛中获得金牌；2004 年，在雅典奥运会女子 67 公斤以上级决赛中对阵巴维雷尔，最终以 12：5 的成绩卫冕该项目金牌。2022 年 8 月 1 日，入选世界跆拳道联盟名人堂。

各位老师，各位北大的同学，大家晚上好。我觉得今天是特别的一天，因为北大是我非常向往的学府，今天能够来到北大跟同学们见面，一起分享我的故事，我觉得非常的荣幸。实际上我接受演讲邀请的时候，也在想给大家讲什么，最后决定了这样一个主题："相信'相信'的力量"。

在座所有的北大学子，你们应该是全国的佼佼者，因为北大是我们中国最优秀的大学之一，所以说你们也是冠军。我们都一样，我是体育冠军，你们是自己的冠军。"相信"的力量到底是怎么样的？为什么要相信？我想跟大家分享一下我的故事。

有关奥林匹克运动的常识，我就不多说了。但是，我想提一下奥林匹克精神。把中国人远大的理想、坚定的信念、奋斗的精神和竞技体育、学校体育健身运动高度结合起来，把人们的世界观、人生观、价值观树立起来，本质上就是在弘扬奥林匹克精神，同时筑牢了我们中华民族伟大复兴的精神支柱。

为什么这么说？因为当我看到上面这段话的时候（实际上是我摘抄的），我就在想体育给我带来了什么？我为什么能成为冠军？我是怎样成为冠军的？在夺冠的这条路上，我领悟到了什么？所以看到这段话以后，我也给出了自己的答案，即我在做运动员的时候最辉煌的三件事：一是参加了2000年悉尼奥运会；二是参加了2004年雅典奥运会；三是参加了2008年北京奥运会。

我是1995年开始练跆拳道的，1996年加入国家集训队，从2000年到2008年，所有的全国比赛我都是冠军。从1995年、1996年到2008年，我的整个职业生涯的感悟是：敢于有梦，勤于圆梦。大家会觉得这句话非常耳熟，这是习近平总书记对我们青年的寄语，要我们"敢于有梦，勇于追梦，勤于圆梦"。

01 敢于有梦，勤于圆梦

大家看这张照片（见图 5-1），这是我们最初训练时的合照，看到的都是我们的笑脸。我们后面的这些男生，这位身高将近 2 米，是从篮球队选来的，这位身高 1 米 9；再看我们女孩子，从发型上看跟男孩子没什么区别，因为在刚开始训练的时候，教练让我们所有人都必须剪短发。

图 5-1 ⊙ **青少年陈中训练合照**

我是 1995 年被北京体育大学陈立人老师从河南焦作选中的，当时我在焦作练篮球，他从焦作的业余篮球队把我选到了北京体育大学附属竞技体校练习跆拳道。刚才，刘伟老师说我是跨界跨项，我确实跨项，从一个篮球运动员转变为一个跆拳道运动员。1995 年确定了 2000 年悉尼奥运会有跆拳道这个项目。跆拳道之前在奥运会属于表演性项目，真正进入奥运会是 2000年。1995 年，国家开始成立跆拳道国家队，并派北京体育大学的陈立人老师去各地挑选运动员。从 1995 年到 2000 年，只有短短的五年时间，金牌从零到一的路程是怎样走过来的？

我们第一天到北京体育大学的时候，我记得特别清楚，经过清华、北大的这条路都是方块路，接我们的车过去的时候，我们也没有看外面，就听着"咣当当当"一路响，因为路中间是有缝隙的。路越走越偏，再往北，到北京体育大学、圆明园那边就全部是菜地了。只有一辆公交365路通行，到现在还有，大家也还经常坐这辆公交车，到北京体育大学就这一条公交路线。就这样我们被拉到了北京体育大学。

回头来说说我为什么要选择练跆拳道。不是我从小爱打架，也不是我从小爱惹事，我从小是一个喜欢画画的特别文静的女孩。陈立人老师以前是国家拳击队的主教练，自身是一个散打运动员，当时在北京体育大学学习。他接到任务要组建国家跆拳道队时，没有按照一般的做法，挑一些武术散打的运动员，而是选了我们打篮球的、练田径的运动员。为什么呢？因为他知道打拳击需要臂长，看泰森那胳膊，你还没打到他，他一拳就把你打到场外去了。而跆拳道是用腿打人，那就要选腿长的，这是陈立人教练最初的逻辑。所以他在选运动员的时候，没有想到用最快的时间去找与散打相似的运动员，而是找了身高腿长的运动员，我就很荣幸地被他选中了。

实际上，我1米83的个子，篮球打得还可以。因为我妈妈是打篮球的，所以我从小也打篮球，还参加过全国的苗苗杯，当时拿了全国第三名。我很喜欢打篮球，篮球是集体项目，大家可以一起玩。

当时教练选我的时候问："你怕不怕吃苦？"我想我打了那么多年篮球，虽然是业余的，但我觉得也没什么苦吃不了的，所以就理直气壮地说："我不怕吃苦。"可当我真正来到北京体育大学的第一天，我们上午到的，下午教练就让我们集合训练，绕着大学跑了10000米。当时我们6个人，都只有13岁。教练对我们说："你们第一节课是熟悉北京体育大学的校园。"10000米是我从来没有跑过的。以前上小学和初中的时候，我们最多也就跑3000米，10000米是何等的长跑？那天我在跑的时候，感觉坚持不下来了，脚都磨破了，差一点要退缩了。第二天我就打电话给我妈："妈妈我不想练了，我要回去。"但我妈说："别人可以坚持，你为什么不可以？"听了这句话，我觉得我没有退路，只能咬牙接着去训练。第二天、第三天……练了三个月以后，我的膝关节和胫骨、腓骨全部都踢肿了，脚趾甲盖全部都踢掉了。前两天还有人采访我："听说你五年没有剪过脚趾甲了？"我说："差不多是没有，因为全部都踢掉了。"

趾甲盖踢掉了以后是不是就可以休息了，等它们长出来再去练？不可能！拿白胶带缠起来，接着练；胫骨、腓骨全部都踢肿了以后，拿绷带给它绷紧了，接着练，踢到麻木为止。所以，很多人都说："陈中你是不是一个特别要强的人？这么疼、这么苦你是怎么坚持下来的？"第一，我不是很要强的人，我只是个爱画仕女图，喜欢非常稳定、非常平凡，或者说非常墨守成规的生活的人。我不喜欢去突破，不喜欢去创新，不喜欢去挑战。但当我进入这个运动队以后，每天都在挑战自己。也有人问我："为什么相信自己的力量？"实际上，我小时候不太自信，因为我在班级里不是学习成绩最好的，有可能别人背课文十分钟就背会了，但是我需要背二十分钟，甚至三十分钟。虽然我个子很高，篮球打得也还不错，但是我觉得我不是最好的，因为每次长跑我都落在最后。所以，我一直认为自己就是一个普通人。但是，体育改变了我，让我相信"相信"的力量。

我在教练不断地鞭策下坚持了下来。从1995年5月4日开始，到1996年5月全国锦标赛，只用了一年的时间，我拿到了全国冠军。很多人说我是非常有天赋。是不是有天赋就可以？我们在座的同学也都是刚刚我说的全国的佼佼者，你们觉得你们是有天赋的，但可以不用努力吗？我们都是在不停地鼓励自己，不停地鞭策自己，让自己更加努力。当时，我想象不到我能拿全国冠军，我也想象不到我能成为一个冠军，但是这条路走下来以后，我才发现，原来陈中是可以的。拿了全国冠军以后，我就要去奋斗成为世界冠军。

不过，在走向世界冠军的这条路上，我又遇到了坎坷。当我拿到全国冠军，而且是我们队里唯一一个全国冠军回来后，教练把我叫到办公室，我以为教练要表扬我、奖励我，谁知他拍桌子把我骂了一顿。他说："陈中，你以为你是谁？这个队伍离开你，我照样能塑造更多的冠军。你不要把自己当成一个什么样的人物。"刚才刘伟老师说，陈中是一个非常低调的人，非常谦虚的人，有可能就与我1996年拿到全国冠军后教练把我劈头盖脸骂一顿有关。他骂完了，我还是蒙的，我说："我做错了什么？"后来我才知道有人告我状了，说陈中吃鸡蛋嫌鸡蛋太生，让厨房再热了一下，这就是骄傲了，这就是拿了成绩，自以为是了。

大家会笑，说这个有什么。你们不是我的队友，队友之间是有竞争的。但我的队友这样说我，实际上是对我人生非常好的一个帮助。教练跟我说过一句话："在你得意的时候把头低下来做人，在你失意的时候把头抬起来做人。"也就是这样的一句话，一直让我连着打了三届奥运会。拿一次冠军特别容易，但想保住这个冠军却不容易。所有后面的人都把你列为目标，都要去追赶你，你如果不更加努力，就会变成一颗流星。

从那时起我就开始时刻提醒自己，我就是一个普通人，接着努力吧。我的下一个目标是什么？教练为什么组这个队伍？这个队伍就是要创造奇迹，即用五年的时间拿到奥运会冠军。所以，这五年的备战，别人每天练两个小时，我们练八个小时。我们从早上 6 点开始训练，一直练到晚上 10 点，累得我大腿抽筋，一坐下，肌肉自己就弹起来。脚底下的泡一个接一个，晚上拿针扎破后第二天就干了，再去做动作和步伐的时候，皮就卷起来了，剪了卷起的皮，新肉暴露出来，但你还得用它运动，不能停歇，一天都不能停歇。所以我们就用脚的外侧去练步伐，等新肉好了以后我们再正回来。就是这样一个队伍，而这个队伍绝对不是个人。大家看到的都是我一个人在场上比赛，但是如果没有我们中国跆拳道国家队，我一个人跟谁打？跟谁练？

通过努力我们有三个人入围了 2000 年悉尼奥运会，我、贺璐敏，还有朱峰（男子）。备战奥运时，有三十多人来陪我们练。这三十多人都是全国冠军，男子也是全国前三名。他们为什么来陪我们练？因为他们知道，他们陪的不是陈中、贺璐敏和朱峰，他们陪的是中国跆拳道国家队。我们这个队伍 1995 年才成立，但我们要冲击 2000 年悉尼奥运会，在奥运会跆拳道赛场上争金夺银，所以我们这个团队目标一致，非常团结。

2000 年的奥运会对我们来说，很艰难，因为三个人最后只剩下了我。当时每一个级别要比赛一天，从早上 6 点到晚上 10 点，我是最后一天，前两个人全都没有成绩，就剩我一个人了。跆拳道在 2000 年奥运会是打分制，听到声音就给分，觉得声音不够就不给分。我打完第一场比赛下来，就被骂了一顿："陈中你必须攻，你必须要大胆地去攻，必须要放手地去攻。"所以，第二场、第三场我都是哭着打完的，一直到第四场，最后的决赛打完，我都不敢相信自己拿到了冠军。2000年，我登上了奥运会的最高领奖台，成为中国第一个跆拳道奥运会冠军，也是世界上这个项目的第一个奥运会冠军。

我想分享给大家一段话："每个人都有自己的梦想，或大或小，或现实或浮夸，不管怎么样都要坚持自己的梦想，不要把自己看得过于渺小；给个机会，也许你有改天动地的力量。"当然，个人的梦想与国家的梦想结合起来，这样活得才有价值。爱因斯坦说："不要努力成为一个成功者，要努力成为一个有价值的人。"只有将自己的青春和力量融入国家崛起和民族复兴的伟大事业中，生命才更有价值、更有意义。在座的北大学子，你们是中国的高才生，你们身上肩负的更是这种责任。

图 5-2 ⊙ 陈中在课堂上分享经历

给大家看一段我2000年打比赛的视频，那时候我的想法就是：别人出一腿，我要出三腿。（指着视频）这就是选我的陈立人老师，我拿冠军的时候，我们都没有准备国旗，因为真的是没有想到。夺金后大家激动地寻找国旗，后来是在看台上，有一个国人拿着五星红旗叫道："陈中，给你！"当时我真的很激动，我终于赢了，终于拿到奥运冠军了。

02 永无止境，不断超越

下面，我想跟大家分享的是——永无止境，不断超越。

2000 年，我拿到了奥运会冠军，很多人都说你回国以后肯定是要接广告的。但我没有。我当时拿完冠军以后，应国家要求到香港和澳门去了一趟，回来又接着训练。我们整个队伍的目标不仅仅是这一届奥运会，而是拿到更多的冠军。每一年都会有国际比赛，如亚运会、世界锦标赛、世界杯等，还有四年一度的奥运会，当然还有我们全国的比赛、锦标赛、全国冠军赛，必须要拿到这些比赛的冠军才有资格进入国家队。

前面我已经说过，如果你骄傲了，不练了，就会有人超过你。在这个时候，我给自己定的座右铭是：永无止境，不断超越。获得奥运会金牌以后，我更加全身心地投入跆拳道事业。以前我是跑 400 米、200 米、100 米的好手，这些没有人能超过我，我的爆发力特别强，甚至有时候有些男运动员都跑不过我，长跑我就不行了，每次我都是倒数。

拿到奥运冠军以后再回到队伍里，万米长跑我竟然跑了前三名。我曾经贫血，血色素落到六点几，这样的血色素我还得照样练，没有休息一天。我们的运动量太大了，我前面说过，别人练两三个小时，我们练八个小时，别人 6 点吃饭，我们却要到 7 点，食堂里的菜全部凉了，我们就吃馒头加豆腐乳。当时也没有考虑到 13 岁是发育期，再加上运动量大了之后一时营养吃不进，血色素就直接掉到六点多。

那时候我的长跑一直是倒数的，我们还跑到过北大来。那时北大、清华都随便进，我们都是跑着步过来，然后再跑回北京体育大学，我每次都是倒数第四。拿了奥运冠军回来以后，我的长跑名次冲到了前三名，主要原因是我开始相信自己了，相信自己是可以成功的，在世界的舞台上还是可以再拼一把的。

　　我相信自己以后，跑步就进步了。在训练场上打实战，我光晃动就能把对手晃崴脚。我不出腿，就能让他崴脚。为什么要相信"相信"的力量？当你相信自己的同时，你会感觉到无比大的宇宙力量传输到自己的身体里面，非常神奇。

　　后来我又拿到了亚洲锦标赛的冠军，这一路上太风平浪静了，跑步又跑好了，打训练谁都不是我的对手，我又是队里唯一一个奥运会冠军，那不得了的。但是，往往在这个时候，老天爷就会给你重磅一击。

　　在一次和队友打实战的训练中，我们两条腿直接撞上了，导致我的膝关节后交叉韧带断裂，那时候离亚运会就剩一个月的时间，已经报名不可能临时修改了。之后去了全国最优秀的运动医学院北医三院会诊，医生说肯定不能再打了，但教练说可以打封闭针。

　　从2001年开始我认识了封闭针，慢慢地也了解了运动医学，大家如果有膝关节损伤，都可以来找我，我是专家。2001年我的韧带就这样断了，打了一针封闭，回到队伍里，照常进行训练，但是跑步的时候，还是感觉大腿过来了，小腿还没跟过来，这就是后交叉断裂的感受。一踢腿，就肿，肿得跟馒头一样大，要拿针管把积液抽出来，抽完了拿绷带给它加压，后面接着再训练。教练看了说，再这样下去这腿就废了。还是跑步吧。

　　队里专门找了一个男队员陪着我跑，他整整陪我跑了一个月，他的腿也有伤，跑不快，我们两人一边跑一边说话，后来这个队员成了我老公。这样跑步跑了一个月，我参加了2002年的亚运会，我总共要打四场，前面三场我全赢了，到最后是跟韩国队决赛。大家都知道这个项目本身起源于韩国，是韩国把这个项目推到了奥运会，所以他们很强。而且我是奥运冠军，所有人都分析你，恨不得把你录像中一条腿一个点一个指头怎么转，都分析到。所以我一上场他反而不打了，他在等我，再加上我腿又伤了，遇到韩国队我心也虚。跆拳道是一个斗智斗勇的项目，速度快，不代表一定能赢。所以，跆拳道这个项目特别有意思，它有战术，是一项非常智慧的运动，它是一对一，是人与人在斗智，就像篮球虽然是集体项目，但它也是一对一斗智，有人防我，晃他一下我就过去了。

所以韩国人不出腿就没有破绽，没有破绽我就很难打。2001 年、2002 年的时候，我的打法已经是反击型了，现在韩国人不打了，让我变成进攻型的，我哪会打？我们总共打了三局，耗了两局，一腿没出，到第三局我实在憋不住了，我是奥运冠军，我不能输，我不能这样跟他耗。结果，我一出腿，他一个反击，直接得分，1∶0，他赢了。

亚运会后，我的膝关节后交叉韧带一直是肿的。估计 2004 年奥运会跟我无缘了，我问教练，我是不是快要退役了？因为我没有拿到亚运会冠军，我没有为祖国争光，我没有为我们队伍争光。

教练却告诉我，他的肩膀在打比赛的时候脱臼，后来变成习惯性脱臼，打着打着，肩膀就掉了，裁判让他去找医生安上，安完以后，上来再打，一打又掉了；最后，他为了尽快打完比赛，就手抓着衣服吊着肩膀，不去安了。教练告诉我："陈中我相信你这个问题不是问题。"他又一次鼓舞了我，然后我就跟着他又练了。

在距 2004 年雅典奥运会还有两年的时间，我的半月板开始经常性卡壳，走路的时候会突然弯不了，还得自己晃一下，膝关节才能动。

为了 2004 年的奥运会，我特别刻苦地训练，刻苦到让教练都害怕了。后来，教练看到我的腿已经不行了，就为我量身定做了一套特殊的训练方法。跆拳道大家看到的都是站着打、踢的，然后出拳。而我因为膝关节全部都肿了，就只能躺在地上弹踢左腿，练完了以后起来把腿摆好位置，再练左腿。但你不能老练左腿，左腿也会伤怎么办？练打拳，中近距离，只要对方一过来就打拳。再练腿，但还有一个踢不了怎么办？练下劈。

我以前是反击型选手，右腿是最好的。对手来了，只要我右腿能打上，绝对是得分的，声音都是"梆梆梆"的响，有爆发力。右腿伤了以后就练左腿，左腿所有的动作，如前横踢、下劈迎击、反击、进攻等，全都练得非常好，再加上我的后转身的动作也特别好，后踢也特别好，所以我就变成了一个非常全面的选手。

2004 年的奥运会，我们只入围了两个人，一个是罗微，一个是我。罗微是负 67 公斤级的，我是正 67 公斤级的。罗微是小级别，比我早一天打，我在宿舍里听说她拿了冠军，我也为她高兴。那么，中国跆拳道队有一个奥运冠军了，下一个我还能拿吗？这是个打分项目，金牌数总共就八个，中国队已经有一个奥运冠军了，怎么可能让你拿两个？我自己心想，这回白练了。

后来我就打电话给我爸妈，我说："爸爸妈妈，明天我就要打奥运会了，罗微已经拿冠军了，我这次估计够呛。我要拿不到冠军怎么办？"我妈说："姑娘，不管你拿不拿到冠军，你永远是妈妈的好女儿。"那天晚上我睡得特别香，没有任何压力。第二天打比赛的时候，当所有人都以为我还用右腿时，我却直接全部用左腿反击、迎击、下劈，做到了全面型反击进攻。

03 当你失败的时候把头抬起来

当你失败的时候一定要把头抬起来，这么说是因为 2008 年我失败了。从 2004 年开始我的膝关节已经不行了，训练完都得拿大针管抽里面的积液，每天都把队医忙得不行。2004 年奥运会比赛结束后，我回国在北医三院做了半月板的手术。当时比赛我摔倒的时候，教练很怕我的半月板卡在那儿，腿动不了。但因为到了决赛，我当时还是有点小战术的，对手踢我，我就倒地，乘机休息一下，等会儿再反攻。当时我已经是一个成熟的运动员了，心里是有底的。

手术后还要打全运会，之后就是世界锦标赛。当时所有的比赛，除了世界锦标赛，其他的冠军我全部都拿到了。还有就是备战 2008 年的北京奥运会。这个重复的过程实际上更难，我已经从一个本科生升到了研究生，该读博士了。如何连续拿三届奥运会冠军，这是一门学问。我觉得这个学问也是我们至今都要去研究的。但是我当时心比较急，觉得不能输给别人，还是很用力地去训练，到离奥运会只有两个月时，跟腱坏了。

"在你得意的时候，
把头低下来做人，
在你失意的时候，
把头抬起来。"
——"冠军讲堂"陈中

图5-3 ⊙ 陈中寄语同学

不过之前在北京昌平举行的世界锦标赛我拿到了冠军，打了四场比赛，三场全部是大比分胜的。上场的时候也不是很自信，但是上去看对方一个眼神，就知道对方在想什么了。有一场比赛很有意思，我上去就给了对手一个下劈，砸倒了，但是裁判没给分。第一场下来后，教练就说那个动作咱不打了，因为他不给分，我说我再试试，我有信心。然后我又上去了，对手又冲上来，我又一个下劈砸倒她，裁判还是没给分。我再来，还用同样的动作，我看裁判能不能看得见。接着我用这个技术，又劈了一下，给分了。最后，整场比赛单靠这个动作我就拿到了七八分。这也触动了教练，他自己也反思，觉得在这样的一个阶段，我的一些判断他也要去尊重。后来他就给了我很大的空间，让我自己去作很多的决定。

我真的特别感谢国家对我们这个项目的重视，从一个不知名的项目变成一个潜优势项目。2008年奥运会开幕式，我还被选为倒数第三棒的火炬手，非常感谢国家对我的认可。但是，奥运会的比赛我还是输掉了，自己非常难过。我这一路上承受了常人无法忍受的痛苦，有身体上的疼痛，还有精神上的，一直在不断地逼迫自己要更努力，但还是输了。8月底打完比赛，回到家，我有将近一个星期都没缓过劲。晚上做梦的时候都是打比赛的最后那一腿。我爸妈还有身边很多人都不敢跟我说话。后来，我努力地调整自己，又想起教练跟我说过的那句话——当你失败的时候一定要把头抬起来。就是这句话让我又拾起了信心。

从 13 岁开始我进入培养我的北京体育大学附属竞技体校，一直到 2008 年退役，我从一个运动员转型为北京体育大学的团委副书记，分管的是学生会。我当时去团委的时候，所有的团委工作我都不熟悉，因为我是在运动队长大的，但是我觉得北京体育大学学生会的同学真的非常可爱，也非常优秀。我给他们的理念是，你们来到北京体育大学，想做什么活动，我就支持你们做什么活动；你们想做健身健美大赛，我就支持你们做健身健美大赛，而且我们要做全北京高校里面最有影响力的健身健美大赛；想在操场上做音乐节，我们就做音乐节。我一直让他们提出很好的想法，并鼓励他们去做，给他们支持。在这个过程中，我跟学生们一起去策划活动，一起搬桌椅，一起找赞助，一起把这个活动给办下来。在此期间我也收获了很多，在思政老师里面，我被评为北京市前三名。

2017 年，冬奥会志愿服务国际研讨会邀请了 2018 年平昌冬奥会志愿服务的管理者来到我们北京体育大学，北京市志愿服务中心和我们学校一起，承接了平昌冬奥会闭幕式的"北京八分钟"，所以，"北京八分钟"所有的演员都是北京体育大学的学生。当时我们跟张艺谋导演一起做这个项目，在昌平区的一个部队里封闭了三个月才完成这个项目。

闭幕式的那天终于到了，"北京八分钟"开始的时候，我跑上看台，一看人全部都满了，没有我的地方，我就站在摄影机后面。摄影师一看我穿着中国大衣，就把我让到最前面看表演。所有人都拿着手机在拍照，没有人再聊天了，"北京八分钟"的表演真的非常完美，当时我鸡皮疙瘩都起来了。后来我就在想，我这辈子真的很值，参加了三届夏季奥运会，又参加了平昌冬奥会的闭幕式，北京冬奥会我也非常想参加，可是领导把我调去当了院长助理去了（笑），不然我在团委还可以跟咱们的同学们和老师们为冬奥会再贡献自己的力量，我觉得这是非常有意义的事。

这就是我通过一个个失败，重新面对自己的经历。那个时候输掉比赛的我真的是不敢出门，后来我愿意坦然接受失败，也愿意走出来，通过自己的努力，在我自己所能做的事情上做得更好。奥林匹克最重要的不是胜利而是参与，人生最重要的不是凯旋而是战斗，生活的本质不是索取而是奋斗——这是现代奥林匹克之父顾拜旦的名言，我想把它送给大家，希望体育精神能让各位同学们有所收益。年轻人应该像习近平总书记要求的那样：忠于祖国、忠于人民，立鸿鹄志、做奋斗者，求真学问、练真本领，知行合一，做实干家。以此为标杆的话，必定不枉此生。最后，奋斗吧！你们是最棒的北大学子。谢谢！

图 5-4 ◉ **陈中与同学们互动**

刘伟： 谢谢陈中老师！太棒了，我听得都入迷了。每一个运动员的成长，每一个世界冠军都是我们举国体制的力量。刚才陈中老师讲到的这些陪练，他们甘愿放弃自己的前程，甘做人梯来成就冠军，所以，让我们怀着感恩之心对待我们所有的后勤保障团队。同样感谢有这么好的教练能够挖掘你的潜力，激活你的潜能，成就两届奥运会冠军，这是非常了不起的事情。

让我们再次用热烈的掌声对陈中老师表示感谢。下面我们进入互动交流环节，大家有什么问题可以举手提问。

② 同学： 陈老师好，非常感谢您这次的分享，您刚才说到的竞争挑战，非常值得敬佩。我的问题是，您在准备一个非常重视或者对您来说意义非常重大的比赛的时候，您会怎样去调适您的心理状态？以及如果在比赛开始之后发现这场比赛不像预期那么顺利，您会做出一些怎样的调整去打破这个局面？谢谢。

💬 陈中： 谢谢，这个问题特别的专业。因为比赛对于运动员来说机会非常难得，心态调整得好，就有可能拿冠军；调整不好，就有可能失败。所以说在比赛时，经常会有人问我们心态怎么去调整。我不知道心理学专家是怎么解释这个问题，对我来说，我是用自己的行动去调节。在每次上场之前，我旁边坐的都是五大三粗的选手，有的比我还高或者比我还壮，还有的长得跟男选手一样。我坐在那里心里也会紧张，但我一直默默地跟自己讲：没有人练得比我苦，没有人练得比我更累，也没有人付出得比我更多，我相信我一定行。

别人睡觉的时候我在训练，别人吃饭的时候我在训练，我的腿都流血、流脓了我还在训练，这样的付出会给你在赛场上带来坚定。当你经过这样一个超乎寻常的魔鬼式训练以后，到了真正的赛场上，你是不会发怵也不会有心理负担的。因为你知道没有人练得比你狠。成功在于你有没有专一努力地去做一件事情，如果你付出得比别人多，你在赛场上永远是打不死的小强。我觉得是从心理上来调节自己，在赛场上告诉自己，所有人都不是我的对手，我的自信来源于这里，谢谢。

② 同学： 陈老师好。您提到 2002 年有一段时间状态特别好，有一种超乎寻常的力量，在我看来这是一种高峰体验。我想问的是，这种体验您保持了多久？这种体验是在您打得特别顺利的时候，如果经历一次失利、受伤，重新调整之后，还可以保持吗？还有，您觉得这个体验是否来源于您对这个局面的掌控感？

💬 陈中： 实际上我那段时间的自信真是来源于 2000 年奥运会，还有一点，也许伙食好了点（笑），自己的补给跟得上，血也加满了。但是我自己分析，真正的原因是我自信了。为什么我说大家在受到挫折的时候，你不再相信你自己的时候，会很容易退缩？大家有没有喜欢跑越野或者跑长跑的？在跑步跑到自己极限的时候，别人都跑远了，你又跟不上了，还要逼着自己再去冲一下吗？你是相信自己能跑得下来，还是说让自己休息休息？很多人会觉得自己已经到极限了，就这样吧。但是，等你吃了那样的苦以后，你就有自信了。

能拿到 2000 年奥运会的冠军归功于我在 2000 年之前的磨炼，拿到冠军以后，有了自信，再回到队里跟他们较量的时候，一是我自己变得自信了，二是对方看我也怕，是两方面的原因加在一起。这种感觉会消失吗？我觉得每一个人的人生都不可能风平浪静，有高潮也有低谷，但只要你登过顶峰你就会上瘾，比如你们考试拿到一个很好的成绩时，下次肯定还想拿这么好的成绩，或者拿更好的成绩，这种感觉是会上瘾的。

我拿了奥运冠军以后，知道冠军是什么样的滋味，知道成功是什么样的滋味，会为了这样的滋味，再去奋斗，再去拿冠军，然后又有了自信，所有都是这样来回反复的。谢谢。

❓ 同学：陈老师好，我有两个问题：第一个问题是，您从卫冕成功到北京市的优秀教师，在转型过程中有什么是一脉相承的？您觉得在运动员生涯中学到的哪些经验是能帮助您在教师这个职业中取得这样的成绩？第二个问题是，我看到您训练受伤的例子，觉得很心疼，想知道现在的训练情况怎么样？还是像以前一样受伤那么严重吗？

💬 陈中：谢谢关心，第一个问题，我的转折，我的跨界跨项，前一段时间也有人这样问过我，如果让我再跨界跨项的话，愿不愿意？我觉得人生永远都有转折，我相信我们在座的很多同学以前学的可能也不是现在的专业，以后毕业也不一定就从事这个，大家都是在跨界，在不断进步的人生中去做一些事情。

我从运动员转型为老师实际上是受我教练的影响比较大。他是一个非常正直的人，是一个懂得尊重运动员，也懂得引领运动员的教练。

我觉得我收获最大的是，我在运动队的时候，教练骂我，让我不要骄傲，让我更加谦虚谦逊，让我与所有人更加平和地在一起。当我进入教师工作之后，我也是跟所有人都打成一片，学生们都非常亲切地叫我"老大"，他们是从内心把我当成一个他们同龄的朋友，所以我的工作才能出成绩。

我实际上是一个不太爱交际的人，但为了学生，我也愿意去外面接触商人，跟他们谈合作。我觉得从体育中学到的是，要做就要做到最好。我将这样的奋斗精神和拼搏精神，带入到工作里。我既然做了学生会的"老大"，就要把他们带好，让他们把学生会团体做得更加有意义，所以学生们对我还算是满意的。

第二个问题关于膝关节，我现在膝关节后交叉韧带还是断的，为了备战 2008 年奥运会，半月板做了手术。最近我也一直在找医生，因为现在确实不能运动，只要一运动里面就有积液，就会有炎症，但是生活没问题，谢谢。

❓ 同学： 陈老师好！我是跆拳道社团的一名社员，我们整个社团今天也来到了这里。2008 年，我是以强身健体的目的接触了跆拳道，当时在我们的小城里，一个不知名的跆拳道馆的墙上挂的就是您的照片。我就在网上搜到您的名字，也知道了您的经历，上小学的时候，别人的偶像是韩国明星，而我的偶像就是陈中老师。所以今天我非常激动，第一次能够当面跟您交流，知道老师是这么立体这么真实的一个人，特别是您在演讲的过程中也多次有真情流露。同时，还能感受到老师是一个奋斗到底的人，您说支撑您拼搏到最后的，是您相信自己的力量，这也是我从您的这次演讲当中所收获到的非常令人鼓舞的力量。

我想问一个小问题，北京冬奥会出现了非常不一样的训练体制，跟您之前所经历的那种教练一边抽一边跑这样的方式非常不一样，您也是被"拉扯"长大的。那像谷爱凌、苏翊鸣这样以兴趣为导向、自主培养训练的运动员，在您看来这是否是未来的一个大趋势？假如未来您的孩子也想从事体育运动，您会以什么样的方式来鼓励他参加？谢谢。

💬 陈中： 这是个大课题啊，我们都看到了冬奥会的成功举办，无与伦比。我们中国人说到做到，我们国家能够在这样的时机下，实现了对世界的承诺。我们也看到了这次冬奥会我们拿到了很多的金牌。我为什么说很多？相比之前我说的上一届平昌冬奥会，我们只拿了一块金牌。实际上历届冬奥会我们都是一块、两块金牌，最多三块，这次我们真的是突破了。刚才你说得特别好，实际上我听前面的时候特别轻松，我觉得特别感谢你，我还能成为你从小的榜样。后面你提的这个问题，是我们所有体育人都在反思、都在深思的问题，但是我想告诉我们这位同学的是，不同的项目、不同的时期、不同的条件会成就不同的人。

冬奥会项目本身少，参与人数也少，他们的竞争也小。但是，夏季奥运会就不一样，像乒乓球，还有我们谈到的上亿人在练的跆拳道，人数是非常多的。更不要说像篮球、足球这些全球人都热火朝天在玩的项目。我刚才也提到了，别人在练两三个小时的时候，我们练八个小时。我想拿我的偶像科比举例，虽然科比去世了，大家都知道他说过一句非常经典的话："谁看过凌晨 5 点的洛杉矶？"（听众：凌晨 4 点）我没记清楚，只是理解了大概，大家有没有想过为什么？他已经是超级明星了。有没有同学举手回答？

为什么凌晨4点他还练？（听众：太卷了。）（笑）就是刚刚同学回答的"太卷了"。美国2米高的人太多了，尤其是黑人，他们的屁股都在腰上，他们的跟腱很长，弹跳也是超惊人的，像科比那样身体条件的人太多了。如果他凌晨4点不练，别人就会超过他，别人就是超级明星，就没他的份了。

我想再回过头跟这位同学说，无论是什么样的训练，无论是什么样的训练模式，它都是要超负荷训练，超出常人的训练，这点是肯定的，不管是因为爱好还是被鞭子抽。（鼓掌）所以他们都付出了很多，徐梦桃是我们北京体育大学的，我跟她也有过交集，当时我在团委要推荐她为五四青年榜样时，我就知道她的故事。她的腿经常受伤，腿上打钢板，照样去空中转体落地。这些运动员绝对是吃了常人无法吃到的苦，才能够拿冠军。成功的道路没有捷径，只有苦练。同学们也一样，想考高分是不是天天得刷题刷到半夜2点？（笑）是一样的道理。

刘伟： 谢谢同学们，你们都非常心疼陈中老师。从她的讲座中，我们了解到运动员们为了国家放弃一切，吃了这么多苦，但是他们在吃苦的过程当中，在挑战身体承受极限的时候，大家听到什么？信念和自信。其实同学们在学习生活当中肯定也会有这样那样的困难，也会体会到很多的苦，希望大家在面对"苦"的时候，也有像陈中老师一样的信念和自信。

今天我们北京大学跆拳道协会的十几位同学也来到了现场，也给你们一个机会，可以推荐三位同学，上来让陈老师给你们指导一下。我们跆拳道社的社长也讲两句吧。

同学： 陈老师您好，我是北大跆拳道社的社长。非常开心这次能带我们社团的同学来听您的演讲。我们社团都是对跆拳道感兴趣的同学。我们现在相当于在推广这个项目，把跆拳道推广到没有接触过跆拳道的同学中。疫情的原因，我们很多体育社团的人员都大幅度缩减，这两年大部分的体育社团都在非常努力地发展新成员。北京大学在全员体育的能力上是很强的，我们都比较清楚这一点。希望同学们平时不要放弃体育锻炼，加入体育社团可以督促大家一起来锻炼，欢迎大家加入我们，尤其是听了讲座的同学，估计有可能对跆拳道有一些兴趣，大家可以一起来运动。学习跆拳道对于女生来说可以防身，练了跆拳道不会让女生越练越粗壮，反而会越练越瘦，它是一个训练灵敏性的项目；对于男生来说，会越练越有男子气概，万一遇到危险能保护女朋友，感兴趣的可以直接来我这边报名。

陈中：这是个招生会是吗？（笑）我今天穿的裙子我打不了你们。没关系，你们自己有什么想提问的？比如动作上的？

（陈中老师让同学做出踢腿动作及表演动作。）

同学：我感觉踢的时候有点使不上劲。

图 5-5 ⊙ 陈中现场指导同学跆拳道

陈中：这个属于高难度动作，需要在空中第二次发力。这个女生能做到是很厉害的。她刚才说力量不足，我以为是她的收腿没收好，但是她踢完以后我发现她收腿特别好，所以她原来的教练和现在的教练都是非常专业的。谈到跆拳道最大的一个核心，就是快打快收、收比打快。电影里面用的很多的动作都是我们谈到的动作，比如说后踢腿，还有横踢，或者是前踢等。跆拳道有个特点，速度特别快，它不像散打，散打是这样抡圆踢，幅度特别大，跆拳道就是直线踢，比如在对方要过来的时候，直线踢对方是很难判断出来的，直接就踢到了。所以跆拳道为什么特别好？动作漂亮，击打的动作也漂亮，速度也快，特别实用，女孩子一定要练一下。

同学：（做后踢动作）我看到最近的跆拳道的比赛都改成电子护具了，之前我看您打的是传统护具。

陈中： 有可能还要改回来的，像以前我们动作特别漂亮，传统的动作横踢、两腿横踢、旋踢，还有后摆、后踢都是特别漂亮的动作，但是变为电子护具了以后，谁先得分谁先占优势，导致很多全变成防守了，这样跆拳道就有点不太好看了。现在我们市跆联在改变这样的规则，还是要用跆拳道动作打分。

刘伟： 谢谢跆拳道协会的同学们，下面也请陈中老师在我们的大球拍上签名留念。

下面请北京大学体育教研部的太极拳老师，也是太极拳世界冠军柴云龙老师，为陈中老师颁发纪念证书。还有我们校友会的李文胜老师为陈中老师写了一幅字，请李老师为我们解释一下这幅字的含义。

李文胜： 陈中老师的名字有个"中"字，不知道她父母给她起名字时有没有这个意思，但是听她讲课说要低调，我觉得特别适合，这是道家的老子的一句话，"不若守中"。（展示字幅）这是北大收藏的汉简，是北大简书体的隶书。我觉得我练书法也是一个相信的力量，从2014年开始练字，最近进步特别大，谢谢。

图5-6 ⊙ 陈中和现场同学合影

杨凌

平常人，平常心

杨凌

北京人。世界冠军，奥运冠军。北京市射击运动技术学校党委书记、校长。

1993 年入选国家队。1996 年 7 月获亚特兰大奥运会 10 米移动靶射击冠军，同时刷新该项目奥运会纪录；2000 年 9 月获悉尼奥运会 10 米移动靶射击冠军，成为中国蝉联奥运会射击项目冠军的第一人。1995 年获德国世界杯赛冠军并获国际级运动健将称号；1996 年先后获捷克和意大利世界杯赛两项冠军，其中在意大利资格赛成绩和决赛总成绩双破世界纪录；2000 年 1 月在吉隆坡亚洲射击锦标赛上获 3 枚金牌。

获"全国五一劳动奖章"一次，获"体育运动荣誉奖章"两次，获"北京五四奖章"两次。1998 年任北京市第九届政协委员，1999 年入选"新中国体育 50 星"，2000 年 10 月获共青团中央、全国青联授予的"中国青年五四杰出贡献奖章"。2002 年 5 月当选中共十六大代表，同年 8 月入选《共和国体育明星辞典》。2007 年 7 月 17 日，获国际奥委会主席罗格在德国慕尼黑颁发的"终身射击冠军"奖。

各位同学，各位老师，大家好！我是杨凌。

我刚刚进入射击队的时候，那时候队友都叫我"天下第一大晃"，就是说我拿枪的晃动幅度比较大。射击很讲究一个东西叫"枪感"，就是打到靶心的那种感觉。所以不管你怎么晃，只要准星经过靶心的瞬间扣动扳机，子弹打到靶心就好。一般大家拿枪都比较稳，所以我能够进入可以参加世界杯的团队中，去争夺1996年奥运会席位，算是一个特例。

1994年我刚刚被确立为主力，第一次参加在意大利米兰的第46届世界锦标赛。比赛的时候，我竟然犯了跟我第一次去南京参加比赛同样的错误——脱靶了。这次的脱靶对我是一个非常大的打击，我作为主力去参加世界锦标赛，是为了争夺1996年奥运会参赛席位，所以非常关键，没想到又出现这种状况。

当时下来之后，本来我带了两支枪，应该参加4项，但是第一项打完了脱靶，所以直接就被拿下，后面3项都不能参加了。第一次参加世界比赛就出现这种情况，当时全国的移动靶界都认为我不会再回国家队了。但是我并没有放弃，在当年年底的两场比赛中，我依然拿到了一个第一、一个第二，重新回到了国家队的队伍当中。

我的经历还是蛮神奇的。1995年是我真正成长的一年，那一年我拿到了世界杯冠军，差了一环获得世界纪录。大家都觉得我去年还脱靶，今年就拿到世界杯冠军了，挺神奇。但是，我觉得不奇怪，我把这种挫折当成了前进的动力，没有把它当成一个羁绊，只是把它当作动力。脱靶不算什么，并不是世界末日。我依然相信我有能力去把我的水平提得更高。其实这几年我觉得自己一直在不断地强大，不断地成长，所以到1995年参加世界杯就不会再出现之前的状况。

1996年意大利米兰世界杯给我们移动靶单独的一场比赛，我就想，这是我当初失败的地方，没有拿到名次，这次再回到米兰，是否还能成功？教练当时也怀疑。最后发现，之前那个挫败对我没造成任何的影响。我在米兰还破了世界纪录。1996年拿奥运冠军的时候，记者都在问我："到底哪场比赛让你印象最深刻?"我说是意大利米兰这次破纪录的比赛最深刻。

　　破纪录，说明你的成绩是世界第一的。冠军可以有很多人拿，但是世界纪录只有一个。对，当时我破了世界纪录。我记得破纪录是非常兴奋的，打完之后我在后边找了一个无人的角落待着，因为大概有两个小时等待决赛成绩的时间。当时我一直在颤抖，浑身都在颤抖，我管这种颤抖叫幸福的颤抖，非常幸福，是真正身心愉悦的那种感觉，到现在都无法形容。因为之后没有再破纪录，所以到现在我也没能有机会再次回味那种感觉。非常紧张，到最后一枪的时候，我知道我打 10 环就能破纪录，打 9 环是瓶颈，所以打最后一枪的时候非常紧张，心跳也非常快。射击不像大家表面看到的这么稳定，这么沉稳，这么安静，其实在打的过程当中，思潮也是汹涌澎湃的。

　　当时我拿了冠军之后回来，其实距离 1996 年的奥运会还有 1 个月不到的时间。我觉得我这个成绩出早了，但这也说明我状态不错，那么参加奥运会我应该更有信心。

图 6-1 ⊙ 杨凌讲述自己的成长历程

　　我觉得那个阶段是我的一个巅峰时刻。因为我从 1993 年进入国家队，一直到 1996 年，每年一个台阶，每年基本上要以五到六环的成绩往上成长，而且相对比较稳定。所以到 1996 年奥运会的时候，包括之前破世界纪录，其实对我来说并不意外，因为那时候 586 对我来说，只是我的一个正常发挥而已。

　　奥运会的时候还有一个小插曲。我们这个射击移动靶，不像其他项目——手枪、步枪是几十个人一块儿上的，我们这个项目有一个靶车，运动员是一个一个上的。两台靶车，A 靶场和 B 靶场。我记得 1996 年的亚特兰大奥运会我是在 B 靶场。当我在后面准备的时候，A 靶场那儿出现一阵掌声，说明前面这个运动员打得非常好、水平非常高。我在想，我上去打之后，我要让我后边的掌声比刚才还要热烈，当时就是这种感觉。所以说 1996 年奥运会其实是我自信心非常强的一次比赛，任何情况都影响不到我。后来我知道 A 靶场那边大家为什么鼓掌，他打了 298，只跑了 2 环，这成绩非常高。我打完后排第二，打了 294，所以我后边掌声也有。反正我也没在意，无所谓。然后第二天打快速。快速我非常稳定地发挥，打了 585，这离我的世界纪录就差一环。当时我如果是 586 就是平世界纪录。也就是说当时我已经到了一个非常高的水平。那时候，我基本上是世界一流。当时射击项目男运动员，全球我是排第二。奥运会之后，我觉得可能是有点飘了，当时自己的世界排名很靠前，而且每场比赛基本上都能达到非常高的水平，觉得每场比赛只要参加了我就应该是冠军。这种思想状态的变化，也导致后来状态进入低谷。1997年，我当年参加的第一场全国比赛拿了冠军。后来我参加的全部比赛，包括所有的世界比赛，没有一场比赛拿到过冠军，最好的名次可能也就是全国第三。

　　我那时候非常失落，那 3 年应该是我人生最失落的 3 年，是比我前面两次脱靶的那种状态更让我失望的 3 年。中间经历了巴塞罗那世锦赛，这场比赛教练临时把我换了下来，没让我去参加。不让参加比赛，这对于一个运动员的打击是非常大的，1998 年的时候，我曾经萌生过退役的想法。但是我不甘心，我希望自己能够奋起直追。但是，1999 年一年依然毫无起色。虽然比赛没有起色，但是平常的选拔赛，我基本上不是第一，就是第二。其实，整个射击项目选拔赛要比比赛难打，因为选拔赛是有场地、成绩的要求的，同时全国的高手都在一起打选拔赛，每一场选拔赛都要连打三次，然后出综合的成绩，排前三才能参加世界杯比赛，当时我的成绩不是第一就是第二。

1998 年，我参加了巴塞罗那世锦赛的选拔赛。我的主项是奥运会项目，排第一；副项排第二，排第二还是因为我把一个运动员让进来了，要不然我们两个都应该排第一。但是在这种情况下，只要一上比赛我的成绩就往下走，自己也不知道怎么回事。从技术动作看，从各方面看，什么问题都没有，我自己也感到很奇怪。到 1999 年底的时候，一个偶然的机会，在一个饭局上遇到一个人。他是非常喜欢体育的，之前对我也有关注。那天他就跟我说："杨凌，根据这几年你的这种状态，送你四句话——你本平常人，曾经辉煌过。为了再辉煌，学做平常人。"

图 6-2 ⊙ 杨凌寄语北大青年

01 调 整

这四句话对我绝对是醍醐灌顶，当头一棒给我打醒。1996年奥运会之后，自己不踏实，心不定，飘了，觉得自己是有水平的运动员，是个天才，每场比赛都应该赢，上去就应该赢，冠军就应该是我。甚至还没参加比赛，就想着这个金牌已经戴脖子上了。但是，这是不可能的。现实在狠狠地、一直不断地给我耳光。我醒悟了之后，给自己重新定位：自己只是平常人，应该踏踏实实的；我并不是一个天才，应该踏踏实实做自己、踏踏实实做动作、踏踏实实打比赛。

紧接着在2000年1月，亚洲锦标赛，也就是2000年奥运会的最后一次席位争夺，这场比赛我拿到了冠军，领先位于第二名的选手0.4环拿到了金牌。当时我们定的规矩就是谁在这场比赛中拿到了席位，谁才能参加2000年的奥运会，所以我给自己争取到了最后一张入场券。我在参加奥运会之前给自己的定位就是踏踏实实，不受任何的干扰。我是容易被漂亮话带飞的人，所以在参加2000年奥运会之前，我拒绝了所有的采访，不往前冲，完全不把之前1996年奥运会的光环罩在自己的头上了。

当时我的亲戚朋友，包括队友、教练都一直在说："你之前背负的包袱太多，能不能给放下？"我觉得在参加2000年奥运会之前是真正给放下了。等放下之后，我觉得发挥得还算稳当。这次奥运会的决赛，对我来说是经典的一战。因为我领先1环进入决赛，以581排名第一，第二名是580。10发的决赛，要决定谁是冠军。这场决赛我是从先赢、后输，然后到又赢、再输，最后一枪反超，拿到最终的冠军。

决赛的对手是摩尔多瓦努，是一名老枪手了。这场比赛非常紧张。前面的9枪我的心跳就像在打军鼓，非常非常重，当时非常紧张，压力非常大。看着好像还挺沉稳的，其实一直在吹手，手心全是汗。到最后一枪，把子弹往下一压，心跳瞬间从打军鼓变成了敲小队鼓，"隆隆隆隆"一下上来了。我估计当时我心跳瞬间能达到一百七八十、一百八九十。站着不动，达到这么高的心跳，其实很难受。瞬间，我特别特别紧张。那时候我低着头看着枪，我都不敢抬头看，压力非常大。但是时间很短，马上3秒后就要举枪，所以我觉得自己也来不及调整，就举起枪。

当时这一枪，举枪之后我连靶子都没看见。因为摄像机是斜着照的，让我看不见。当时我的枪一下就低了，低了之后要转体就只能斜着往上拉。这时候靶在移动，2.5秒通过2米开阔地，我必须得在这个2.5秒之内给他击发。我划过这个枪，"啪"的一下，瞬间甩过去。然后我只知道，那个是10环，在哪扣的我也不知道，我只知道那时划过的瞬间，它就响了，响了就是10.4环。

这是一个非常规的动作，因为不可能你每发都这么做，这么做肯定是不行的。全部打完之后，我也不知道我是不是冠军，我在找大屏幕，大屏幕上有排名。以前的这个大屏幕放在两边，2000年悉尼奥运会的时候大屏幕在头顶，但是我不知道。因为决赛场是单独的场地，我们很少去。当时打完之后是我的队友跟我说赢了0.1。0.1确实是射击里最小的一个单位了，没有想过竟是这么小的一个差距。我觉得，命运之神还是比较眷顾我。但是，要说到这个射击运动本身，我这一路走来，跟天才是完全搭不上的，只是一路不断地跌倒，又不断地爬起来，不断地去认同自己，超越自己，就这么一个过程。

我从1986年开始练射击，一直到2010年广州亚运会才最终放下枪。这二十几年，表面上好像非常顺，一直在往前，一年一年很成功地往上走，但其实遇到过非常大的困难。到了省队，到了国家队，曾一直都处在一个成绩最低的状态，只不过是慢慢地一点点磨炼自己，一点点超越自己。我一直说，我每到一个层级的时候，都把我同期的这些队员都熬走了，剩我一个，最后拿了冠军。我整个射击生涯，是一种非常非常执着的状态，最终才有的这些成绩，包括也得到了国际射联的认可。在2007年国际射联百年庆典活动的时候，我被授予"终身射击冠军"，中国有两人入选——一个是王义夫，另一个就是我。我觉得这也是对我这么多年参与这项运动的一种认可。

02 遗　　憾

图 6-3 ⊙ 杨凌在赛场上

国际射联百年庆典在德国的慕尼黑举办，我在台上唯一说的，就是希望国际射联考虑恢复 10 米移动靶这个项目。当时很严肃，但还是改变不了国际射联的决定。对，这就是遗憾，2008 年奥运会取消了这个项目。其实在准备 2004 年奥运会的时候，我的重心就已经在 2008 年了。我是希望自己能够在 2008 年北京奥运会上，作为运动员参赛，而且目标也是奔着冠军去的。

2004 年奥运会我只当作一个过渡。但当时所有的舆论都说："你怎么可能蝉联三届？"射击的历史上没有这样的情况，从来没有。我蝉联了两届冠军，这对于射击来说已经是凤毛麟角了。国外有一些，但是并不多。一是因为射击是一个不确定因素非常多的项目,比如比赛时没有对手,都是自己一个人打。别人发挥得好坏,你是控制不住的。所以对我来说,第三次参加,能不能拿到冠军,对我来说也不重要,只要我能打出基本水平,能够进入到前3名就算完成任务了。我当时给自己做的训练计划都是延伸到2008年的,希望在2008年北京奥运会上能够有所突破。但是在2003年,跟"非典"一起来的不幸的消息是射击减少了两个项目,其中一个就是男子10米移动靶。这两个项目都是中国的强项,当时都被取消了,所以非常遗憾。那个时候我们在队里实行隔离,大家都非常消沉,大概用了将近半年多的时间才走出来,到2004年上半年才调整过来,准备2004年的雅典奥运会。可惜这次奥运会前我受伤了,所以就没有参加。

03 新的身份与责任

新的身份与责任

- 比赛解说
- 火炬手
- 教练员
- 赛车手

图 6-4 ⊙ 杨凌讲述自己新的身份和责任

  之后,我觉得对我来说,需要完成新身份的转换。因为每个运动员都要面临退役，这也是一个正常的事情。下来之后，参与最多的可能也就是解说，跟着中央电视台，从 2008 年的北京奥运会、2012 年的伦敦奥运会，到 2016 年的里约奥运会，大家看到的射击项目，解说嘉宾都是我。

2008 年我担任举旗手，而且是在奥林匹克直播的时候，我光荣地进入到了会场，我觉得这也是国家对我的一个认可。这张照片是 2022 年北京冬奥会的时候拍摄的，我也是冬奥会的火炬手（见图 6-4）。平时我也推广射击，偶尔玩玩赛车。多说一句有关赛车这个项目，大家都说我怎么能玩赛车这么刺激的项目。其实不管是赛车还是射击，包括所有的运动都是相通的。射击外表看着很沉静，很稳，但其实内心非常的激烈，需要选手静得住自己，虽然内心汹涌澎湃，各种思潮都有，但还要让自己做出最完美的动作。赛车外表看着非常的激烈、非常的刺激，其实车手在操控赛车的时候，动作同样要非常的精准，才有可能把车开得非常好，非常快，并且不出问题。所以原理其实是一样的。

这就是我的整个射击生涯。今天在这里跟大家再一次地回顾，对于我来说，射击生涯并没有结束。我现在基本上做的就是带领北京射击队，继续在射击事业上寻求发展。现在更重要的是保持自己的这种平常心的心态，稳扎稳打，一步一个脚印。只有在这种状态下，才有可能带好队伍，使之涌现更多的冠军。我希望我带领的队员有机会能够站在奥运会的最高领奖台上，虽然任重道远，但是我在为这个目标努力。过去我是为自己努力，现在是为了这项事业，尤其为北京市的这项事业不断努力。谢谢大家！

刘伟：非常好，我们刚才感受了杨凌老师在面对压力的情况下是怎么做的。我觉得人跟人不一样，这个不一样并不是高矮胖瘦的不同，而是在面对压力、面对荣誉、面对挫折的时候，有的人选择了逃避，但有的人敢于面对。所以同学们，在杨老师讲完之后，我们可以感悟一下如何面对压力，如何看待荣誉，因为他在 1996 年奥运会上已经是冠军了，那么在 2000 年奥运会，是应该保上一次的冠军，还是争这一次的冠军？确实，射击运动员强大的心理，是比赛当中最重要的支撑。同学们在人生的赛场上，也要保持一个强大的心理。

好，下面我们就进入交流环节。

❓ 同学：谢谢杨老师，听了您的故事，我特别受感动，也特别受启发。当您在面对训练，或者像我们面对日常的生活和学习挑战的时候，会有两种情况：一种情况就是像您之前所说的，在日常的训练中，其实可以达到一个可以相对稳定的破世界纪录的水平，但您的核心任务是要在大赛中把这个水平正常平稳地发挥出来，我觉得这是需要自己控制和努力去做到的一个心态。另一种情况就是，可能我们会面对一些挫折，别人在怀疑，自己心里也没有把握到底有没有实力去完成这个目标。我个人觉得后一种情况比前一种情况会更困难一点。请问您认为这两种情况哪种更困难？您在这两种情况下分别都会怎么做？谢谢老师。

💬 杨凌：我觉得这个问题也是所有人都可能面临的情况。其实这两种情况真正要在关键的时候面对都是很困难的。就算你平常有很高的水平，比赛中也不是能轻轻松松拿出来的。这就像我3年的低谷一样，你们说有水平吗？有，但是比赛时就是拿不出来，还是心态不够稳定。这时候的自信，是一种盲目自信，总觉得自己没问题，而没有真正地认识到自己应该放低姿态。我觉得这两种情况，要想做好，对于个人来说，最重要的还是要摆平心态。不能因为成绩好，就像"暴发户"一样；反过来如果这时候你成绩并不好，也不能就觉得自己什么都不行，一无是处，不停地贬低自己。这两种心理状态都不好。更重要的是，当自己状态好的时候，应该把自己心态降下来，认真、踏踏实实地，扎实自己的基础，在比赛中也不要想着结果。如果你在当时成绩不好，更应该有自信，应该抓住自己擅长的一两个方面，把它们做到极致，我想这样在比赛中的发挥一定会超出你的预期。

❓ 同学：杨老师您好，我首先想对您说，您持枪的样子，真的特别帅。我想问的是关于射击方面的一些问题，我觉得10米移动靶，首先需要眼睛来瞄准，然后需要手来稳定，最后需要一种类似于人枪合一的这种感觉。您觉得在射击的过程中，眼睛、手和感觉，哪方面更重要？

💬 杨凌：好像不能单独回答这个问题。我觉得，其实一开始你那句话已经诠释了这个项目。那就是人枪合一，要眼到、手到、心到。射击讲究的是枪是手臂的延长，要跟你合为一体。枪是手的延长，在训练当中要不断地跟你的枪增进感情，枪得适应你，同时你也要去适应枪，这是相辅相成的。

我拿着的这把枪，叫激光枪，是现在我们在推广的一种枪。它是发射激光束，但是它又不像是激光笔，激光笔可能还有一个点，它这个没有。它射出去后，对面一接收，射击结果就显示出来了，知道你打了多少环。最早这些技术是我们训练时的一个辅助设施，因为它有轨迹记录，比如晃动轨迹、击发瞬间的轨迹，在哪儿扣的，瞄准得是否正确等。我们射击的关键是扣，前面所有的瞄都是为了最后的扣。前面可以忽略不计，再晃，只要你会扣，你在 10 环那个点扣响了，就好了。我们叫枪感好。有些人的枪感是天生的，一教他就知道在哪里扣。有的时候你总会扣得早了或晚了，或上或下，总有偏差。待会儿也跟同学们做一个交流演示。

❓ 同学： 杨老师，我想请问您的枪属于哪种类型的枪？和在外面的射击训练馆里的枪有什么区别？比如出枪的感觉有什么不一样的地方？

💬 杨凌： 基本上现在的枪就分两种：一种叫制式用枪，就是军队、警察用枪；另一种就是我们的奥林匹克竞技体育用枪。我们的枪是为了打得准确，更精准，要算环数的；而军队的枪是要达到火力压制的目的，要有杀伤力，它不需要那么高的精度。

部队里打靶，打的都是胸环靶，因为它是以人为目标，相对比较大。我们最大的靶子，都很小，50 米的靶子 10 环也很小。所以，对于我们来说是要打精准。现在有很多俱乐部，慢慢地都在变成要打精准，或者叫实战射击。把枪绑在身上，然后有障碍物，类似铁牌，你要拿枪一个一个击中。现在都是玩这种精确的实战射击。北京还没有，北京基本上没有这种对外的射击场。我觉得射击最终还是要回归到打精准。打精准比较有挑战性，所以也比较刺激。

❓ 同学： 杨老师好，请问比赛当中遇到这种很紧张的场面，您是怎么调节体内的气息的？如果在比赛当中调节不好，肯定会对成绩有影响吧？

💬 杨凌： 这个调节气息，对每个人来说都很关键，包括跑步的时候也得调节气息，几步一呼，几步一吸，气息调过来之后，你跑起来就不累，还快。对于射击来说，在很紧张的时候怎么调节呢？我觉得更多的调节应该是在平常。如果平常对自己的成绩有信心，比赛的时候这种紧张的情况就会稍微缓解。如果在比赛中你紧张了，可以深呼吸，非常深的呼吸，然后吐出来，这在瞬间能让你的心跳减缓下来，基本上能瞬间下降 20 到 30 下，但过两三秒钟可能又回来了。

不过，你再紧张，目标是不变的。就算我紧张得脑子一片空白，我也知道我要打 10 环，别的什么都不管。我在跟很多朋友交流的时候，就一直在说，运动员在比赛的时候要对自己狠一点，就是从心里对自己，对过程的要求狠，而不是对结果的狠，包括比赛过程中所做动作的执行要求高，之前给自己制定的目标，在比赛中要坚决地贯彻，这叫狠。

我觉得对于运动员，要想成功，你就得坚决贯彻。我之前准备工作做得很充分，我就坚决贯彻，这种时候我觉得紧张不可怕。要认可这种紧张感，比赛就是紧张。我很少站在讲台上，现在我就很紧张，会出汗，但是我知道今天的课我要讲什么。所以大家要认可紧张，紧张是比赛中的一种常态。

不紧张的运动员，其实是无法调动起自己对于这场比赛的兴奋度的。适度的紧张有助于在比赛中超水平发挥，如果没有紧张，是打不好这场比赛的。

❓ **同学：**杨老师好。刚才看您以 0.1 环取胜的那个视频，真的是意犹未尽。这些年我对竞技体育非常感兴趣，尤其是敬佩这种体育精神。我一直很好奇，像射击这种运动，对于您这样的奥运冠军来说，心理素质在比赛中占着非常重要的一个指标，这种心理素质它是来源于您的父母，或者是真的天生具有非常好的奥运冠军的基因，还是说这种心理素质可以后天锻炼出来？谢谢。

💬 **杨凌：**我的父母从来没有练过体育，他们都是普通人。我觉得有时候仅仅通过训练，在心理素质方面可能达不到一定的高度和层次。因为这种大心脏是天生的一种状态。这是确实存在的。但是通过后天的训练，也是有一定帮助的。

平常在训练当中，我们经常会创造这种比赛的场景来提高运动员的适应能力。另外，国家队的心理老师可以引导你去向一个好的方向发展。刘硕老师从 1984 年开始就跟着国家射击队，给国家队队员进行心理辅导。我对他印象最深的一点就是当时他曾经给我们一个坐标，他说坐标最好的一种状态，就是想打好，不怕坏。两个坐标想到，你只要往这方面去想，你自然会不由自主地去做更好的动作。很多时候，你的想法的走向，是影响比赛发挥的一个重要因素。

💬 **刘伟：**好的，我们提问环节就到这里。现在请同学们感受射击项目的魅力。杨老师带来了两把比赛用枪，一把是手枪，另一把是气步枪。

图 6-5 ⊙ 杨凌带领同学们体验射击

💬 **杨凌：** 有哪位同学想上来体会一下？我们先让运动员把这个准备好，然后让他先做一个示范。我们这位运动员是步枪运动员，他可以做一下步枪示范。这个黑环稍微大一点的，是手枪靶纸，那个小的是气步枪靶纸。这个气步枪就是去年东京奥运会杨倩拿冠军的这个项目。它中间的 10 环现在大家可能看不清楚，待会可以上来看一下这个中间的 10 环。中间的就是这个白点是 10 环，9 环中间的点是 5 毫米，这是 10 环的直径。

我们的子弹是 4.5 毫米直径，也就是把这个子弹放在正中间的话，正好边上留了 0.5 毫米。对，打在正中间是 10.9 环，这是我们最高的环数。杨倩他们在平常如果用靶纸打的话，基本上打 100 发，1 发 1 张，然后把 100 张靶纸摞在一起的时候，基本上隐隐约约从中间能透过光，这就是现在国家队包括杨倩、杜丽的水平。这个水平也是世界水平。

这是手枪，这是缺口，要把准星放在缺口的正中间。上边要平，然后两边留的空隙要一致，我们管这叫平正关系。平正，即把准星放在这个缺口的正中间，平正关系有了之后，保持平正关系的稳定。这么放就是失之毫厘、谬以千里了，肯定是不行的。然后我们这个要晃，为什么要说枪是手臂的延长？就是因为要晃，要整体晃，整体怎么晃都没关系。这时候应用平正关系，用前面的准星对上牙，然后我们瞄准靶心的下

1/2。为什么要瞄准下 1/2 呢？因为靶纸是黑色的，如果瞄准中间，黑色的重叠了，就看不清楚自己瞄准哪里了。因为手枪的 10 环是一个区域，所以枪口在这晃的时候基本上就可以扣了。这靶纸中间这两个圈，里边是好 10 环，外边一圈叫赖 10 环，然后再外边没有字的就是 9 环，再往外 8 环，依次类推。

来，我们试一下。

我们这个手枪是单臂支撑。举起来，基本上从上往下落。在落的过程当中要压住扳机。

图 6-6 ⊙ 杨凌现场指导同学

9 环。手枪不是我的专项，但是因为这个距离比较近，也就 5 米的距离，我基本上也能打 9 环，没准下一枪能蒙个 10 环。因为距离近，这个子弹飞的时间就会短，激光好像没有这个时间的问题，但其实也是有的，但是即使晃动了也比较稳定。这个是我们普及射击用的，包括在校园进行普及的时候使用的一种设备，非常安全。

而步枪的瞄准方式跟手枪是截然不同的，现在我们为了更准确，抛弃了准星和缺口的概念，而变成照门。

照门是中间一个针孔眼，因为离眼睛比较近，所以看着是一个圆。前面的准星也是一个圆，它的中间是一个圆圈。两个圆套住靶纸上黑色的圆，这叫三圆同心，这样就能打出 10 环。这种瞄准方式，因为相对于准星缺口更精准、更准确，所以现在我们所有的步枪都是用照门这个方式来进行瞄准。

这就是试枪过程。我们每次比赛之前都有这个校枪和适应场地的过程，赛前练习都是为了调整枪支。比赛前有 4 次试射机会，不计成绩。你上来先打，打完之后，开始计分。

好，这就是射击的标准姿势，大家看到参加奥运会的运动员都穿一身由硬帆布和皮质混合制成的射击服。因为步枪真枪很沉，大概 13 斤到 14 斤，所以射击服的一个好处是保持枪支的稳定性，因为它比较涩，同时这个射击服是比较厚的，基本上相对比较稳定；另一个好处就是保护运动员的腰，因为射击时有躯干扭曲的动作。

这是移动靶的姿势，但是刚才看到我的移动靶就是无依托。无依托的就是这种姿势。

❓ 同学： 老师，我的枪老晃。

💬 杨凌： 什么时候枪都在晃，但是，一旦你找到这种三圆同心的时候，就要果断击发，不要犹豫。

我们在扣的时候，要食指单独运动，不能猛扣，不能一下子加压，要慢慢地去加，一点点让它往前走，一直高的，握住枪就可以了，不用使特别大的力气。

握枪的时候一定要注意，虎口要正对着这个缺口，然后顺势握过来就可以了。握的时候不要使劲，越使劲越抖，握住了，枪不掉了就好了。在瞄准的过程当中，有一个加压的过程，我们这叫二道火。一道火压下来，再扣，它就响了，慢慢地加压，加到这儿之后，然后你瞄准好了，扣枪。其实我扣的时候，轻轻地，它就响了。

瞄准才正。但是射击很少有闭眼的，因为你闭眼之后，包括肌肉，你的控制，会有一个外因影响。好多运动员有一个眼罩，等于眼睛前有一个夹板挡住，也是正对，因为睁眼本身也是有利的。

希望今天通过对比赛用枪的体验，大家能对这项运动，有一个基本的了解。在 2024 年的巴黎奥运会，希望大家在看射击项目的时候，能想到今天我们玩的这个，对这个比赛有一个更直观的感觉，看起来会更有意思。谢谢同学们。

💬 刘伟： 好，下面请北京大学负责校友会工作的李文胜老师为杨凌老师送上他的书法作品。有请国发院的张宇伟老师为杨凌老师送上纪念证书。

还有一个常规动作，就是给杨老师颁发"冠军讲堂"的奖杯。我们也请杨老师在"冠军讲堂"的乒乓球拍上签名。这个会在我们校史馆留存的。本期讲座到此结束，谢谢。

图 6-7 ⊙ 杨凌和刘伟合影

图 6-8 ⊙ 现场合影留念

THE CHAMPIONS

佟健
为冰雪守候一生

佟健

黑龙江哈尔滨人。中国著名花样滑冰双人滑世界冠军，中国冰雪产业推动者。在运动员时期，他是花样滑冰的"追梦人"，曾参加过 16 届世锦赛和 4 届冬奥会，并在 2014 年索契冬奥会开幕式上担任旗手。

从业三十余年，佟健见证了中国冰雪从无到有、从有到强、从强到引领的过程，面对伤痛与考验，他几经波折最终淬炼成金。他的故事展现了中国运动员在国际舞台上将中华文化与西方艺术完美融通的竞技实力和艺术表现力，并被《华尔街日报》评价为"最优秀的冰上舞者"。

在 2015 年退役离开赛场后，佟健将冰面变成了自己的舞台，成为职业体育的坚实"推动者"。他致力于将中国冰雪产业推向更广阔的领域，通过建立俱乐部等举措，结合"以人为本"的理念，为培养下一代运动员贡献力量，为中国冰雪事业的发展强基固本。

同学们好，我先简单自我介绍一下。我是参加花样滑冰项目最多的运动员，一开始参加的是基础项目男子单人滑，后来是冰上舞蹈，最后跟庞老师一起合作，又练了双人滑。可以说花样滑冰的四个项目，除了女子单人滑确实无能为力，我全都参加过。

我一开始作为专业的竞技选手，多年代表中国队在运动场上参加国际比赛；2000年左右，有幸成为职业运动员；2003年至今，还一直在坚持着职业发展的道路。

图 7-1 ⊙ 佟健和同学们亲切交流

在这个过程当中，2012年我又成为国家队双人滑的运动员兼教练员，后来在冬运中心中国滑冰协会做了副秘书长，之后去2022年冬奥组委做了花样滑冰的赛事副主任，再到后来有了花样滑冰体制外的队伍建设。大家可能也知道闫涵、王一，他们是男子单人滑的运动员，这样年轻的单人滑选手，都是我们的成员。在金博洋奥运会预选赛发挥不是特别好的情况下，闫涵最终拿下 2022 年冬奥会男子单人滑的入场券，这是非常不容易的一件事。

很多同学刚才找我签名了，我很感动。我转业已经有一段时间了，还在推动这个事业往前走。从原来的专业运动员过渡到职业选手，可能有很多同学都不太了解这个过程。在国内，职业运动员还是比较少的，我大概是从 2003 年开始双轨，每年的 4 月到 10 月，都在北美、欧洲进行商业的巡回演出，10 月回到国内进行专业的竞技训练。每年 3 月的世界锦标赛结束之后，我得再一次踏上职业的道路。这种状态一直持续到 2015 年，过程当中确实取得了点成绩。

目前世界锦标赛，中国人参加的是最多的，包括花样滑冰世界锦标赛，到现在为止，我们还保持着吉尼斯世界纪录。我现在也在做相关的申请，即连续十三次获得前五名，这个成绩现在看起来其实是不太容易的。

以往我们看得更多的是运动成绩，拿金牌、银牌，但是把时间拉长了我们再看，其实我们一直是非常敬畏自己这个事业的，也非常热爱。我参加了四届奥运会，分别是 2002 年盐湖城冬奥会、2006 年都灵冬奥会、2010 年温哥华冬奥会和 2014 年索契冬奥会。索契冬奥会上我担任了中国代表团的旗手，那次比赛前，习近平主席也接见了我，我作了相关的报告，汇报了冰雪人对中国梦的一个理解。也是在那一次，听到习近平主席说我们要以举国之力，承办 2022 年冬奥会，把冬奥会带到中国来。

2022 年我们都看着北京冬奥委会成功举办，再一次让世界了解中国。可以说，2008 年是让世界认识中国，但是 2022 年是让世界了解中国，而且这次的开幕式、闭幕式都非常的低调，但在低调当中不乏自信。

01 职业运动员生涯商演经历

罗列了一下我以往的一些成绩，从 2002 年一直到 2015 年。2002 年是我们能够进入国际滑联（ISU）系列比赛，从这一个到最后一个，这些是简单的成绩索引。（指屏幕）这是近 20 年海外的职业商业演出经历。有些同学可能对花样滑冰演出还是多少有些了解，这些演出有很多是在欧洲的，也有在北美的，还有在韩国、日本进行的。

我也是特别有幸在北京大学光华管理学院上了几年的商业课程，这有助于我在市场发展领域接触更多先进的理念。学习到的知识可以说是一部分来自于课堂和老师，一部分是来自于同学们。同学们对我的帮助还是比较大的。北京冬奥会我也没闲着，一直在做相关的推广，希望越来越多的人了解冰雪运动，了解花样滑冰。

在说第一个内容之前，先分享一段我们之前的视频。回顾一下佟健老师以前是做什么的，双人滑是什么样的。

（播放视频）

图 7-2 ⊙ **佟健、庞清参与冬奥宣传**

佟健：下面我挑三个同学提问。第一个问题：佟老师是哪个项目的？我们的礼品也非常有特点，是一个我们中心的口罩，上面有我跟庞老师的签名。这个男同学！

同学：是花样滑冰双人滑。

佟健：这个特别正确！看完了这个以后你要是再说错了，我就太伤心了。我们再问第二个问题：佟老师一共参加了几届奥运会？这位男同学。

同学：4届。

佟健：谢谢你！第三个问题相对难一点：佟老师双人滑换过几任搭档？

同学：您一开始是冰上舞蹈，后来您的搭档因为一些原因不能跟您继续跳了，给您换成庞清老师，一直到现在。

佟健：太好了。佟老师是特别专一的，从来没换过搭档。当中还是有些故事，我们继续。

02 体育人生

一开始我们教练对我们三对是最有信心的，觉得能够带出世界冠军，我们三对其实都不太相信，但到最后还真都实现了。从这个角度来讲，我们教练还真是有非常远大的抱负，而且也给我们创造了非常好的训练氛围。

我们以滑冰内容和音乐为主，分三个阶段来讲一讲我的体育人生。

第一个阶段是"追梦无悔"。从2010年开始，我们就有了自己的计划、理念，包括思想，在选择音乐的过程当中有很多跟以往不太一样的地方。在这之前，2002年中国第一次有三对满额参加奥运会花样滑冰项目，从2002年开始到2006年，我们获得了二、三、四名的好成绩，这对于我们花样滑冰向国际发展，是一个具有里程碑意义的成绩。但是，那个时候国际媒体和舆论说我们是一流的技术、二流的编排、三流的表演。实际上，我们最终取得奥运会金牌，夺得世锦赛冠军，遇到了非常多的难题，就算你滑得再好，以他们的尺度，冠军也可能跟你无缘。

这个过程当中我们想了很多的办法，如何的走出去、请进来。我们跟国际上最优秀的编排团队合作，把我们的一些理念，包括我们的技术，与国际的编排流行趋势相结合；我们把国外的好的编导请到中国来，让他们了解中国文化和中国音乐，以这种融合方式，逐渐地去探索适合我们的发展道路。到2010年，我们终于实现了从技术到编排到表演，从无到有、从有到强、从强到引领的这么一个变化。

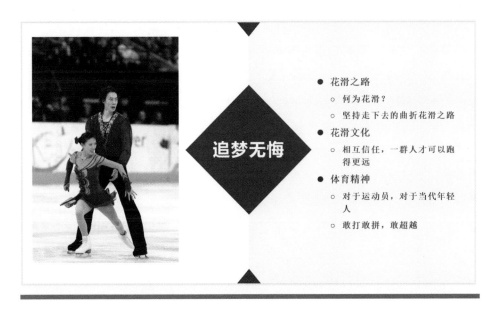

图 7-3 ⊙ 佟健的追梦历程

　　第二个阶段是"我曾有梦"。这是在 4 年之后，我作为花样滑冰的承前启后者，肩负带头人、引领者的使命。到 2015 年，我们第一次参加在中国举办的花样滑冰世锦赛。这是体育人生中梦想实现的重要环节。其中最艰难的就是我的花滑之路。何为花滑？最早我开始接触花样滑冰的时候，我就不喜欢有人滑在我前面，想要比其他人滑得快。但是，学了一段时间之后发现不是这么回事，不但要滑得快，而且还得会跳；会跳 1 个跳还不行，要会跳 6 个跳；学完了旋转 1 周还有 2 周，学完 2 周还有 3 周，学完 3 周还有 4 周；一开始是直立转，后来有蹲转、雁式转，还有联合转。这些都会了还不够，还要把它们都结合在一起，在冰上翩翩起舞。

　　所以，我对花滑的认识也是跟现在很多年轻的小选手是一样的，都是从一开始的兴趣爱好到逐渐地去了解花滑。这个过程当中，确实经历了很多理念上的不断迭代和更新，我依然坚定信念，在这条曲折的花滑之路上走下去。这么多年来经历了这么多专业训练，参加了这么多次国际比赛，要说没有崩

153

溃过，那是不可能的。今天咱们时间有限，我就讲一个故事。

在 2010 年温哥华冬奥会之前，我情绪就崩溃了。因为训练强度太大了。平时我们训练的强度，如长节目训练，一周大概有 4 套全套的训练，每一套节目滑完了之后，即刻的血乳酸都是非常高的，胳膊很酸，抬都抬不起来。一周滑 4 次。每次心跳除了前面的 30 秒，30 秒过后，就达到每分钟 190 次，大概就是这样的一个强度。但是，2010 年我已经拿到世界冠军了，只是没有奥运会奖牌，所以特别希望能够有一块奥运会奖牌。

为了这块奖牌，在比赛之前，一周甚至滑了 6 套全套节目，这么大强度的训练对身体恢复来讲是非常具有挑战的。于是就在出征之前，所有的动作都做不了了。当时感觉天都塌下来了，为了我的奥运梦想，为了能够在奥运会赛场上代表这一代的冰雪人，这一代的年轻人，在国际舞台上彰显我们的个性与能力，我努力了那么久，但是马上就要上场，却发现自己是个废材！实在接受不了。

当时感觉前面的路灰蒙蒙的。我就不练了，把自己关在小屋里不出来。我们教练、领导来做我工作，给我打电话，发信息，敲门，我怎么也不出来。后来一件非常小的事，让我的思想发生了改变。

庞老师给我写了一个小纸条，从门缝底下塞进来，内容大概是："不管怎么样，我们准备了 4 年的奥运会马上就要来了。其实这一年我们做得还不错，也确实不错。在那年之前的两站世界大奖赛分站赛的时候，我们都取得了冠军。在总决赛上中国队是第一第二，德国——我们的主要竞争对手是第三，态势非常好。在这种情况下，训练得有点崩、有点过，但是期待了 4 年的奥运会马上就要来了，给自己一次机会。"

我看了这个小纸条，心里挺高兴的，一方面把自己封闭起来，确实有点冲动，另一方面也希望有人能够给个台阶下，正好这个时候庞老师说得这么中肯，我当时就很感动，开了门开始吃饭。吃完饭之后，马上还有三天就得出发了。我们没有选择立即参与训练。我跟庞老师去看了电影，看完电影之后，两人又一起吃个饭，调整了一下心情，以这种状态踏上了 2010 年的冬奥会征程。

这个经历今天也跟同学们分享一下，我们是如何在这么艰难的花滑之路上坚持下去的。人的成长过程也是类似的，一定是身边的人在支持你，再坚强的人也有软弱的时候，但是只要目标是正确的，再艰难都会过去。

图 7-4 ⊙ **佟健为同学们认真介绍花滑**

第三个阶段是"互相信任"。刚才我大概说了一下花滑文化的走出去、引进来，还有一个就是相互信任，一群人才能够走得更远。我的实际情况就是跟庞老师相互信任，这个其实挺有意思的。为啥佟老师没换舞伴？不是我不想换，是教练不让。最早的时候我挺厉害的，滑行也好，因为我以前做过冰舞运动员，我的滑行和表演都非常好；我还做过舞蹈演员，所以舞蹈与滑行都比庞老师好一点。那时候我总觉得庞老师拖后腿，一直想换舞伴，但是国内比庞老师优秀的真太少了，可以说没有。这样就没换成。为了取得好成绩，我就想调动庞老师的积极性，比如编排的时候、训练的时候说："今天跑跳结束了之后去接托举这个动作，我觉得不舒服，你觉得怎么做舒服？"类似这样的问题。庞老师一开始不理我，因为以前都是我主导训练，我说怎么做就怎么做，都是由我来引导训练，包括训练节奏。但时间长了不行，因为两个人在一起，你一个人再强，也不能够代表你这一组都很强，我们要弥补短板，要把庞老师的积极性调动起来。

那个时候我就明白了一个道理，你一个人跑得再快也没有用，队友还在后边。后来，庞老师逐渐就加入到提建议中来了，一开始提 10 个建议，可能只有半个是有效的，到了后来她提 10 个建议，可能有三四个是非常好的，这让我意识到每个人的能力都是需要被挖掘的。

所以说在团队当中，你自己再好，一定要团队其他人状态也好；其他人状态不好的话，你这一组的能量，包括你的思维的维度以及你想象的内容都不是完备的，需要所有人都参与进来，这样你最终的效果才可能是最好的。

从体育精神这方面来讲，我觉得拼搏到后来才会对体育精神有一个全新的认识，包括现在，我对体育精神又有了更深刻的理解。对于我来说，体育精神正是现在社会需要的。当年我们教练参加世界锦标赛、奥运会，没拿到好名次，但还是坚持下去，不屈不挠，这就是体育精神。

今天我们很多同学都知道，那个年代的冰雪人实际上是从无到有，而我们是从有到强。首先就是不放弃，我们从技术上先有所突破，接下来在文化融合上也没放弃，不断地在融合、在发展，到 2010 年，我们就真的是从强到引领了。到现在，2022 年冬奥会，我们的双人滑也取得了金牌。我觉得花滑人的体育精神，其实正是现在中国发展所需要的，中国需要你们在座的年轻人，你们都是人中龙凤。在对体育精神理解的前提下，在未来将之投入到社会发展创新过程当中去，能够将体育精神在生物医学、计算机等各个行业发扬光大。我们都不放弃，我们都在追求，我们都在寻求突破、寻求创新。

未来，国家的发展，包括民族的发展，以及国家在国际上的话语权等，我觉得只要有体育精神，行行业业都有未来。所以，从追梦无悔这个角度，我还要跟同学们分享的是，你为了梦想去付出，但到最终不一定能实现梦想。我还是比较幸运的，实现了奥运的奖牌梦想。尽管有很多人在这个过程当中，包括我的队友、同学，可能没有走到最后，但是体育的经历，我们向死而生的这种态度，才是最重要的，我们去追求梦想目标的过程，是绝对没有任何怀疑的。虽然梦想没有实现，我们也能够坦然接受这个结果。这就是我们追梦无悔的核心要义。

03 我曾有梦

这是从只看重个人的得失，到在意项目团队得失的一个转变。在 2010 年之前，可能我们看到更多的是自己在运动场上所取得的成绩。2010 年过后，组织找我们谈话说，要通过你们的训练投入，让更多的年轻运动员感受到他们身上的责任，在国际赛事中取得好成绩。

我们义无反顾地留在了国家队，不断参加国际比赛，取得好的名次，为的就是能够让更多的年轻运动员有机会在国际舞台上崭露头角，包括那个时候的韩聪、隋文静；金杨、彭程；于小雨、张昊这几对。

图 7-5 ⊙ 佟健手持国旗走进奥运会赛场

那个时候确确实实全身心地投入职业的发展，去做对行业、对团队有益的力所能及的事。在还是年轻运动员的时候，是没有这个感悟的。到了 2014 年冬奥会，作为旗手的我手持五星红旗走进奥运会赛场时，难以掩饰激动的心情。我觉得中国的体育在发生改变：金牌虽然非常重要，但是我们已不是唯金牌论，而更在乎我们的付出、我们的不放弃、我们的拼搏。这种体育精神正在引领新一代的冰雪人、体育人以及全社会。

04 为你守候

这也是很有意思的一个话题。2014 年索契冬奥会结束之后，我跟庞老师去参加职业演出去了。有一天在维罗纳——莎士比亚笔下罗密欧与朱丽叶的故乡，一个欧洲人说，他们没看过东方人表演爱情故事，还问中国人有哪些爱情故事。我们说特别多，有神的有鬼的，还有真人的，你想听哪一个？他就觉得特别神奇。

他说这一次希望由我们俩来演出罗密欧与朱丽叶的选段，那也是东方人（指花滑）第一次演绎西方的爱情故事。我们能够代表东方人在舞台上演出，再次证明了我们不但在技术上很强，而且在艺术上和文化上也有了长足的进步，得到了国际的认可。

演出结束之后，庞老师跟我说想去威尼斯度假，然后我们就去了。那个时候好像还没求婚，有一天晚上她特别严肃地对我说："有个事要跟你商量一下。"当时我也很担心会是什么事，后来她跟我说："我想回去参加比赛。"我的第一个想法就是："我们坚持了这么多年，已经完成了我们的使命，到现在可以开始享受生活的时候，你却要回去跟那些年轻运动员一起练？这是怎么想的，取得成绩还好，没有成绩，脸上都没面子。"

我跟她说了很多顾虑，但是她说的一点非常打动我，她说："我们参加了 15 届的世界锦标赛，都在国外，2015 年我们终于有一次机会能够在自己的国家参加世界锦标赛，这是多么难得的一件事。"

以往中国没有（花滑）国际赛事，通过我们教练的努力，通过深远规划，我们在国际舞台上取得了这样的成绩和长足的进步，所以在 2003 年我们开始有了中国杯世界花样滑冰大奖赛的一站，到 2015 年我们终于获得了 ISU 的认可，把非常重要的国际 A 类赛事放到了中国。再到后来我们成功举办 2022 年冬奥会，一路走来都彰显了我们国家国力的增强，以及这一代年轻冰雪人在国际舞台上的拼搏和努力。

当时我俩毅然决然地把接下来所有的商业演出的合同都取消了，回到国家队去备战。2015 年世界锦标赛在上海举办，我俩最终还是在这个比赛的领奖台上结束了竞技生涯，这个对我们来讲意义非凡。

除此之外，选择"为你守候"作为主题有两层含义：一是为花样滑冰守候；二是为彼此而守候。我们俩未来的发展也决定了我们的职业为花样滑冰，为彼此守候。也希望这样的理念能够让更多的人知道，"择一事，终一生"，我们要以这种决心把这个事业做好。

我们两人参加了 16 届的世锦赛和 4 届的奥运会，从事花样滑冰 30 多年，我们对花样滑冰是有情感的，也希望通过我们的努力能让花样滑冰在中国快速地发展。第一个做的是公益课，做了 36 期，没有考虑其他，就是"传递"。其实我们 2010 年就有这个想法，从 2014 年索契奥运会结束了以后，这个目标就越来越清晰。

我们站在前人的肩膀上，所以要将最真实的这种感情带给孩子。有一个 4 岁半的小男孩，我问他是第几次滑冰，他跟我说："老师我是第五次上公益课，你看我现在会后滑了。"其实我那时候就知道他已经爱上冰雪了。他说："学花滑特别好玩，越滑越带劲。"

这是以后体育运动选材的一个新的开始，也给小朋友多了一个选择。报名参与有 3700 个学生，120 个进行了冰上技能学习，参演人数是 90 人。

表演有很多形式，但是做剧目更像是一个文化的传承，做这个事难度非常大。这些小孩并没有表演的概念。他们精力太旺盛，经常一遍一遍地排练，但是他们能找到自己的乐趣。做运动员的时候，可能更多的是操心我们两个人，但是推广不一样，可能涉及更多的人。

作为运动员站在赛场的时候，我们身上的灯光是白色的，但是我们离开赛场后重新回到冰面上的时候打在我们身上的光是彩色的，我们可能在

图 7-6 ⊙ 佟健对青少年进行教学

2022 年的时候不会去成为赛场的一个焦点，但是我们希望通过努力来帮助越来越多的小朋友，能在赛场上、舞台上实现他们的冰雪梦想。

我特别喜欢最后那句话——虽然我们离开了这个赛场，但是我们从未离开这个舞台。

05 人生体育

从人生体育这个角度来讲，我觉得可能每个人都有作为专业竞技选手离开赛场的一天，但是我们如何去面对下一段人生，那是不一样的。做专业运动员的时候，我们就是两点或者三点一线的生活和训练。因为我们有使命要去完成，那个时候的人生价值是非常明确的。

一旦从赛场上下来以后，虽然有非常好的生活，我跟庞老师努力这么多年，生活肯定是没问题，可以无忧地参加国际上的任何商业活动和演出，但这时候，我们的人生目标就发生了非常大的变化，这是你的第二个人生目标，不做竞技选手，不再代表国家去参加国际赛事，你的人生价值在哪里？

当时我们就想，如何在离开赛场之后，还能够为这个行业、为社会、为自己找到一个支点，还要不断地拼搏和努力。

各位同学，不仅仅现在学习的时候要努力，关键的是，在你们步入社会之后，如何把这种不放弃的创新精神继续坚持下去。我觉得这是非常重要的。

人生体育这块，主要是我们从专业竞技选手、职业选手向行业的参与者的转变。就这三个内容我们来粗略地讲一讲，第一个是庞清佟健冰上艺术中心是如何落成的。

06 "爱滑冰"公益课

2015 年，我们做的第一件事其实就是公益课，到现在我们已经做了 67 期，庞清佟健冠军公益课到现在还有。同学们如果感兴趣的话，以后可以参与。如果你备注说今天晚上听过课，我可以优先选你，因为每次都是大几千人参与，我们在当中选择一些比较有代表性的，给他们提供体验的机会。我们刚开始步入这个行业的时候租了一个冰场。这个冰场之前经营不善，我们用的专业技术以及行业的发展理念，用了半年就把它重新盘活。当时在行业当中很多人都说我们不专业，我也觉得我不太行，所以那个时候去光华管理学院进修，学习了宏观经济、微观经济、财务以及品牌价格等，对我来说都是全新的领域。

很多我们的同学都是企业的高管，甚至董事长，他们天天见我就说："佟健你最认真，一直不断地在学。"那时候对知识的这种渴望是不能想象的，也是从那个时候开始，我确确实实不太想接受失败，这同中国运动员的精神是一样的，从不放弃。

你说我不行，我就得让你看一看。那个时候学到的知识和经验给了我极大的帮助，包括人力资源、组织架构、品牌的使命和愿景，以及我们先做什么后做什么，等等。之后，我们觉得当时我们租赁的场地无法彰显行业未来的发展前景，所以我们重新选址，建了庞清佟健冰上艺术中心。

现在来看，这个冰上艺术中心是全国最好的俱乐部之一，我们能够提供体系化的空间服务、培训服务以及娱乐服务。在这个体系当中，从陆地训练到冰上训练，从力量训练到舞蹈训练，我们都有，这确实不容易。

这也把我从一个专业选手硬生生地变为一个"包工头"。以前不知道建筑知识，不知道动线图设计，以及灯光、管路、网络如何安装，在那一年全都学会了。我们真的是跟着中心一路走过来的，就是实干。我们可能不是专家，但是秉持着这种尽心尽力的态度，哪怕最后失败了，起码这个过程当中我们有了非常好的历练。在团队建设和精神投入这方面也是一样，要相互尊重。这个和当时跟庞老师的合作是一样的，要激励大家共同参与进来，共同把这个事做好。

我们的"爱滑冰"公益课，在全国都在做，北京做得最多，2022年之后我们要持续做下去。受众群体也很多元，这当中有优秀的少先队队员，也有得唐氏综合征的群体，还有像消防员、留守儿童、各民族的青少年等，都有涉及。我们希望冰雪不要有太多的壁垒，能够让各个群体都参与进来。

图 7-7 ⊙ 冰上舞剧《We Are One》

这个就是我们做的冰上舞剧《We Are One》，跟北京冬奥会的主题"一起向未来"是一致的。我们希望通过花样滑冰这样一个特殊的项目，运用让欧美这些国家都能够接受的展现形式，把我们中国人的善良勤劳、友善好客的品质传递出去。我们从原来的舞台式演出转变为剧目式，变革是非常大的。我在国外经常参加的是舞台式的，全都是专业选手，每个人都有自己的绝活，大家组合在一起。而冰上舞剧是在清华附中的演出之后，我们又做了一个文武结合的，这个很有意思。我们一共演了 5 场，现场说台词。这对我来讲还是非常有挑战的。

07 创新创业，守候传承

我和庞老师特别幸运能从专业运动员转到职业运动员，国内大多数人都没有这样的经历。不是说我转业了之后我就不用职业训练，不是这个概念。我们国内现在还没有职业化的这一部分，我们是希望让更多的人能够参与进来，而且能够把上升通道打造好。就像刚才刘伟老师和我在上课之前交流的一样，让孩子从小学、初中、高中到大学，一是能够持续学习他们的体育技能，二是让他们能够通过体育的价值转化，未来为社会贡献力量。

简单说就是两个体系：一个体系是以人为本的发展思路。就是说我们怎么让青少年参与到体育运动当中来，并且通过这样的参与让他们身体健康。第一，要身体健康，天天跑跑跳跳。第二，要心理健康。如果你的心理承受能力非常强，抗击打能力非常强、非常坚忍，无论以后遇到什么样的挫折，其实都不是事。这个对青少年的影响是非常大的。第三，就是我们一定要通过体育比赛以及学习对规则有认同感，即不管做什么都是有规矩的，创新也不能是完全无底线的，是没有信仰的，这肯定是不行的。现在要做的就是把体育的阶段性价值变为长久价值。学完了之后，在未来能够以此融入社会，最起码能够在社会当中立足。这就是我们的使命与愿景。

另一个体系是职业化发展。从培训到赛事再到文化输出，以及我们的演出，它得形成一个成熟的体系，让更多人能够从学习技能转化成为市场化的一部分。

08 一起向未来

最后说一说关于"一起向未来"。首先我觉得现在社会的发展，真的是把体育又重新提到一个非常高的位置上，确确实实我们每个行业都需要有体育精神。青少年需要，在座的各位同学也需要。我现在经常听说"内卷"很厉害，社会上的挑战很大，但作为运动员，我们不存在"躺平"的概念，任何时候都不能放弃。我希望你们每个人都能够有体育精神的支持，在未来踏入社会后去贡献自己的力量。

从冰雪体育产业发展来讲，它是社会经济发展到了一定时候的一种需求。对于科学技术，我们可以弯道超车。举个简单的例子，像欧美国家信用卡用了这么长时间，而我们已经基本上用数字移动支付，完成了弯道超车。但是从人的精神层面的需求上来讲，比如对体育运动的一种体验和参与感，它是未来发展过程当中必须有的一种精神需求，我们就不能走捷径。

第一，随着我们国家的经济发展以及国际地位的提升，我们也逐渐能够满足冰雪全产业的要求了。以前我们去滑冰的时候，为了早上冰晚下冰，要去满洲里，因为只有那里有 4 级冰。但现在，4 级冰是非常好实现的，在技术上已经有突破了。

第二，我们的装备也在不断突破，所以说冰雪体育产业的发展促进了整个社会产业链的强大，从场地、大型设备到人员素质培养，还有提供的服务。比如我们想滑冰，首先得有个冰场，得有 4 级冰，还要投入大型设备、冷冻设备、浇冰设备以及相关设施等。

第三，舞蹈编排、服装设计以及制作，你得有；参加比赛的节目编排以及制作，将来的团队，你得有。它是一个体系的发展。

随着北京 2022 年冬奥会的成功举办，社会对体育的认知发生了转变，现在已经不再只是为拿金牌了。我们这次看到苏翊鸣，包括其他年轻运动员，赛后的采访和我们当时完全不同了，不再是苦，他们不再说只有眼泪、只有心酸，他们非常享受比赛，而且传递出非常有激情、有活力的声音。

现在很多人都问，是不是也要让孩子去滑雪、滑冰？我觉得这个就是社会对体育态度的变化。未来，冰雪运动一定会随着北京 2022 年冬奥会的成功举办而有一个更快速、更健全的发展。谢谢各位同学和老师，谢谢大家。

点评

刘伟：谢谢佟老师。通过佟老师的分享，我们了解到他的责任和使命，不仅之前他代表中国队摘金夺银拿了很多冠军，而且在转型之后，还继续传承体育精神，把花样滑冰的项目普及开来，我觉得非常值得大家敬佩，让我们用热烈的掌声对佟老师的讲座表示衷心的感谢。

下面我们进入互动提问环节。

⁇ 同学：我从 2012 年开始看中国花滑的比赛，从小学二年级到现在是大学二年级，正好看了 12 年。我有一个偏向技术型的问题：在 2019 年前后，国际滑联对花滑打分进行过一次大的改革，就是 2.0 模式的打分规则。在新的打分规则下，哪些是对中国有利的？或者针对打分规则，我们该如何培养未来的花滑梯队？

⁇ 佟健：从这个规则来讲，从 2003 年 6.0 打分系统到了现在这种量化打分系统，其实一直在改变，大概短的时候每一年就会调整一次。这个改变实际上是鼓励更多的选手去做更加成熟的动作，也就是说现在做成熟动作，会有更多的加分，其实这也是对成套动作的一个平衡。但是这样的打分有好也有不好，对某些项目是好的，但对技术进步还是有一些影响的。像双人滑，在 2014、2015 比赛年度，这个时候已经开始有抛 3 周半、抛 4 周碾 4 周，那时候很普遍，但随着规则的改变，有更多选手选择了比较稳定的三周跳，包括单跳。

这次冬奥会也一样。双人滑项目的技术进步并不是特别大，主要是成套的表演，包括与音乐的配合、人物塑造这方面。但是，女单男单就有了长足的变化，这样的变化实际上都是动态的，它跟中国花滑的未来发展其实并不是特别相关，它是对整个行业的引领。

对于中国花滑整个的发展，就像当时我解说的那样，其实现在咱们需要解决的是教练员团队的打造，像俄罗斯的教练团队，他们有老中青三代。

第一，越是老的教练，他对体育，包括对人生的认识是不同的。他在选材的过程当中，他在施教的过程当中，肯定是比我们这些年轻的教练员有更深的理解。比如，我们的教练姚斌，如果他重新再回来执教的话，对运动员的选择，教练团队的选择，肯定会有自己的看法。

第二，我们人员选拔的渠道得拓宽。我觉得刘伟老师非常的伟大，能够在乒乓球项目上给很多选手提供晋升通道。在未来，像校园体育的选拔以及校际联赛这种竞技队伍的建设，可能都会为体育后备人才提供更多的通道。

我们现在的场地，包括科技保障、医疗保障、营养保障等，基本没问题了，接下来就是我们人员团队的打造,从教练员到学员到后备人才渠道的输送。所以你提的这是一个大问题,这个问题实际上应该提给现在花滑协会的主席,我就是表述一下我自己的一些看法。

图 7-8 ⊙ 现场举手提问热情激烈

❓ 同学: 谢谢佟老师。我是北京奥组委的在职实习生,在指挥部工作,过去的这半年我们在参与奥运、享受奥运,而奥运的本质就是要影响一代人。我想问的是,我们在推动冰雪运动的时候,可能一些现实的条件,比如地理因素,北方有雪,南方可能没有雪,可能通过一些您提到的技术就可以去实现,但是还有参与这些运动的成本问题。我们都知道去滑一次雪,可能出装备、门票费就要两三百,也许冰上运动会少一点。所以,在我们推广冰雪项目的时候,需要注意什么,或者说需要从哪些方面去推动它?在您看来,作为一个冰雪行业的从业者,您开公益课是一方面,但怎么去吸引更多的人来参与?这是我想问的问题。

💬 佟健: 我觉得你这个问题是复合型问题。第一,我们先说这个价格,就像刚才我所说的,现在的冰雪运动不像我们平时的跑步、踢球,它整个的体验一定是根据国家的经济实力,包括地区的经济发展。你看现在冰雪运动的发展,在经济比较发达的地方是做得比较好的,像北京、上海、深圳有室内冰场,就有很多人参与,但是它确实还是有一些门槛的。比如我们跑步，穿着鞋就可以出去跑了，有的时候花大几千块钱买点装备就够了；冰雪运动就不一样，还是要有一定的时间，有一定的经济基础。

第二，从体育的社会属性来讲，我们现在体育的用地，包括相关的政策，还不是特别的清晰。比如，体育场馆的投入一定是大投入、收效慢。这个过程当中有没有一些社会资源，包括政府的一些资源能够释放到社会的服务层面？所以，我觉得这是一个比较复合的问题。但是，随着 2022 年北京冬奥会的成功举办，种子肯定是种下了。我们现在要做的其实是一个模式创新的过程。在这个过程当中，我什么都做，培训也做、公益课也做、文化也做。为了能够让更多人知道，冰雪职业化发展大概这么几个环节，比如这些产业，大家可以参与进来，对冰雪文化演出比较感兴趣的，可以参与这部分；对青少年培训比较感兴趣的，可以参与这一部分；对场馆运营比较感兴趣的，或者是对衍生品比较感兴趣的，可以参与这些部分。

我们属于先行者，虽然以前我们确实从技术上、国际事业和未来发展方向上都接触过，但是在国内去做这件事，还是要跟我们现在的国情，包括社会的接受度结合在一起。比如我们以前只做巡回演出，全是专业选手，现在已经变成三个层级了，还有 5 岁半到 10 岁、11 岁到 16 岁的孩子们，这是我们主要的群体。这些孩子滑得怎么样？他们其实刚开始会滑，我们还编排了一些动作是在冰上连滚带爬，但是依然能够引起大家的共鸣，这就是一个行业发展当中人数逐渐增加的过程。现在像我们的体教融合，包括现在奥林匹克冰雪特色项目计划的实施，在未来如果有校际高水平的人才和校队，我想这个群体会越来越多，它会从一个兴趣爱好变成一种刚性需求。我们也希望这一天早点到来。

❓ **同学：**谢谢老师，请问，您在编排花样滑冰节目的时候，会根据对手的水平来编排自己的节目吗？

💬 **佟健：**我明白你的意思。每 4 年是一次大的调整，我跟庞老师的策略是，奥运会这一年一定选择自己比较擅长的风格，比如我们俩比较适合古典风格，在奥运会期间，我们就选最适合我们的，但是奥运会结束后，2022—2023 年度，我们可能会选择一个比较有挑战性的风格，这样会让你的冰迷看到你另外的一面。所以一般情况下，非奥运周期我们去尝试不同的风格，奥运周期选自己最好的风格，当然要看对手的节目安排，但即使这样对你的风格影响并不大。比如，我们当时跟德国队比，他们的现代表演风格比较新颖，而我们是比较古典的，观众的心态是这样的，不管你是 a 风格还是 b 风格，都有你自己的特点，关键是把你最好的一面展现出来。

同学： 老师你好，我顺着前面的问题继续往下问。我想问，我们国家花滑项目的选材是怎么样的一个渠道和上升的空间？

佟健： 现在还是非常开放的，不管你是来自于业余、半专业还是俱乐部，只要是你的技术能力能够代表国家现在的发展水平，就可以进入国青队和国家队。已经有很多北京的学员、上海的学员进入国青队的序列了，包括女子单人滑选手也进入国家队了。虽然已经进入国家队，但是最终我们的参赛人数、参赛名额还是没有这么多，所以说在本次奥运会我们只看到男子单人滑一位、女子单人滑一位、双人滑两对、冰舞一对这样的展现，但实际上，现在我们的国青队和国家队已经有像我们俱乐部的学员，以及半专业的学员了。只要有能力，肯定能够通过比赛脱颖而出的。

刘伟： 我也提一个问题。刚才看到佟老师跟庞老师最后走到了一起，我联想到我的搭档王涛，我跟王涛曾经是三届混合双打的冠军。我就想问佟老师，你认为你们两个人配合的最高境界是什么？

佟健： 我觉得最高境界就是彼此理解、相互鼓励。我如果埋怨庞老师的话，她肯定也埋怨我，因为每个人的状态都不一样。刘老师也知道，赢的时候我们共同去迎接这样的成果，但失败并不是大家想的，只是确确实实状态不是太好。我们俩到后来已经到了相互调侃的状态，没滑好，失败就失败吧。2014 年索契冬奥会结束的时候，记者对我说："佟老师，你看这次又没有奖牌。"我跟他说："没有奖牌，起码我还有庞老师。"

刘伟： 你可以这么说，我不能这么说。因为曾经就有个记者问我："你如何看待你跟王涛的关系？"我当时想了想："战斗友谊。"我为什么提这个问题给大家思考？因为我们在未来的工作当中，或者说现在的学习小组当中都会有搭档，如何对待和看待自己的搭档，非常重要。

当时跟王涛配合之前，李富荣就问王涛："女队这么多冠军当中，你愿意跟谁配？"他说："我想跟刘伟配。"当然之前谁都不知道。女队这边张教练就问我："男队这么多冠军，你最想跟谁配？"我说："我最想跟王涛配。"这事是后面才知道的。这种选择一旦确定之后，再碰到困难挫折，跟王涛都过不去的坎，还想跟谁能过去？这种信任你一旦选择了之后就要坚定不移地走下去。我跟王涛后来配合了 7 年，世界锦标赛两年一次，拿了三次冠军，三连冠。我理解的配合的最高境界，不是心有灵犀一点通，而是心有灵犀不点通。不用说，他的一个动作一个眼神，甚至接下来他将要怎么样，我都心领神会。所以这也分享给大家，希望大家对待自己的搭档、同伴，要给予更多的信任，谢谢大家。

佟健： 相互信任，彼此支持。这是在团队配合当中非常重要的。其实我们在平时训练的时候，这三对搭档的水平都很接近，但是我们从来不会私底下去做一些拿不到桌面上的事，我们这个是争而不破，争而不同，实际上也是得益于教练给我们创造的团队氛围，每一对组合都能发挥自己的特长。特别感谢刘老师刚才的分享，谢谢。

刘伟： 下面我们用热烈的掌声欢迎佟老师给我们秀一下如何空转。

图 7-9 ⊙ 佟健现场为同学们演示花滑动作

佟健： 说实话，有很多同学特别着急，在做空转的时候老想转起来但又转不好。这就像我们小时候学步似的，要一步一步来。今天我们现场就选两位同学，我教他们从 90 度跳到 180 度再跳到 360 度，完成一周跳，这个过程当中大家可以知道空转是什么样的一个动作。选一位男同学和一位女同学，有代表性。你们先 90 度跳，一个 90 度跳也比较简单，我们左手左脚在前，但是左脚点地。我们 90 度的试一下，跳起来再 90 度，再 90 度，落冰。你们上来复习一下。下一个动作是 180 度了，来试一下。自己做自己的，看起来还挺清楚，我往后一点，你应该能做得好，你看我在后边看着是 180 度的外观，再来一下，差不多了。

　　其实空转就是要一点一点地，今天我们时间有限，再给你们一分钟时间练习，我们 360 度就是这么快，我们按照这个速度都能进国家队了。其实旋转就是胯和肩的这些动作，胯动身体就转动，它还是有一定的技巧的。有些同学自己滑一滑就行了，但是要真正去训练，还是要有一个体系，这种训练体系实际上能够保护你的安全。各位同学，我们就简单地感受一下就好。

　　❓ **刘伟：** 再次感谢佟健老师！下面请国发院的张老师给佟老师颁发纪念证书。这是为我们讲座嘉宾准备的，送给佟健老师的为冰雪守候一生的奖杯。接下来请佟健老师在大球拍上签名。

图 7-10 ⊙ 讲座现场合影

THE
CHAMPIONS

任子威
银色冰刀，金色梦想

任子威

黑龙江哈尔滨人，中国短道速滑运动员，冬奥会短道速滑冠军。

2014 年 3 月，首次参加国际比赛并获得世界青年短道速滑锦标赛男子 3000 米接力冠军；10 月，入选中国国家短道速滑队。2016 年，成为中国队第一位世界青年短道速滑锦标赛男子全能冠军。2018 年，获得平昌冬奥会短道速滑男子 5000 米接力亚军。

2021 年，相继获得短道速滑世界杯日本站男子 1000 米冠军、短道速滑世界杯匈牙利站男子 1500 米冠军以及短道速滑世界杯荷兰站男子 1500 米冠军。2022 年 2 月，获得北京冬奥会短道速滑男女 2000 米混合接力冠军、短道速滑男子 1000 米冠军。

各位小伙伴们好，我是短道速滑运动员任子威。今天说实话有点紧张，可能我擅长的是运动，对着这么多人说话，大脑感觉一片空白。今天也不是讲座，只是跟大家交流一下，大家有什么想问的可以随时问我。

今天主要从三个方面跟大家交流：第一，介绍一下短道速滑这个项目；第二，简单说一下我的人生经历；第三，和大家分享我从冬奥会中获得的一些感受。

01 短道速滑成绩——硕果累累

首先说一下短道速滑。短道速滑起源于加拿大，它于 1981 年被正式列入中国体育竞速项目。1988 年，李琰老师首获冬奥会奖牌，她后来成为我们的功勋教练。

我们短道速滑队和乒乓球队还有跳水队都是梦之队，只不过可能因为我们是冬季项目，相对比较冷门一些，但我们也是有着自己的传承的。2002 年冬奥会，杨扬拿到我国冬奥会上的首枚金牌，这是我们这个项目的一个突破。从 2002 年开始一直到 2022 年，我们每届冬奥会都有金牌入账。我们这个项目变数非常大，这圈你是第一名，下一圈你就可能变成最后一名；这圈是最后一名，下一圈你也会突然变成第一名，这当中有很多不可控的因素，我们也打过非常艰难的战役。

2018 年平昌冬奥会上，我们就打得非常艰难，包括这届北京冬奥会也是如此。但是，再艰难的情况，我们短道队也是挺住了，打下来了，没有辜负大家对我们的期望。

2010 年是中国短道速滑队的巅峰时期。女队的王濛等，那个时候包揽了短道速滑女子项目的所有金牌。2022 年冬奥会，我一共获得了 2 金 1 银 1 铜。短道混合 2000 米接力是我们整个中国代表团的首金，那场比赛打得非常的艰难，半决赛时我们发生了失误，其实那个时候我的第一反应是肯定要挨骂了，背好背包，回去准备 1000 米的比赛吧。但是，回放的时候看到我们被判进入决赛了。决赛我们是最外道，大家也看到了，当时我们是一步一步超越别人，最终到了终点线。这就是一种破釜沉舟的状态。

图 8-1 ⊙ 任子威在冬奥会上的飒爽英姿

　　紧接着李文龙、武大靖和我，我们三个人参加了 1000 米速滑决赛，我拿到了第二枚金牌，整个过程也是非常的艰难。跑了两枪，最后的冲刺也是，我现在一想到都觉得累。这之后有个趣事，我的状态其实是完全可以去冲击第三块金牌的，因为我的 1500 米世界排名第一，所以最有实力的项目也是 1500 米，但是我这人性格是属于那种谁也不要给我压力，大家不要关注，当我是透明人就行。

　　1500 米这个项目是一轮一轮地去打的，但是我刚刚比到半决赛，就在想决赛我要采用什么战术，怎么去冲击金牌。结果我失败了。其实不要多想没有发生的事情，应该脚踏实地地把当前的事情完成好。这次就是给了我一个教训，也是一种经验之谈。

滑冰的时候，我得穿着鞋不能摔倒，但其实我们这个项目摔倒是很正常的。我们天天就是在练蹬冰，而且冰面很滑，百公里加速极快，非常危险。大家刚才在视频里看到，我们经常会摔倒，而冰刀又是非常锋利的。我们10年前穿的是连身服，特别危险，像线衣线裤似的，冰刀一划一个大口子。参与这个项目也会有非常严重的伤病，如伤到大动脉等。但是，现在科技越来越发达了，从冰刀再到我们的防护装备，包括连身服，都相对比较安全了。尽管如此，我们还是会受伤，所以说我们还十分需要注意控制伤病，这也是训练很重要的一个点。

02 竞技体育的魅力

我是2004年，7岁不到的时候开始滑冰的。我出生在哈尔滨，在我们东北，学校操场冬天都会成为冰面，随便泼一泼水就变成一个冰场。哈尔滨所有的小学都会浇冰，然后我就去溜达地玩，觉得挺有意思。上初中之后学业越来越繁重了，到了初三、初四（哈尔滨是有初四的）学习有点跟不上了。当时在学业和职业方面我得作一个抉择，加上我特别喜欢、特别享受在冰上飞驰的这种感觉，最终我选择从事这个职业。结果第一场比赛腿就摔骨折了，之后通过休养恢复到巅峰状态，但又摔骨折了另一条腿，这下两条腿算是扯平了。

那个时候，家里人尤其我妈妈叫我不要练了，谁也顶不住连续两年在床上躺着，什么都干不了。我是滑冰的，要靠腿去蹬冰，需要练腿，而不是天天练上肢、练核心，这对我的自信心也是一种打击。

体育竞技本来就是金字塔尖式的，奥运冠军全世界只有一个，我从事这个职业能成功吗？我会是最强的那一个吗？我不断问自己。

当时我的启蒙教练王北铭对我说："继续练！"我也想拼一拼，因为我实在太享受在冰上飞驰过弯的这种感觉，这种刺激感。很幸运我坚持了下来。我是 17 岁进入国家队的，2014 年第一次来北京，我在哈尔滨市南岗区体校是最小的，进入哈尔滨市队我也是最小的，到了国家队之后我还是最小的。十六七岁的年龄与二十四五岁相比，从经验到体能都是最差的。

图 8-2 ◉ 讲座现场座无虚席

　　我觉得获得成功的关键就是坚持。我小时候跟女孩滑接力，女孩都嫌我太慢了，还滑得笨笨卡卡的。但是现在我每天的训练，不管是感冒发烧，还是说身体特别累，无论发生什么样的情况，我都会坚持到最后，完成每一天的训练内容；而且我相对很少去加练，我只完成我每天该做的一些事情，不做一些无用功，不让多出来的东西分散精力，只把所有关键的事情做好。

03 北京冬奥会夺冠

下面跟大家分享一下我在冬奥会的经历。我们是在 2 月 5 日拿到的首金，这之前的 4 年，因为疫情，我们一直是闭环训练。我们不能随便出去遛弯，如果有感染的情况，整个国家队都会受到影响，消耗的是国家资源。我们的生活半径可能还没有北大未名湖大。我们的食堂、宿舍，还有冰场，全部包括在这个范围内。

在这种高压的环境之下，怎么才能坚持？能够在北京为祖国征战，我觉得这就是我们所有人坚持到底的力量。大家在追梦的道路上，为了实现最终的梦想，总会面临很多挫折和困难，但是在实现了梦想之后，回头看走过来的这些路，都是不值一提的。

对于每个体育人来说，最基本的就是要有强大的心理素质，无论发生什么，都会坚持追寻自己的梦想。谁都可能会遇到难以坚持的时候，对自己前面的路充满迷茫。但是，我们只有这一条路，就是要站上最高的领奖台。在确定了目标之后，就是要不懈地为之努力奋斗；无论结果如何，我们在追梦的路上是不会后悔的。

我们在 2 月 5 日获得了首金，2000 米混合接力是我们冲击金牌的第一个项目。冬奥会期间正好赶上过年，全国人民都在关注，收视率前 10 的都是我们这个项目。我们是晚上 8 点开始比赛，所以上午作了简单训练。当时我们混接的 5 个人一直在讨论该如何过人、如何为队伍建立一些优势。半决赛发生了一些碰撞之后，我们的心情直接跌到谷底，所有人都不说话了；直到进入决赛的时候，我们所有人又很快调整好了情绪。在正式比赛中，我们从第四道直接"杀"到第一道，拿下了这枚宝贵的金牌。

图 8-3 ⊙ **任子威在北京冬奥会上获得冠军**

因为我参加的是全部项目的比赛，所以拿到这枚金牌，对我来说只是个开始。我虽然想让自己的状态保持平缓，慢慢打到最后，但其实我整个人已经兴奋起来。第一天只是睡觉稍微有点困难，但是整个心态还是平和的，第二天还是对我产生了较大的影响。因为我们的节奏是第一天比赛，第二天颁奖，完了再比赛、再颁奖、再比赛，如此循环往复。

第二天早上起来领奖时，心里还在想"赶紧吧，明天早上还要比赛"。但当站上最高领奖台，国旗升起、国歌奏响的那一刻，我哽咽了，什么都说不出来，只有眼泪在无声地流下。作为运动员，能够代表祖国站在最高的领奖台上，看着国旗高高升起，这是所有运动员的最高梦想，是至高的荣誉，那一刻，我只有热泪盈眶。

最令我感动的是，领完奖之后，我们坐着大巴车路过一个通道，马路对面有一群志愿者，他们一直在唱国歌。我刚哭完，不能再哭了，但是还是跟他们一起唱起来。当时我就下定决心，明天还要再得一块金牌。第二天果然不负众望，我又拿了一块金牌。

图 8-4 ⊙ 任子威与同学们自拍合影

04 团结一心，一往无前

我在短道速滑项目中，体会最深的就是我们的团魂。我们每一个人站在赛场上，无论自己是什么样的角色，无论是教练、工作人员，还是运动员，都在付出自己的力量。如果我能帮助你这一圈，那我就帮助你一圈。大家看到的可能只是我们一线的运动员和教练员，但是站在我们背后的工作人员数量相当，甚至更多。所以，真的很感谢我们团队的每一个人。我们短道速滑的团魂就是"团结一心、一往无前"的这种精神。

短道速滑这个项目之前可能更多的是中国队和韩国队之间的竞争，但是现在格局改变了，世界各国都有很强的竞争力，所以比赛越来越难打了，大家看到的比赛也越来越精彩了。对于我个人而言，就是要控制住自己的伤病，因为随着年龄的增长伤病在所难免，毕竟也 25 岁了。

在李琰教练负责国家队的时候，我们的口号不是每四年，而是每一天。运动员最看重所坚持的每一天的收获，注重的是一种积累。不是说我今天好好训练了，明天我就行了，就像大家考试一样，不是在考试前一天一顿学，第二天就能考上北大。我们需要的是每一天磨炼身体，积攒能量，在最后一刻——奥运会上爆发出来。希望大家无论是做什么，都要为实现梦想去积累能量，总有一天会爆发的，我觉得这是我成功的最大体会。我每一天都会去积攒能量，每一天我都会全力以赴地完成训练，因为我不是很有天赋的那种天才。可能有人知道我的外号叫"大象"，因为我来国家队的第一天，教练说："你滑得也太笨了，跟大象似的。"后来大家就一直叫我"大象"，到现在可能变成"象哥"了。再后来长大了，滑得也比较好了，改叫我"雪豹"。如果没有训练中付出的每一滴汗水，就无法收获成功之喜悦的泪水。我们每一天的训练都是很苦的，但是当我们在赛场上拿到第一的时候，看着对手，举出第一的手势的时候，就是最令人兴奋的时刻，所有的苦在成功的那一刻都是值得的。

我们这个项目经常会有一些意外发生。男子 5000 米接力的时候，我们半决赛摔倒了，决赛也摔倒了，连续摔倒了两次，但是我们都是在第一时间去交接队友继续完成比赛。我们知道可能没办法进入下一轮，没办法拿到第一了，但是我们仍然会尽自己所能。虽然失误了，但是也不放弃，我们会把身体的每一滴能量都发泄在赛场上。因为站在赛场上，你代表的是祖国，不是自己。我觉得坚持到底就是每一个运动员的核心精神。文龙摔倒了之后没有放弃，我们还是进入下一轮了。虽然 5000 米接力我们最后还是失败了，但是我们坚持到底，得到了大家的肯定。

我理解的信念就是"永远热爱，永远热泪盈眶，永远愿意付出一切"。大家都知道范可新，她参加了三届冬奥会，虽然都没能拿到金牌，但她作为老将，通过在团队项目中为团队奉献自己的力量，成就了团队，也成就了自己，同样完成了自己的梦想。这就是我们短道速滑队最精彩的团魂和坚持。

图 8-5 ⊙ 中国短道速滑队部分队员合影留念

05 传承精神，不辱使命

说到传承，我们短道速滑队是整个冰雪项目中最辉煌的一个项目，我们从 2002 年开始拿到金牌，一直拿到了 2022 年。前辈们的条件非常艰苦，我们现在的条件是一年比一年更好。我刚到国家队的时候，我为我能成为中国短道速滑队的队员感到骄傲，这是我非常自豪的一个身份，这份荣耀是前辈们为我们打下来的。我们需要的是每一代去传承，把这种精神和成绩传承下去。我觉得北大的这种传承做得更好，北大一直是我心驰神往的大学。

一代人有一代人的使命，一代人有一代人的担当，我们作为当代年轻人，就应该贡献出属于自己的力量。我作为运动员，站在赛场上为国争光；大家努力学习，在各自的岗位上贡献出自己的力量，我们都是未来各个行业的顶梁柱，都是在不同的岗位上报效祖国。我希望大家竭尽全力，10 年之后我们在这里再相聚。

图 8-6 ⊙ 现场同学踊跃举手发言

？ 同学：很高兴能够在 7 个月之后再次见到您。我是北京冬奥会首都体育馆志愿者，负责成绩分发和上传，所以您这两块金牌的成绩都经过我的手。我需要去保证成绩是真实、可靠、有效的，并且以最迅速的方式传递到场馆的各个区域。5 日和 7 日是您两块金牌的比赛日，也是短道速滑的前 2 个比赛日。我个人印象最深的是第一场比赛，在最高级别的比赛中，您经历了连续的发枪起跑、被召回、再次发枪。我们知道运动员的体力非常宝贵，这样一个突如其来的打断肯定会有一些影响。我想问的问题就是，当您遇到这种情况时，会用什么方法去面对或者处理呢？

？ 任子威：说实话，没有办法，因为大家都是一样的，不是说光你被召回重滑，别人也一样。我经常会遇到这样的情况，2021 年在世界杯的比赛上，也出现过很多次。有一天，正常情况下我本来是滑一轮 1500 米，但是那天我滑了 4 枪。所以，会有很多意外，你必须去适应规则，不可能让规则适应你。说实话这是没有办法的事，必须得坚持下去。

？ 同学：我想就短道速滑比赛中的一些战术问题向您请教。比如，作为领滑的运动员是怎样的体验？队友之间的配合是提前商量好的吗？同一战术在不同的比赛中会重复使用吗？

？ 任子威：比赛的时候一直在前面当领滑的，要求很高：第一，体能要非常充沛；第二，可以掌控后面的局势。这就像跑步，旁边的人要超过去，你伸出一脚，他就过不去，在这之后，他又要从外面过你，我就往外伸一脚，他又过不去了。对于我们这个项目来说，你们可能看到的只是表面的竞速，但是更重要的是我们脚下的动作以及滑行的路线，目的是让后面的对手难受。相当于我们一起跑步，你就下不去脚，就是一种"脚底下有脚"的感觉，这会让对手非常难受。同样，对手也可以让你非常难受，你就会在那儿像跳舞一样。短道速滑最精彩之处，就是蕴含无限的变数。在战术方面，就是没有一成不变的战术。大家看这么多比赛有一回战术是重复的吗？没有吧。

？ 同学：任老师您好，近些年兴奋剂检测技术一直在进步，国际上经常曝出兴奋剂丑闻。我们志愿者的一个口号就是"守护冰雪纯洁"。外界对于兴奋剂或者说体育公平都有一些看法。我想请您从运动员的角度，谈谈对体育公平的看法，谢谢。

任子威： 其实我觉得运动员的生活很纯粹，我们的生活只有训练、恢复和迎接比赛，比较简单，但实际又是不简单的。如果对手使用兴奋剂，对我来说肯定是不公平的，对于用整个生命为这个项目付出努力的运动员都不公平。现在中国反兴奋剂是非常的严格，都已经入刑法了，意味着如果你使用兴奋剂，将会负刑事责任。中国对运动员的保护还是做得特别好的。

同学： 我很好奇运动员的心理素质这一块，尤其是在奥运会这种为国出战的场面上，那么久的努力发挥在一两分钟之内，我想问一下怎么处理这种超强的心理负担？因为我们大学生现在遇到一些很重要的考试的时候，也很考验心理素质。我想知道如何能够提高自己的心理素质。

任子威： 任何事情都是经历了你才知道，比如今天我跟大家交流，看这么多人我也紧张，但是我现在慢慢地也不紧张了。另外，每个人的心理素质都是不一样的，比如现在，在重要的比赛之前，我会努力地训练，但是我没有必须拿第一的想法了，我更多的是享受比赛。为什么我说我冬奥会期间的后半赛季除了体能方面还有自己的心理出现变化了？因为我把比赛变成我必须要干什么这样的一个感觉。这两种心态对身体的影响是完全不一样的，所以，不要把所有东西都强加给自己，不要在乎别人怎么说，这是我这几个月来最大的一个收获。

同学： 我想运动员平常的训练肯定非常枯燥乏味。请问您是怎么去克服这种乏味和枯燥的？还有，您是如何去平衡运动和生活的？谢谢。

任子威： 首先，进入国家队之后，训练就是生活，生活就是训练。因为一直封闭，我们一直就待在屋子里，周末，除了躺着没有别的事干，但是其实这个就是运动后的放松。对于我而言，每天训练已经习惯了，让我连续休息一周，我还有点不适应，没训练就感觉今天少了点什么。所以，训练、比赛就是我生活的一部分。

同学： 任老师您好，我只是一个冬奥会的普通观众。您刚才提到，我们这个项目最大的特点就是不确定性，这就是为什么大家觉得这个项目观赏性很高，觉得它非常刺激。我觉得这对于运动员来说其实是一个很大的挑战，因为你们不仅要做好自己，还要防范别人把你一起带倒的情况，虽然问题根本不在你，但最后导致你白费了 4 年辛苦训练的时光，没有得到奖牌。这种巨大的失落感应该怎样调整？因为我觉得碰到困难是很常见的，关键是摔倒之后如何再站起来，这个真的是想问一下。

任子威： 这个问题问得太好了！很简单，假如这个比赛我非常看重，但是第一轮我就被淘汰了，甚至都没摸到金牌就已经输了，怎么办？不练了？难受、哭泣，有什么用？你得到的只是自己难受而已。对于生活的态度，就算有再多的痛苦，起床就是新的一天了，昨天的事都过去了。而且谁说一定会失败？努力了，肯定会有好的结果。

同学： 任老师您好，我觉得您在北京冬奥会的时候，您的身份其实是发生了转变，在团队里从青年选手变成了团队的中流砥柱。那么，在获得奥运冠军这个最高荣誉之后，您是否依然会保持对这项运动的热爱？如何保持对胜利、对荣誉的渴望以及对极限的不懈追求？

任子威： 可能有的人有包袱，但是我没有包袱，就算我比赛输了，比如4年之后不是顶峰了，我可能是第二第三了，但只要团队认为我可以用，我自己能做多少，就为团队奉献多少。你有一点说得其实挺好，我拿到奥运冠军之后，再往上走其实没有什么奔头了。但是，当你真正站在最高领奖台上听到国歌奏响时，那时候你会想要一直站在那儿，站在这个项目的赛场上，为国家继续贡献自己的力量。这就是我唯一坚持的理由。我还想继续在这个项目上为国家付出自己的力量，这是我最擅长的事情，也是我的职责所在。

刘伟： 谢谢大家！我们请团委的贺老师为任子威颁发纪念证书，请子威在

图8-7 ⊙ 师生齐唱《歌唱祖国》

冠军讲堂的大球拍上签名！刚刚在讲座中，任子威提到在领奖后有北大等高校的志愿者为短道速滑队唱起了《歌唱祖国》，今天借着"冠军讲堂"的机会，我们邀请任子威与我们北京大学的青年学子再次唱响《歌唱祖国》！

💬 **刘伟：** 这可以说是子威与北大学子的双向奔赴！我们用最热烈的掌声感谢任子威今天的演讲，今天的讲座就到这里，谢谢大家！

图 8-8 ⊙ 任子威与同学们合影

孙长亭
我的"人生四场"

孙长亭

天津人。二级战斗英雄,残奥会标枪冠军,
中国职业运动员、企业家,全国劳动模范、
五一劳动奖章获得者。

1984 年对越自卫反击战中受伤失去左
腿,被授予"二级战斗英雄"称号,他没躺
在军功簿上享受国家抚恤,而是刻苦锻炼,
顽强奋斗,先后成为出色的运动员和企业
家。第八届、第九届残奥会和远南残运会
上,他共夺得 5 枚金牌破一项世界纪录。
1991 年,他创办天津长亭假肢公司,为无
数肢体残疾人带去福音。

很高兴有机会跟大家一起来畅谈自己的人生，还有一些自己所经历的事情。我这是第二次在北大开讲座，第一次是 28 年前，以残奥会冠军的身份作了一场报告，当时是在北大的大礼堂。那次是 1994 年，到现在整整 28 年。我觉得北大给我留下了非常深刻的印象。同时，北大也是一个令我非常敬仰的地方，因为我们很多优秀的大师都是来自北大。能有此机会参加"冠军讲堂"，也是我的荣幸。今天，还是用最简单的语言，来讲最好懂的故事。自从我失去腿，所作的报告基本上都是按照我的人生轨迹去展开。所以，这次我还特别认真地归纳了自己的一些经历，写了一些文字的东西。

01 球场——和足球的少年之约

1966 年我出生在天津一个工人家庭。我从小就特别调皮，在我们院里，是出了名的调皮捣蛋。7 岁的时候，我有一次在河边游泳，被一个教练发现，他说这小伙子非常勇敢。等我第二天上学的时候，这个教练就找到了学校，他把我叫到旁边，问我愿不愿意踢足球，我说愿意，然后教练就选我到了球队，从此改变了我的人生。我是从那时起才真正地爱上了体育。到了体校，一步步地接受足球训练，一步步从物质上到精神上慢慢地爱上足球。

我是像热爱自己的生命一样热爱足球运动。我记得上小学的时候，学习非常不好，一到上午上文化课的时候，身体就像要发高烧，不想学习，总想着下午踢足球；一到足球训练的时候，我的身体马上就变好了。后来我们参加足球比赛，拿过全国前三名，我也拿过"少年最佳射手"。足球对于我来讲，就是一个梦想。少年时代，我的教练把我领进了这个行业，所以我就特别想成为一名球星。我心中早就种下了这颗种子，想要通过刻苦训练，改变自己，成为一名出色的球员。虽然取得了一些成绩，但是我们那个时代的训

图 9-1 ⊙ 和足球的少年之约

练真的是非常艰苦，要求非常严格，晚上我哥哥还带我继续训练。正是这些东西在我今后的几个人生阶段中起到了决定性的作用，这个苦没有白吃。

02 战场——从球员到战士

我在少年时代就这样接触了足球，后来入伍南京部队的足球队，在训练过程当中也参加了很多比赛。当年我所在的部队接受了一次作战任务，我这个热血青年听到消息之后就积极报名。当时内心就是特别想为祖国做贡献，也证明自己的价值。当时我 17 岁，可以说是放弃了绿茵场，奔赴了战场。我觉得如果打完仗回来，我还可以继续踢球。可是到了前线所看到的、所感觉到的，和我想象的不一样。我也从热血的状态中慢慢冷静下来，进入紧张阶段，又从紧张阶段进入害怕阶段，从害怕阶段到最后的稳定阶段。我回来这些年，别人问我最多的一句话就是怕不怕死。不可能不怕死，每个人都怕死。如果说不怕死，是不符合逻辑的，肯定是有紧张和害怕的。

大家知道我是一个运动员，可以说军事技术一窍不通。所以上战场之前部队对我们进行了3个月的临战训练。我在训练过程中把所有的训练课程都掌握了，难以用语言来形容这种艰苦。这不光要流血流汗，还有很多思想上的一系列的问题。但是，我觉得足球也好，体育也好，无处不在地帮助着我。如果没有过硬的身体素质，根本当不了一名优秀战士。我刚到连队的时候，第一天的5公里越野跑，我就拿了第一。所以，所有的军事技术都离不开两个字——身体。只有拥有强壮的身体，才能做你想做的事。我特别感谢足球运动，在临战训练中让我展示了我的这种身体素质优势。

我在作战的过程中经历了很多很多事，在此就不一一讲述了，我只讲最主要的三件事：一是我是如何失去左小腿的；二是我是如何入党的；三是战友的牺牲。

有一次作战过程当中，对方封锁了我们的供养路线，导致三四天没有补给了。为了保证供养，我们连长当时问了一句话："谁下山去找大米？"我们都知道那是非常危险的，有去无回的可能性非常之大，有个战士突然站出来："我去，我是党员。"他就去了。在他回来即将接近我们高地的时候，被对方的火力点发现，当时就击中了他的下半身。可以说鲜血布满了他的全身，我们只能看着他一步一步地往前爬，却救不了他。回来后这位战士只讲了两句话，第一句话是："弟兄们吃饱了饭，为我报仇"；第二句话是："我是党员，这个时候就需要我站出来"。最后，这名战士壮烈牺牲了。看到他这样，我认为这就是一名党员的榜样力量。

后来，我所在的部队接受了一次进攻高地的任务。这个任务十分艰巨，在打之前，我们要组织一个尖刀班，这个尖刀班必须由技术最好的党员老兵组成。我去找领导报名，领导不同意，第一说我不是老兵，第二说我不是党员。但是，经过我三番五次的请求，他最后也同意了，因为我的技术比他们要过硬，反应也比较灵敏。

我们第一要准备留守物资，就是万一你牺牲了，要把你的东西交给你的亲人；第二要写你最后的一些想法，写的时候，感觉特别痛苦和矛盾，就觉得还没活够，就要离开爸爸妈妈，再也见不到亲人了，这个过程真是非常悲壮。写完这些，一切都准备就绪，等待战斗的打响。

这个时刻，我在想怎么去表达对党的忠心呢？我身上当时穿的所有的作战服都是国家的，没有任何一件东西是我的，包括留守物资。就只有这条命是我自己的，所以我就写了入党申请书，然后在一个罐头盒上写下了几个字——愿把自己的青春献给自己的祖国，这是我认为最大的忠心。

之后的战斗是异常的激烈紧张，攻打得非常艰难，我们付出了巨大的代价。最后我们尖刀班 8 名战士，6 名战士壮烈牺牲，只剩我和另 1 名战士活了下来，他是重伤，我小腿被炸掉，算是轻伤。在我们即将出主峰的时候，发现对方有火力点，我们的尖刀班必须在预定的时间、预定的地点清出一条路来，这条路如果有地雷是没有时间排的，我们只有用脚去踩出来。为了后期部队能顺利地通过，我们不惜一切代价打出了一条通路。当时我们即将到达主峰，这条路已经开了 90％了，对方火力点出现了，当时就击中了我们的三四个战友，后来又击中了两个，我眼看着他们在离我五六米处倒在血泊之中。那时候就是一腔的怒火，一定要干掉这个火力点，为战友报仇，但是蛮干还是不行。当时我和一个战友说："你掩护我"，这个时候我又要再次感谢体育。

我在离火力点还有 20 多米的距离时，就冲了过去，最后一跃，冲到了火力点跟前的时候，对方也没有想到，一般火力点前面都会有一些地雷，还好我没有踩中地雷，活了下来。实际上这一连串的动作就在几秒钟之内完成，就在他换弹夹的一瞬间，你才能往外冲；他弹夹换好了，我也到了他跟前了。最后扔下四颗绑好的手榴弹，把火力点炸掉。等我再次站起来与对方在前壕里面的单兵作战的一瞬间，踩响了地雷。当时我不觉得是地雷，以为是炮弹打在我的脚下，但是我再次往前冲的时候就冲不动了，跑不起来了。我感觉我肯定是受伤了，结果往下一看，左腿当时被炸掉。从膝关节以下都是碎肉，左脚不见了。当时我就说了一句："踢不了足球了。"这是我的第一反应，第二，就想着一定得爬回来，不能死在这个地方，死在这里就见不到爸妈了。可是，疼得我实在忍不住，把作战服的扣子都咬碎了咽了下去。我们上阵地之前都宣誓过，即"人在阵地在，誓与阵地共存亡，轻伤不下火线，重伤不叫苦"。所以，我自己的誓言一定要守住。

疼就忍着吧，就这样忍着剧烈的疼痛我爬了 150 米，特别的艰难，为了能再见到爸妈，还是撑过去了。终于，在途中遇到了战友，我就昏迷过去了。等我再醒来的时候，看见了灯光，我半年多没有见到灯光了，我的第一反应是我活了，只是不知道人在哪里。稍微稳定以后，我看到身边插满了管子。我慢慢地把管子拔掉，把被子掀开一看，左腿当时就炸掉了，截肢；右腿也负了重伤，被弹片击穿了三个洞，缝了 38 针。当时看到这种场景，情绪非常低落，觉得自己的前途暗淡无光了。后来我被送到部队的后方医院，又做了 7 次大手术，经过半年多的治疗后得到了康复。通过这场战斗，我找到了自己的价值，找到了活着的理由。但是一个球员失去了一条腿，还是左边锋失去了左腿，对我来说是巨大的痛苦，我无法面对今后的生活，无法面对亲人，也无法面对社会，想要结束自己的一切，又感觉到自己是一个没有志气的人。想着这些问题，翻来覆去，思想波动。想了 4 个月，自己终于想通了：要么选择结束生命，要么选择用一条腿走出两条腿的路，让所有的人看看，我长亭是不是一条汉子！最后我选择了第二条路。

03 赛场——永远奋斗，永不言弃

选择了第二条路以后，我要给自己定一个目标。我开始查阅资料，想参加残疾人运动会。截肢以后，一开始挂着拐杖，后来就戴假肢，这个假肢有十七八斤重。于是我就戴着假肢练习跑步，毕竟我是运动员出身，在残疾人体育上应该会有所作为，能杀出一条血路来。有了这个目标我就决定脱下军装，重新开始。我把我的规划跟部队交代了，最后顺利地脱下军装，回到平静的天津。

回到天津后我去了南开区的体育局工作。上班后我就可以边工作边训练，单位就有场地，身边就有教练。我是 7 岁进的体校，十几岁又回到了这个体校。我不是以一名运动员的身份回来的，而是以职工的身份回来的，决心要用一条腿踏出两条腿的路来。

图 9-2 ⊙ 讲座现场

我的训练有多刻苦，我可以告诉大家。我戴着假肢第一个百米跑了 30 多秒。练了 1 年以后，就跑到了 13 秒多。刚开始不是我们中国残疾运动员能力不行，而是我们的假肢不行，我们在冲向终点的时候，假肢会突然断裂，只能趴在地上眼看着别的国家运动员跑过去拿冠军。我也不例外，我的假肢 1 个月能断掉 3 个，只有吃苦精神、任劳任怨的精神在支撑着我们。

我是 1986 年脱掉军装的，1987 年我第一次参加全国残疾人运动会，100 米、200 米、跳远、标枪项目，我全部拿到冠军，而且把全国纪录大幅度地提高了。后来国家体委有人找到了我，问我是做什么工作的，我说我以前是运动员，由于战争被打掉一条腿，所以就重返运动场再次训练，没想到第一次上残运会就拿了这么多金牌。很荣幸，转年我就代表中国队参加了 1988 年的汉城残疾人奥运会，这是我们国家第二次参加残奥会。我一共参加了 3 届残奥会，1988 年汉城、1992 年巴塞罗那、1996 年亚特兰大。我们国家像我这样的运动员，说实话很少，当我在奥运赛场上看到其他国家运动员时，他们很多都是职业运动员，因为车祸失去了腿，就成为职业残疾运动员。汉城残奥会的比赛确实是挺辛苦的，拿了三银，以 1 厘米之差痛失金牌。我的对手主要来自于欧美，没有亚洲的。

在巴塞罗那残奥会当中，有几个故事想跟大家分享一下。奥运会对于选手来讲，不仅仅是比拿金牌和银牌，比的还有民族的志气和信念。标枪比赛前，我们进入决赛的 9 名选手中，唯独我是亚洲选手，其他 8 名都来自于欧美，平均身高 1 米 90，而我不到 1 米 70。当我们 9 名运动员点完名走进场地的时候，看见美国的、德国的、澳大利亚的运动员，他们的语系都比较相通的，谈笑风生，根本看不上我，这比打我一顿还难受。当时我也年轻，一股热血就冲上了头，把我所有比赛穿的阿迪达斯的上衣和短裤，还有鞋，一气之下全部都脱下来了，在休息室里把国产的全换上。

比赛开始。我的第一枪投出去就投了 49 米 02。第一枪就打破了世界纪录。当时那 8 名运动员全都猛地一惊，没想到我这么一个身高，一出手就破了世界纪录。但这次我的腰就受伤了，因为投出去的时候强度太大了，完全是靠一腔热血来拼命。

在受伤的情况下，第二枪免投，第三枪投出去以后，我知道肯定会比我的第一投强，我觉得应该要破纪录。结果一个裁判过来要让我签字，最后一报成绩——52 米 23，再次打破世界纪录。这是在一投严重受伤的情况下，投出来的成绩。所以，在身体可以支撑的前提下，精神会战胜很多东西。我觉得我赢的不是一块金牌，而是尊重，从此他们不会再小看中国人。

比赛结束以后，几名运动员都过来跟我握手。领奖的时候很好笑，我站在最高领奖台，却还没有第二名、第三名高。但我觉得特别自豪，我通过这个比赛，取得金牌，并且打破世界纪录，更高兴的是为祖国赢得了尊严，让他们真正体会到中国人不好惹。作为一个运动员，为祖国拿金牌，是义不容辞的责任和使命。

04 商场——从体育到创业

我觉得在商场上，我也坚守着这种体育精神。你看我从足球场到战场，从战场再到商场，这一路走过来，我知道我们落后在哪里。自己的假肢是切身体会，我那个时候就发誓："有朝一日，我一定要创办一个最好的假肢厂。"后来我在1990年找人借了20万（当时我们的基础工资是60多块钱），从德国买了设备，租了地方，办了营业执照，就开始了创业。真的很可笑，就是热血青年，想法是非常好的，但遇到现实就有很多困难。30年的酸甜苦辣，我经历了一些事情，尤其在创业阶段当中，我还得再次感谢体育。

我在创业的时候，就特别想用参加两次奥运会的那种劲头来打造这个公司。在创业过程当中，我经历了所有干企业的人都会经历的事情，包括投资失败、技术员工撤离等，你能想得到的失败，我都经历过。最后，在第三次创业失败后，2002年我变卖了所有的家产，准备重新开始。我自己搬到了公司住，住在只有9平方米的小地方，一住就是七八年。我想用两届奥运会的时间，杀回来。你们肯定会问，哪来这么大的毅力支撑你去做这件事？战场上什么苦没经历过？练体育什么难没经历过？体育精神一直在支撑着我人生的每个阶段，一步步支撑到现在。

在座的同学们，今后毕业都将面临回归社会，一部分人还要面临自主创业，我觉得最重要的是要多经历。我跟大家讲讲我创业阶段最难的几件事。有一次，我去找一个医院的领导谈业务，我穿着假肢，站在他的门外，足足等了3个半小时。结果他出来以后，只接待了我30秒就走了。还有一次，接待公司客户的时候，有一个客户问我，"你是叫孙长亭吗？"接着对我讲了很多不友好的话。我听了以后，还是很耐心地解释他所咨询的问题，回到办公室，感到特别的委屈。还有一次我自己去接客户，要开车到七八百公里的野外，是个冬天，零下20多度，因为第二天早晨5点要走，我跟客户说我住酒店，实际我是在客户家门口在车上睡了一宿。

同学们，你们为成功人生做好准备了吗？最好的准备就是要经历，失败，再失败，再经历再失败，可能你会走到成功那个点上去。如果上来就成功是不正常的。我的这几个过程——球场、战场、赛场又到了商场，经过这些事情之后，感觉就是不断在完善自己、改变自己。要与时俱进、解放思想。

图 9-3 ⊙ 孙长亭与同学们分享"人生四场"

有一次我接受凤凰卫视主持人许戈辉的专访，她问我："你助理来了吗？你坐专车来的吗？"我说没有，我从天津坐的火车，然后下了火车，坐了公交车，下车吃了一碗 18 块钱的牛肉拉面，然后就到这儿来接受采访了。她说："你以前都是坐飞机头等舱的。"我说："那是不成熟的长亭，现在是成熟的长亭。"所以，赛场也好，商场也好，每个人都有一个时间段的低谷。我取得奥运冠军后飘飘然了，做企业就遇到低谷。现在企业顺利的时候和不顺利的时候都一样，我们这些年始终秉持的是社会效益第一，经济效益第二。我们要把假肢做成自信的假肢、灵魂的假肢、自强的假肢，服务给不幸的人。

我觉得我走到今天，要特别感谢这个时代，感谢改革开放。如果没有改革开放，就没有长亭公司，如果没有改革开放，就没有我们的今天。这是我真正的体会，我们残疾人从那个时代到这个时代，是一个翻天覆地的变化，现在的残疾运动员，都配备顶级的假肢，而且衣食无忧。以前我以作为中国人而骄傲，如今我更加骄傲。

最后，特别想跟同学们说，真的要好好地努力，自己完善自己。一定记住我的话，你的亲人，你的家人，还有你的国家，都在期待着你，期待着你能有改变一切的能力。祝愿同学们，共同努力，为自己的目标而奋斗。谢谢大家，谢谢！

刘伟： 谢谢长亭，确实非常感动，也非常受益。天津话，很多同学都说很好听，特别亲切。让我感觉是用诙谐幽默的语言展示了一个热血青年，一个有爱国心和奉献精神的长亭，也是铮铮铁骨的男子汉，有血有肉、有情有义的长亭。今天，通过长亭的这个经历，我们分享的是习近平总书记在抗日战争胜利 70 周年纪念章颁发仪式上讲过的，"一个有希望的民族不能没有英雄，一个有前途的国家不能没有先锋"。英雄在国家遇到危难的时候不怕牺牲，即使要牺牲个人利益甚至生命都会挺身而出。今天在长亭的这个讲座当中，我们也感受到了，人民的军人抛头颅、洒热血，保家卫国，那是我们的英雄。而作为奥运冠军，长亭又在国家荣誉面前勇于担当，为国争光，也是英雄精神的一种体现。

今天听讲座的不仅有我们"体育文化与创新精神"课程的学生，还有很多旁听的北大同学，另外还有北大校队的队员。今天的讲座让我想到纪念抗日战争胜利 70 周年的时候，在天安门广场，当时听到国歌响起，看到八九十岁的英雄们颤颤巍巍地敬礼的时候，一下就热泪盈眶，不由得想到我们现在的美好生活，是这些民族英雄们用血肉筑成的新的长城——真的就是在国歌歌词里所体现的。参加完那次活动之后，我就让北大校队的队员抄写国歌歌词，重唱国歌，这一点也是因为体会到战场与赛场的异同，相同的是都有对手，不同的是一个比输赢，另一个拼生死。刚才长亭也讲了一句话，如果说在战场上都不怕死的话，在赛场上还会怕输吗？也非常感谢长亭今天给我们分享了英雄主义和体育精神。再次对长亭的演讲表示衷心的感谢。

下一个环节，就是互动交流阶段，同学们有什么问题可以向孙老师提问。

互动

② 同学： 孙老师您好，刚才听了您的这个讲座，我特别有共鸣：第一，我也喜欢踢足球，而且也是踢左边锋的。第二，我来自文山，也就是当年您打对越自卫反击战老山战役的那个地方，那是我的家乡。第三，我从小也接触了很多因为战争导致残疾的人，就像我的舅姥爷，他就是一只耳朵被炸聋了。我还接触过一位断手的叔叔，他在全国残疾人运动会上夺得了马拉松的金牌。但是，我觉得您比他可能还要更加的艰难，因为您是腿部残疾，而您还去参加短跑以及跳远的运动，所以想在提问之前，感谢您和当时所有的战士为国家、为我们的西南边界做出的牺牲和奉献。

我的问题主要有两个：第一，如果您现在回到当初从军的时候，知道接下来会发生的一切，还会选择成为一名中华人民共和国的战士去参战吗？第二，您创办企业之后，对当年那些因为战争受伤的退役军人，会有什么帮助措施吗？

💬 孙长亭： 谢谢你。能跟你交流感受很特别，因为你是来自文山州的。我很熟悉文山州，我的临战训练是在燕山，从燕山到文山市要 25 公里，这个我非常熟悉。没想到北大还有文山州的同学，那很不简单。

第一个问题，我可以不假思索地回答，当祖国和人民需要我的时候，我随时会把自己的生命奉献出去，没有任何问题。

关于第二个问题，我创办这个企业之后，也碰到很多从战场上下来的战友们。他们好多就是奔我而来的。我有幸能拿到奥运冠军，他们认为这是他们做为战友的光荣，好多都从云贵川来我们这里做假肢。首先，吃住上我们都是免费的，其次，在价格上，都给成本价。不仅是对越自卫反击战的军人，抗日战争、解放战争、抗美援朝战争下来的所有军人，我们都会用最大的优惠政策和最高的服务标准来服务，这个我们是有一套体系的。谢谢你。

② 课程助教： 我们有一位同学提问，孙老师，您觉得创办企业最重要的是什么？尤其是您创办的这个企业还有一定的特殊性，和您自己的经历也密切相关。

💬 孙长亭： 我觉得创办企业，还是那句话，就是说你既然制定了这个目标，就一定要为这个心中的目标奋斗到底。做什么事情一定要对这个事情有个交代。做企业需要的是一个综合性的人才，要包容所有的员工。

我从一个运动员转变成一个职业经理人，大约用了 5 年的时间。这是我人生最难的一件事情。自己辛辛苦苦创业，赔钱还要发工资等。后来公司发展得好一点了，我又有了狭隘的思想，感觉员工挣了钱，自己觉得不平衡。通过一段时间的历练，段位越来越高了，境界越来越高了，所以今天我才说，能看到员工发展是我最大的幸事。它都有一个过程。所以，刚刚那个同学问我如果有机会还会选择当军人吗？还会选择上战场吗？我肯定义无反顾、毫不含糊地选择，我还是那句话，不管我多大岁数，祖国和人民需要我的时候，随时随地为祖国奉献我的生命是没有问题的。但是你要说做企业，可能以后能再选择的话，我真的不选择做企业了，太难了。

❓ 同学： 孙老师好，我是北京大学乒乓球队的队员张华庆。刚刚听完您的讲座意犹未尽，您的经历真的是非常丰富，不管是在哪个领域，您都出色地完成了任务。在您刚刚讲到的内容中，我印象最深刻的就是您在战场上受伤后，首先想到的就是自己未来踢足球的一些困难，而并没有将这次受伤看得太过可怕。所以我也在想您当时的心态和意志力真的是非常令人敬佩。我也是运动员出身，在赛场上也遇到过一些困难，包括伤病，但在您刚刚所讲的这些经历面前，真的不算什么，所以也要再次向您致敬。我有一个问题想问您，可以说我们学生时代就是最美好的年代了吧，有很多诱惑和难题摆在我们面前，有时候对未来的生活其实也很迷茫。您刚刚也提到，很多事情在学校里和走进社会遇到的是完全不同的，那对于我们未来要走进社会，走上工作岗位，您有什么好的建议可以跟我们讲一讲吗？

💬 孙长亭： 我觉得你提这个问题就特别好。初入社会的时候，说说我自己的感悟。我每天早晨起来要称体重，晚上也要称体重，为什么？因为我多重和我要做多重的事情，是我最在意的。同时，你还要知道自己是谁。你们知道弯道超车很容易。那么，在利益面前如果选择弯道超车的话，在很短的时间里，也许看不到它的劣势，但长时间以后，你就可能会看到它的弊病。你制定一个目标去完成，这件事情最重要的就是你的信念和过程，但因为你弯道超车了，你会少了很多的过程。你在晚年叙述这件事的时候，就会省略很多东西，你的人生就不会太精彩。所以，我们在这个社会当中，尽量不要弯道超车。还有关键的一点，大学毕业，步入社会的时候，我真心地希望你们一定要有非常良好的三观。只有树立正确的三观，看待很多事物，才会保持积极向上的心态。

❓ 课程助教： 谢谢孙老师，我听了也很受启发。刚刚老师也是针对我们作为学生的特点，提出我们在从学生走向社会的过程当中，要踏踏实实地坚定自己一开始的信念，树立正确的三观，一步一步地往前走。这个对于我们，包括在场的我们将近300位同学来说，都是非常重要的。我们再开放两到三个问题给台下的同学。

❓ 同学： 孙老师好。听了您这次的分享，我感触特别的深，您在您的人生四场中，每一场都发挥着自己的价值，为我们的祖国、我们的党和人民做出了自己的贡献，真的非常敬佩您。今天想问您一个问题，就是您提到自己在战争中是在尖刀班，是冲锋陷阵的，但是盲目地往前冲肯定是不可行的，您和战友在冲锋前肯定也要动脑子去观察敌人的这个火力点，思考最佳的冲锋路线，是吗？谢谢老师！

💬 孙长亭： 你说得非常对，如果我们不炸掉这个火力点，这条路就打不开，就完成不了任务。我一直在劝自己要冷静，我最终的目的是炸掉火力点，要想办法跟敌人周旋，勇猛是必备的条件，冷静是必须要做到的。什么事情都需要这种从着急到冷静的过程，但这个过程一定要快。当时我们彼此都知道距离，也就是二三十米的距离，我打不到他，他也打不到我，他突然间就停顿了，有那么两三秒，我觉得是时候了，就毫不犹豫地冲了出去，这需要的是勇猛、智慧，还有冷静。如果说我当时把手榴弹拉了之后就扔进去也不行。这就需要智慧，我把手榴弹拉了之后，放在手里停顿了3秒钟，再扔进去。说实话，当时我也哆嗦，我也害怕。一旦它提前爆炸了，我也就牺牲了。所以，勇猛的前提需要的是智慧和冷静。

❓ 刘伟： 好的，趁这个机会我也提一个问题。长亭老师刚才讲到他一条腿被炸掉之后，往回爬的时候，支撑自己的这个信念，就是要见到父母，是吧？所以第一个问题是你上战场是不是父母同意的、支持的？第二个问题是，你昏迷过去之后，到了后方，什么时候见到了父母？见到父母之后是什么样子的？

💬 孙长亭： 我上战场父母是不知道的，因为也不允许他们知道，这是我们参战的纪律。后来我腿断了以后父母怎么知道的呢？这真是一个故事。我在后方开远医院养伤的时候，我父母突然就接不到我的信了，以前给他们写信我总说非常好，请家里放心。我母亲不认识字，她没有文化。事后她跟我说了一段话，我印象特别深。我打完仗回来了，我就问她："您不识字怎么看我写的信呢？谁给您读的？"她说："你哥哥姐姐给读的这些信，读完之后呢，我就拿手去摸，去摸这个信，因为这个信你都是拿手写的，我要拿手去摸你的字，就像摸到你的手啦。"听完这句话，就是特别地觉得母爱的伟大。

在开远的时候我跟我母亲通话了。当时我正在楼下休息，他们就叫我上楼接电话，我妈的第一句话就问："小亭，你受伤了是吧？"我说："没有，我就腿蹭了点儿皮下去，以后还可以去踢球玩儿啦。"虽然我装得若无其事的样子，但其实是他们支撑着我活着回来的。我当时在电话里听到母亲用浓重的天津话喊我的小名的时候，那种心情，真是很难用语言形容。第二天，他们坐一宿火车就到了开远。我没法去接，我们的战友和院方去接的，有 2 个护士都做好了准备，怕我的父母撑不住。一见到我的父母，当时真是没说两句话，他们就晕了，直接被抬到抢救室里去了。我哥哥跟我见面，也是痛哭流涕。那个场景 10 个战士有 9 个坚持不过来。通过这种战场的洗礼，回来见到亲人，这种感觉是特别错综复杂的。当时我觉得我还好，顶住了，我就劝他们，再给他们讲讲高兴的事，实际我在忍受着巨大的痛苦。所以，我和我母亲在我没腿以后的第一次见面，是在云南省开远的一个医院里。

② 刘伟： 非常感动，我们很多同学也都流泪了。谢谢孙老师的分享。还有别的同学提问吗？

② 课程助教： 有一位同学问，您在训练当中遇到的最大的困难是什么？具体又是怎么去克服的呢？

③ 孙长亭： 指什么？

② 课程助教： 在您训练的过程当中，就是在您的运动生涯当中。

③ 孙长亭： 我明白了。我讲一个故事吧。我当时在天津体育学院上大学，在一次跳远训练当中，在起跳落地的瞬间，我的跑鞋上的钉，把我好腿上曾经被弹片打过的伤口，一下子给刨开了。我跳完之后走回来，一路都是血。教练看见问："你怎么腿流血了呢？"我一看还真是腿流血了。当时是冬天，教练让我赶紧去医务室做一下处理，我说："那不行，我这一到医务室，最少得十分钟，处理完又十分钟，这堂课就完蛋了，就练不了了。我自己到沙坑那儿去处理吧。"

北方的冬天，大家知道很冷，我就拿沙子把这个刨开的伤口给盖上了。停了有这么一两分钟，血就不流了，血和沙子混为一体，凝固了，我就继续训练。这堂课练完以后，我才去了医务室。我可以说这比我做手术还难。伤口是打开的，要把沙子一粒粒从伤口里摘出来。疼得我衣服全部都湿透了。我想说的是，我不是因为战争而一直残疾下去，我一定要用一条腿走出两条腿的路来。我在脱掉军装的时候，医生告诉我，因为我身上的血换得太多了，2 年甚至 3 年都不能参加体育运动。我就跟医生说："3年之后你等待结果，孙长亭又是一条好汉。"我既然定了这个目标，我一定要走到底，排除艰难险阻。所以，当时训练也一样，我要中断训练的话，也可以去正常做治疗，但我认为这不可取，一定不可取。

我现在回想起来，当时非常鲁莽，那是那个时代那种情况造就的这样一个损伤。现在时代不同了，我们不同的时代选择不同的方法，是吧？方法是可以多变的，但我觉得，这种精神不能丢，不管什么时代，一定记住，同学们，你们不能丢掉你们的灵魂里的东西，那就是"精神"两个字。你们丢掉什么也不能丢掉你们的信念，丢掉什么也不能丢掉你们的想法，我觉得你们要为你们的想法付出一切。你们一定要记住，会有结果，迟早会有结果的。你们不要认为你们付出了很多，没人看得见，你们一定记住，别人看不到你们人生的轨迹，你们自己会看得到的。

💬 **刘伟：** 好，谢谢孙老师，谢谢同学们。这一期的"冠军讲堂"就结束了，谢谢大家！

图 9-4 ⊙ 现场老师和同学合影

柴云龙
让理想的路成为脚下的路

柴云龙

河南焦作人。第十二届世界武术锦标赛男子太极拳冠军，国际级运动健将。国家体育运动荣誉奖章获得者。

先后效力于河南队、陕西队、北体大、北京队和国家队。2008 年特招进入北京体育大学深造，攻读学士、硕士学位，从大学生锦标赛到 2013 年获得世界武术锦标赛太极拳冠军，在校期间，代表国家及学校参加的国内外比赛中，共获得 28 枚金牌。

第十六届广州亚运会火炬手，2010 年度中国大学生年度人物，中央国家机关和部队机关太极拳教练，河南省焦作市第十四届人大代表。退役和毕业后进入高校执教，目前任职于北京大学。

01 太极拳的分类

作为武术从业者，我们一代又一代武术人努力推动太极拳的发展。太极拳分为竞赛表演类、健身养生类和防身自卫类。

听到防身自卫类可能有些同学脑子里会想到某个人，但先别着急，我先来介绍一下竞赛表演类。我们大多数同学可能接触不到这一类太极拳，我们更多接触到的是健身养生类，很多同学可能已经上过这类的太极拳课，但竞赛表演类与之不同，强调更多的是竞技。

每年除夕夜，我们与家人团聚在一起看春晚时，总会看到有一个叫中华武术的节目，虽然它的名字一直在改，但里面一定会包含竞技太极拳，因此我会着重介绍一下什么是竞技太极拳。

健身养生类太极拳是北大男同学的体育必修课，针对女同学也开设了选修课，至今已经有 30 多年的历史了。所以，学过太极拳的同学应该都知道二十四式太极拳、左右野马分鬃、单边云手等。目前，我负责男同学的必修课教学，过程中可以发现，大多数同学的健身养生类太极拳还停留在表层。不过，今天我可以很负责任地告诉大家，健身养生类太极拳最重要练的是"呼吸"二字，所以一会我会着重介绍这部分的内容。

防身自卫类太极拳就是教我们怎么防身的。

首先是竞赛表演类太极拳，大家看到屏幕左侧的三个字了吗？"松、静、顺"，这是我们的竞赛表演类太极拳的核心。竞赛太极拳并不是双人推手，或打架斗殴，而是靠独立成套动作的表演，根据难度系数划分，采取类似体操的标准得分制，由 2 分的难度、3 分的演练和 5 分的动作规格组成。大家可能对这个数字并不是很有印象，但我举一个例子，大家可以把目光看向我：当一个动作落地下来，单腿独立出现，如果有微微的左右晃动，就会扣 0.1 分，0.1 分在竞技赛场上可以造成什么样的名次区别？可以从第一直接掉出前十二名，也就是进不了决赛。所以竞赛太极拳对于心理素质、核心力量、稳定性的要求是非常高的。

这是我 2010 年参加全国锦标赛的时候，截取了一个难度动点"腾空正踢腿，单腿独立，向内转体 180 度，单腿独立，内旋 360 度，单腿独立，外摆 360 度，单腿独立"。我们刚才看到了 5 个旱地拔葱，直接蹦起单腿独立，落下来之后的这种缓冲，像树叶一样。大家知道吗？常年的这种竞技训练会给我们的单侧右腿造成很大的负担，就像我现在整个右侧踝关节胫骨前方的陈旧性骨折，2003 年到现在已经 19 年了都还没有闭合，膝关节滑囊炎滑膜炎，并且末端综合征，髋关节膝关节脱臼。刚才还有一个蹦起连腾空旋转两圈跌劈叉。这对于右髋是一个极大的挑战，如果不做缓冲，那你的臀和腰椎根本就受不了，如果做缓冲，膝关节则需要进行一个支撑。我们长期的这种横空加强控制，必然要进行负重练习，所以会进行各种各样的深蹲负重练习，一身伤病也是必不可少的。这套动作是为了 2008 年北京奥运会准备的，但很遗憾武术项目当时并没有进去，每一个习武之人都感到非常遗憾，但是我们并没有放弃，而是一直在努力，一直到 2020 年 1 月 8 日，竞技太极拳成为第四届青年奥运会的正式项目。

2020 年的这一改变，让太极拳从原来的国家级非物质文化遗产变成了世界级非物质文化遗产，我们的文化在世界得到了认可，对我们来说是一个莫大的鼓励。

关于健身养生类太极拳，我选择的图片是 2021 年的春季课程，大家可以在视频中看到同学们都还是摇摇晃晃不协调，但是他们打得已经非常好了，只不过是刚刚开始学。

刚才我也介绍过太极拳在北大已经有 30 多年的历史了，太极拳不仅是北大体育必修课，同学们也通过在课程中对太极拳的学习以及课外的练习，不断走近太极、了解太极。除此之外，我们北大的校园内也开展了多场太极拳的推广活动和比赛。

在这里我要给大家科普一下，虽然我们在座的都是年轻人，但家里面都有老人，老年人选择的体育项目中太极拳一定是首选，但我们也不要把太极拳归类为老年人专属。实际上，老中青少都非常适合学习太极拳，所以希望通过今天的分享给大家带来一点点太极拳养生健身的干货。

图 10-1 ⊙ **柴云龙为大家介绍太极拳的内核**

　　"松、静、顺"是练习太极拳的核心。无论学习的太极拳是杨氏、孙氏还是吴氏，不管是传统的、养生的还是竞技的，这三个字都是核心。太极拳练的是形，指的是躯干和四肢形体的形；第二个字表达的是意，也就是你的思想；第三个字注重的是气，也就是呼吸。这是我们通过互联网都可以查到的，但是我想告诉大家，我们核心的第一个字"松"，"松肉无骨"的状态是最佳状态，要"松"到极致；"静"代表我们的心和思想，要排除所有杂念集中在当前，排空混沌状态。我们经常讲打太极拳不要有杂念，因为有杂念的时候你是练不好的。

　　最关键的是"气"。我们在座的同学大多用的是表层的呼吸，但太极拳运用的是腹式呼吸，吸气时小腹充盈，呼气时小腹内收，其中有四个字非常关键："深、长、细、匀"。

　　太极拳在表达形式上的主要动作为"升为吸，降为呼，开为吸，合为呼"，合动作前半截为吸，动作后半截为呼。如何呼吸至关重要，所以我们要学会运用呼吸，即便不打太极，同学们在学习中遇到压力大、焦虑、紧张等问题时，也可以用腹式呼吸去调整自己，让自己的身心放松下来。同学们可以试一试深长细匀的鼻腔腹式呼吸，周而复始循环，中间不要憋气。练不练太极拳都不重要，重要的是运用太极拳的呼吸去养生。

接下来，我们来了解一下第三类太极拳。说到防身自卫术你们想到的是谁？是马保国？魏雷？还是徐晓冬？肯定都不是。我们来看一下如何在官方平台推广太极拳。接下来播放的视频是在军营中开展的太极拳文化，把太极拳从柔和、缓慢、均匀、连贯，完全变换为以快为主、以技法为准，通过掤、捋、挤、按、采、挒、肘、靠八种技法，如果按照八卦去解释，前后左右代表的是四正方，分别是掤、捋、挤、按，四隅方向分别代表的是采、挒、肘、靠，八个方位可以进行灵活的拆分运用。

所以在军训中，我们把太极拳推广到军营里，丰富了军营的文化，同时培植他们的爱国情怀，传承我们的文化记忆。现在的士兵都较为年轻，所以思想与大家相似，遇到事情时容易心浮气躁，所以要让他们学会沉下心来。太极拳是一个非常好的抓手。大家看一下屏幕左侧的三个字"快、准、狠"。这三个字无论是用于太极的攻防实战，还是用于搏击，都非常的精准。

因此，在太极拳的思维当中，我们不注重去打，而是以防为攻，学会防守，以柔克刚，所有的力都要借对方的力，借力化力。

例如，我们的"捋"，就是对方冲拳之后搭手向后撤步，但是这个速度一定不能慢，而是瞬间向后。对方一定会有条件反射，我们就借他的力，顺势向前挤出去。

如果你能学会运用这个方法，我相信你肯定是对太极拳非常感兴趣的，所以年轻人要学防身自卫，也就是要懂太极拳的攻防。

02 太极拳的演变

讲到这里，大家应该已经明白什么是攻防。那么，现在我要问大家一个问题，不要着急回答。你们觉得太极拳能打吗？给大家片刻时间思考，待会儿回答我这个问题。

再看一下屏幕右侧，2020 年 11 月 28 日《人民日报》直接定性：太极拳不仅仅是一项拳种，如果把它分为一个体育项目，它是武术当中一个重要的分支，武术一共包含 129 个拳种，重要的分支核心就是太极拳。像马保国这样的商业包装，在三秒之内被击倒三次，还自称"年轻人不讲武德"和"好自为之"，但是大家要知道太极拳不是他所描述的那样，太极拳是我刚才给大家介绍的那三种，竞赛表演类太极拳我们要量化、标准化，向着我们的体育最高赛事奥运会去推广。

健身养生类太极拳关系到我们的文化如何去传承它，绝对不允许抹黑、丑化的现象出现，所以大家以后在社会上再碰到自称"大师"的人，首先要了解一下他是不是真正的大师。

接下来，关于"太极拳能不能打"这个问题，让我们看看视频中北大太极拳课上的学生是怎么回答的。

（播放采访视频）

【采访人】

"你觉得太极拳能打吗？"

【被采访同学 1】

"我觉得不太行，因为它不确保对肌肉力量强度的训练，主要是偏向健身。"

【被采访同学 2】

"我觉得太极拳能打，因为我觉得在打架的过程中，可能更多地讲究打架的技巧，不管是什么方面，它都有一些自己的技巧，我们只要合理运用，我觉得还是能够打的。"

每个人的观点都不太一样，有的人觉得能，有的人觉得不能；觉得能的同学他会给你解释，觉得不能的同学也会告诉你为什么不能。

到这里我想问一下，咱们在座的同学认为太极拳能打的，举一下手，我们看一下。我们没有举手的同学都认为太极拳不能打，非常感谢，你们很诚实，那么，太极拳究竟能不能打呢？

在中华人民共和国成立之前，太极拳是武术的重要分支之一，过去武术就是攻防，防身自卫，没有其他的花架子，一个多余的招式都没有。

1956 年以后，国家体委开始组织专家规范标准地创编太极拳，目的就是向全球推广我们的传统文化，所以就出现了刚才我给大家介绍的第一类——竞赛竞技类太极拳。竞赛就是标准的太极拳，比如 24 式、16 式、8 式、40 式、42 式等；竞技就是我之前所讲的"高、飘、稳、难"这些难度系数。

在近些年的发展过程中，竞赛表演类太极拳在不同的场合对我们的传统文化进行传播。另外，我们需要登上最顶尖的奥运会舞台，所以要量化、标准化。

当今，全球老龄化愈发严重，对健身养生类太极拳的需求也越来越大。目前我国 60 岁以上的人口达到两亿多人，因此全球习练太极拳的人数是以亿为单位的，数量非常庞大。

图 10-2 ⊙ 现场同学认真倾听柴云龙的讲授

在两个活动当中，我本人可以随时随地在半小时之内就开展万人太极拳表演，一个在河南焦作，一个在辽宁大连，这两个地方的太极拳运动开展得非常的棒。

刚才问大家太极拳能不能打，现在我要回答大家，太极拳是能打的，但是要在一定的规则范围内，你不能按照西方的搏击或者我们中国武术的散打、劈打、摔打这些规则。如果说按照这些规则，显然太极拳是吃亏的，但如果按照不用拳、肘、膝的规则，那么太极拳只要近身，马上就可以把你摔倒，而且可以打你。

所以，这一类的修炼者仍然还在传承地，也就是河南焦作温县陈家沟，还有部队，在部队中现在是普遍开展。接下来，开始进入我给大家分享的故事。

03 曲折的冠军之路

首先肯定要从我的成长开始。我的运动生涯属于厚积薄发，前面的波折、挫折、困惑会比较多一些，你们看看能不能在我的故事中找到一些共鸣。

在我周围的冠军朋友们当中，很难找到跟我类似的，因为我的运动生涯在青少年时期是非常坎坷的。

我的习武之路始于《少林寺》这部电影。我出生于河南焦作，是太极拳的发源地，当时未满4岁的我看了《少林寺》这部电影之后，脑子里就萌生了一个想法——我要当和尚。

因为那时候还小，觉得只有当了和尚才能除暴安良、匡扶正义。小时候思想非常单纯，但是直到后来我才知道，原来主演李连杰是全国武术冠军，《少林寺》是李连杰的成名之作，他已经是第三代武术明星了，第一代是李小龙，第二代是成龙。

我小的时候非常调皮，绝对不是大家现在看到的我，比较内敛。当时看完这部电影之后就天天拽着我爸的裤子，嚷嚷着要去少林寺学武。他说："那行，我带你去少林寺参观。"自打我去了之后，我爸后来给我描述，我坐在这个山门口就不想再回去了，说什么都要去练。后来他在附近找了个武校帮我问了一下，学校说孩子太小，收不了。

直到 1994 年，我 7 岁半了，我父亲终于同意了。当时我不好好学习，天天交白卷，老师布置的作业也不写，就是为了要学武，这种学武的迫切心态大家可能想象不到，但我现在回忆起那种感觉仿佛就在去年似的。所以，7 岁半的时候，我终于如愿以偿地去了少林寺附近的一个武校。刚进武校练了两周之后，跟同学们讲句心里话，这两周把我练得泪流满面，打电话让家人来看我，家里人来了问我苦不苦？苦。累不累？累。要不要继续练？要。反正我不要去上学，那个时候满脑子就只有一个想法，要像李连杰一样能够匡扶正义，除暴安良。

我 1994 年踏入母校，是当时全校最小的一个孩子，得到了很多老师的爱护。我用了半年的时间学到了别人两年时间学的内容，学了很多拳种，如大红拳、小红拳、罗汉拳等少林系列拳法学了很多。到第二年的时候，我被选进学校里的代表队，专门给外国人表演和宣传少林文化。被选上之后我就认为我学到了少林的绝学——童子功。童子功是什么功法？我跟大家讲，比瑜伽要软很多倍，要把腿掰到后方，这是软功，同时刚柔并济，还有硬气功。

你们想象不到我在 11 岁的时候，就可以头顶开 4 块砖，肚皮吸碗，四五个人拉不下来。因为那是个技巧活，你没腹肌反而好做，你要有腹肌的话就漏气了。头开小钢板开不动，一抡把钢板抡飞了怎么办？在地上垫一块砖，然后把钢板支上去，一二三，啪，头顶完钢板就碎，以至于我那两年有一个认知上的偏差，我以为我学到了少林绝学了。

直到 1997 年，我练了三年以后，有一次我们去河南商丘参加表演，在旅馆门口的电视上看到河南刘海波赢得全国刀棍全能冠军，那个时候我才知道原来武术是这样的，才开始有一个正确的概念了。过年回家的时候，我就跟我父亲说，想去河南队看看。我父亲不是搞武术的，他也不知道什么是河南队，到处打听，最后终于打听到全名叫河南省工人体育大队。

当时见到李教练也就是我后来的恩师，我说："老师我要进队。"他笑着看我说："这个胆识是可以的，你展示一下。"我说："有没有砖？"我想找块砖，表演一个硬气功，来个硬的给他看一看，软的就跳过。李教练说没有砖，而是给我拿了根棍子让我练练，结果我练得哗哗的，直接将棍扔了出去。我练的那个系列不是国家规定的竞赛套路，所以是没有办法参加比赛的。如果作为全民健身，强身健体，增强体魄没有问题，所以大家要懂得区分。很多武术在我们普及的过程当中不够量化和标准化，这是我们行业内最大的一个壁垒，我们这十几年一直在解决这个问题。

李教练将我推荐到焦作，让我从基本功正踢、侧踢、后踢等 5 种直摆性腿法，前扫、后扫 2 种扫转性腿法和弹腿、正蹬、踹腿 3 种屈伸性腿法，一共 10 种腿法开始练。当时我已经 12 岁，但是跟那里五六岁的孩子相比，他们会的动作我都不会，我会的动作他们不会。只能从零开始。

讲到这里我特别想跟大家说明一下，我从小学二年级开始一直断档到了五年级，这三年我都没有上学。进了市队，要文化课和训练两条腿走。当时我去上了三个月课之后，发现我根本不是那块料，就开始下定决心要走专业这条路，但专业这条路非常非常的苦。大家是在业余时间里，下午 4：30 以后到体育馆训练，一个半小时后各回各家。而我是上午自己练，下午自己练，晚上跟着班练。因为我缺的内容太多了，没有办法，只能恶补。那个时候我就想，没有回头路可走，一定要练出来。而当你的信念、你的想法越简单的时候，目标往往越容易实现。

一直到 14 岁，我在河南焦作参加了一个比赛，这个比赛是国际太极拳委员会主办的。很荣幸的是，在这次比赛中遇到了我人生当中的第二个贵人——马春喜老师，以及第三个贵人——徐玉茹老师，他们两人是我的恩师。当时在这个比赛中，马老师和徐老师作为总裁判长和仲裁，在现场看着所有人打太极拳，突然发现一个这么小的小孩，腿一控控过头，就觉得这小孩的柔韧很不错。那时候我练太极拳只练了三个月，先天条件也不好，但两个老师一拍即合，想把我引进到陕西，作为人才去培养。

2001 年 1 月 1 日，我跟着父亲去了西安。1 月 7 日，徐老师带着整个陕西队的教练组来面试我，通过跑、跳等进行一系列的科学选拔，最后发现我一个最大的问题，大家知道是什么吗？平足！平足的人天生跑不快、跳不高、蹦不远。不适合搞体育。

不过，我那个时候只有这条路可以走，没有其他的选择。恩师徐老师给了我非常大的帮助，他跟我和我父亲说："孩子只有这条路可走，没有办法怎么办？只要不符合科学选材标准是一定要淘汰的，否则你就是在浪费国家的资源。要知道培养一个运动员需要的人力、物力、财力都是巨大的。我们不能只看到冠军的辉煌，更要看到他背后整个团队，包括教练员、队医、领队、领导、后勤人员等的付出。"

最后徐老师一人担当，把我留在陕西队集训三个月，如果这三个月我试训不合格，就要退回到原籍。如果退回去，那我真的是无路可走。那三个月徐老师给我制定了一个魔鬼式的训练计划。当时所有的运动队都是每天早晨6：00出早操，但是徐老师让我5：00就起来，穿着5公斤的沙背心，腿上各绑着2公斤的沙袋，全身上下总负重9公斤，跑完之后6：00跟着队伍再去跑。正是靠着这种强度的训练，我才得以在三个月之后成功留了下来。

图 10-3 ⊙ 柴云龙演示太极拳招式

这三个月后，教练说留下来再看一看，就再延长了三个月。但就在那个时候我的第二个身体问题出现了——营养不良。因为我从小不在父母身边，在长身体的时候，我的身高就严重低于平均身高，一直处于营养不足、营养不良的状态，但我也没当回事。所以几个月负重下来，我膝关节下方的胫骨就凸出来了。别说跳，我只要一蹲下腿就会发软，很像软骨病。徐教练就特别心疼我，私人出钱买了各种钙片，给我补了半年钙。到了第六个月，尽管腿还是发软，但我依然坚持训练，因为在那个年龄能坚持非常重要。

直到 2001 年 7 月，在广东顺德全运会前的测试赛中，我跟我的偶像级别的也就相当于刘伟教授这样级别的人同台竞争，结果拿了一个第五名，这是我根本没有想到的。不过，这样一来河南队就开始盯上我。因为我从小打的是河南省的比赛，在焦作待了两年，在河南省打比赛时拿过前三名，河南省所有的裁判都认识我。

半年后，在我准备 2002 年的比赛时，河南知道人才流失到了陕西。最后河南队告了我，我被禁赛了。被迫无奈，2002 年 6 月，我回到河南队，2002 年的比赛是打不了了，只能备战 2003 年的全国比赛。

2003 年 7 月，打完预赛，我的脚踝开始隐隐作痛，但是一直找不到什么原因。8 月参加全国锦标赛的时候，山东淄博下了两天雨，我的踝关节突然反应非常大。队医没有办法，只能在现场给我打封闭，加绷带。当时必须要上场完成所有的难度系数，还都是右腿动作，最后很显然现场直接砸锅了。回来之后，队里比较重视，直接派队医陪我去郑州市中医院拍片子。结果发现，我的脚踝已经骨折了。在赛前脚踝打了 6 针封闭，把关节已经打得非常脆了，什么时候骨折的我都不知道，但还坚持打完了预赛。报告单显示，踝关节胫骨前端垂直性骨折，就是掉出了一块骨头，而且这块骨头没有办法打钢钉，只能靠自己恢复，因为它太小了。如果把它摘除，踝关节就不能做灵活的动作了，一做就会卡。后来，我在床上躺了一个多月，行走非常不方便，只能靠队友去打饭，每天只能练左腿、练核心、练背肌。但是后来发现右腿越来越细，没有办法，还是要起身慢慢恢复，只能强咬着牙恢复。大家知道有一种镇痛药叫芬必得吗？我那个时候把它当饭吃。当时赛前还有一个月，你只有证明自己的价值，才能有第二年的参赛资格。

第二年陕西队告我，意味着两个省要是僵持住，我就有被终身禁赛的风险。那时我才刚刚出道，就面临被终身禁赛的局面！决赛前我还有一个星期左右时间，便开始强行恢复，那个时候已经顾不上脚了，因为我接到一个重要的通知，如果我这场比赛拿下来，河南省体育局才会力保我。决赛我还是比较争气的，打着绷带、吃着药、打着封闭坚持下来了，虽然有些失误，但是保住了前三名。

打完决赛回去后，我才有休息的时间，一直从 10 月到来年的 4 月，这六个月我开始天天高蛋白、高营养，我的身高突然就从 1 米 63 长到了 1 米 72。但身高一涨，意味着原来积累的所有力量全都不够用了。

很巧的是，在 4 月 1 日愚人节那天，我的领队跟我开玩笑地说："柴云龙，陕西告你，你可能今年参加不了比赛。"我说："徐领队，别跟我开玩笑。""说真的，"他说，"我没跟你开玩笑。"我不相信，就又问教练，教练说："是有这么回事，所以今年你不能再休息了，必须要开始恢复了。"

用了两个月的时间，又是超常的训练。代价就是为膝关节进一步损伤埋下了伏笔。因为需要右腿单腿支撑，承受自己的体重，当时我有 60 公斤，从空中跳起来之后落地要承受住 60 公斤乘以 2.5 倍的重量，动作既要干脆，还要有缓冲。大家已经看到刚才的动作了，是不是这样？好在两个月强行恢复完之后，顺利地进入了决赛。

那一年两个省队打官司，所以打到决赛我变成个人参赛，不代表陕西队，也不代表河南队。决赛我拿了第二名。代价就是膝关节得了滑膜炎，髌尖末端综合征出现了。它属于软组织性的老伤，是一个慢性损伤，没有办法一下子治疗好，除非常年不训练，然后自我康复。

按理说第二年也就是 2005 年，就应该时来运转了，毕竟两个省队不再打官司了，变成联合培养了。这对于一个运动员来说，是非常好的事情。结果山西太原全运会时，我的身体又出问题了。从小训练的肚皮吸碗导致我的胃下垂，那个时候年龄太小没有认知，后来到医院一看，诊断为脾胃虚弱。2005 年，我就一下跌到了谷底。

2006 年，我开始有意识地重新整理自己的训练方法和训练框架。2006 年、2007 年一直到 2008 年，我的成绩一直往上走，但还没有拿过冠军。

在低谷的这段时间，我觉得我的知识量不够，于是萌生想去上大学的想法。2005 年我想报考北京体育大学，但是陕西队不放，2006 年报考又不放。

当时全国很多代表队都知道我，上海队、云南队都向我抛出橄榄枝。美国也向我发出邀请函，让我去执教印度尼西亚的国家队，签证都办完了，到最后，我想了想，还是要去上学。

2007年，我的机会来了，领导说："放他去哪个省都不如让他去上学，因为他去哪个省都是强大的对手。"所以到2008年，我才得以进入北京体育大学学习。进入大学后，第一件事情就是对着毛主席像发誓："我一定要做中国太极第一人。"虽然当时许下了这个誓言，但这个誓言其实很笼统。从大一开始，我在北京体育大学读的就不是冠军班，是武术学院本科生普通生班，后来进了代表队之后，每天只有1.5小时的训练时间，大部分时间都是要学习。大多数人上了学之后项目成绩自然会下滑，而我那个时候是一个例外，我一定要把成绩搞上去，因为再往上走就只剩下第一了。

大学期间我参加了很多比赛，从2009年开始，一口气拿了28块金牌。但实际上在拿第27块金牌的时候，我就已经选择退役了。因为从小伤病缠身，实在是没有办法。大家可以看到屏幕左侧这张图，这是我代表学校参加

山再高往上攀总能登顶，路再长走下去定能到达。

——"冠军讲堂"柴云龙

图 10-4 ◉ 柴云龙寄语北大青年

的全国大学生运动会，表面上叫大学生，实际上全部都是专业队的运动员，全部都是挂靠的，只有我是在学校里练习的。

2010年，我作为体育总局的代表参加了广州亚运会火炬传递。在传递火炬的过程中，我一路在跳，一路在蹦，一路都在打难度，成为当时火炬传递中的亮点。2011年，我被评为中国大学生年度人物，不是因为我的专业，而是因为我的文化传播贡献。

2012年本科毕业之后，我就退役了。半年后，我被陕西队召回参加全运会，准备打世锦赛。虽然退役了，但是当需要我的时候，我肯定义不容辞，毕竟我还有冠军梦没有实现。

我的冠军梦是什么？就是世界锦标赛，因为在全国加上各种各样的比赛我已经拿了20多块金牌，这就够了，真的身体不允许，不仅是伤还有病。在这种情况下我重返赛场，用了两个月时间开始恢复，准备全运会预赛。先保自己进预赛，最后决赛之前我接到正式的通知，可以准备世锦赛，幸运的是预赛和决赛发挥得很正常。

图 10-5 ⊙ 柴云龙在第十二届世界武术锦标赛上取得冠军

最重要的比赛就是这场比赛，打完这场比赛之后，我彻底感觉人被掏空了。但是如果再有机会，还让我去上场的话，我也还会上场，因为在我们武术人脑子里，交给你的任务，你要能上、敢上，就要有胆魄地、有担当地上。

04 勇于承担社会责任，为社会无私奉献

刚才我提到大学生年度人物，我之所以能被评上主要是跟我的文化推广和普及有直接的联系。我做的推广和普及国内和国外都有，国内推广的主要形式是"六进"——进军营、进校园、进企业、进机关、进乡镇、进社区，我所做的公益几乎是全覆盖，社会事务只要有时间我都会积极去做。

图 10-6 ⊙ **柴云龙参加公益活动的照片**

大家可以看到屏幕上的这张图，这张合影是 2014 年在人民大会堂上的表演；这张是在河南焦作，我带领的万人太极活动。大连每年的万人太极也是

我去带动的。接下来这张照片是在俄罗斯举行的以汉语言为主题的活动上拍的，闭幕式在克里姆林宫举行，普京也出席了。这是我随着中国宋庆龄基金会去做社会公益活动，其中还有刘伟老师，我们都是宋庆龄基金会的成员，尽我们的微薄之力帮助有需要的人。

下面这一张图我简单说一下，这是在南京"麦当劳叔叔之家"，可以看到照片里有很多没有头发的小朋友，他们都是白血病患者。

第二张图缘分很巧妙，孩子妈妈当天中午正好跟我发微信，我觉得可以跟她了解一下孩子的情况，那个孩子现在 16 岁，得了血友病。当时我跟羽毛球世界冠军田卿随着中国宋庆龄基金会去湖南看望他。可以看出他们的条件确实很艰苦，三天打一次吊瓶，每一瓶 300 多元，一次就 900 多元。现在当地政府都帮他们解决了费用，可以看到我们国家真的是越来越强大了，但是他自身的病痛还要伴随终生。

这是我们在特殊儿童学校和留守儿童学校做公益。这是我们到三沙市慰问岛上的官兵。西藏对于运动员来说耗氧量极大，当时我是乘坐飞机过去的，直接去现场做活动了，做完活动后，我就高反了，并且很吓人，眼球完全红透了，但是这场活动确实给我留下了非常深刻的印象。我们在边疆的官兵，保家卫国真的很辛苦。就这样，每年的暑假我都没有闲着，比如去宁夏的幼儿园里给少数民族参加比赛的孩子颁奖。在汶川地震 4 周年的时候，我们跟随中国森林基金会去汶川做公益，他们把山东莱西的武术带入一个具有鲜明武术特色的校园。校园校长具有很强的前瞻性，把武术作为他们学校特色文化，让每个孩子都学习武术，强身健体，让女孩子学会保护自己，这让我对这位校长肃然起敬。

到这里我想说一下，我在成长过程中尤其是在青少年时期并不是很顺利，但是父亲从小跟我讲过一句话，我到现在都记忆犹新，他说："瀑布为什么壮观？因为它没有退路。喷泉为什么好看？因为它有压力。水之所以能穿石，靠的就是一直在坚持，贵在坚持，人也是如此，可是你要学会每天给自己注入一点正能量。"所以每天我都会给自己注入新的能量。我们身边有很多优秀的人，我们要学会跟他学习。

在座的同学们，我敢说你们除了太极拳，在任何方面都比我优秀，但是我们在未来的人生道路上，免不了会遇到坎坷挫折，那我们该如何去克服？

《增广贤文》有云："未曾清贫难成人，不经打击老天真。自古英雄出炼狱，从来富贵入凡尘。醉生梦死谁成气，拓马长枪定乾坤。挥军千里山河在，立名扬威传后人。"每一个习武之人的心里面都有一个报国情怀，都渴望保家卫国、精忠报国。

在北大任教的两年多，虽然时间并不长，但是我跟刘老师认识的时间非常长，刘老师是我们乒乓球界的泰斗，在她身上我学到了很多。而我作为北大的一个青年教师，我最需要做的一点，就是把我的本科生必修课上好，希望同学们在我的课上能多学点有用的知识。太极除了健身之外，养生、保健、防身都能充分让它功能化。最后有一句话与大家共勉：山再高，往上攀总能登顶，路再长，走下去定能到达。谢谢大家。

刘伟： 非常好。柴老师的讲座让我们感受到了武术太极拳的博大精深。我跟柴老师一开始认识不是在北大，而是我们在做公益的时候，当时我们跟着宋庆龄基金会到了很多地方，刚才他也给大家分享了很多这方面的照片，通过做公益可以发现这会让一个人心灵成长。

现在我是带着北大校队每年做一次公益，因为我觉得这是一件好事。去澳门做公益的时候，看到柴老师在中学展示了太极拳的表演。所以你除了讲座之外，一定要把太极拳给同学们展示一下，特别有韵味和气场。现在我们热烈欢迎柴老师。

柴云龙： 因为场地确实有限，大家可能看不到我们在空中展示的那些动作。我给大家展示一组竞技太极拳，以快和慢、刚和柔形成反差，主要看太极拳刚柔相济的变化，谢谢。

图 10-7 ⊙ 柴云龙现场表演太极拳

刘伟： 咱们现在进入提问环节，互动交流，同学们可以向柴老师提问。

同学： 柴老师您好，我想问，您小时候在少林寺的那段经历给您的帮助重大吗？我感觉在您的职业发展过程中，在少林寺这段经历还是给予您很大的基础支持的，谢谢。

柴云龙： 之前钱主任讲了一句话，我特别认可，那就是人生没有白走的路，每一步都算数。少林寺那段经历给了我两个重要的感悟。第一，苦难。苦难培养我的意志品质，造就了我的成才之路。如果没有那段经历，我可能没有今天，那时候每天早晨我们5：00起床要跑山，我是全校最小的一个，别人的步幅是1.5米，我的步幅只有0.7米。这三年半，我全部按照成人标准来要求自己。第二，现在如果跟我谈少林寺，谈轻功，我马上就能分辨出真假。而我当时练的头顶开砖、开钢板、肚皮戏，属于硬气功，硬气功还有一个别称叫苦功，只要肯下功夫都是可以练出来的。比如我练铁砂掌需要天天拍，手掌是软的，但是拍了后就可以把它拍成硬的，拍硬了之后这有一个钉子你就可以把它拍下去，关键看你功夫能不能到家。

同学： 老师您好，我有两个问题，第一个问题是，您的人生起起伏伏也经历了很多的挑战和坎坷，您在最痛苦最煎熬的时候，有没有怀疑过自己或者有没有经历过自我怀疑的过程？又是怎么样走出迷茫和困惑的？

第二个问题是，您刚才回答那位同学问题的时候，让我想起《道德经》，我觉得身心灵是一体的，你们有没有在习武过程中感觉到对哲学还有身心灵整个的体会？这种体会我觉得可能有别于普通人。谢谢老师。

柴云龙： 谢谢，首先回答您第一个问题，在我19岁的时候，是我最迷茫的一个时期，从5月份比完预赛，一直到第二年的4月份，11个月，可以说是我的至暗时刻，怎么熬？没办法只能硬扛，但是硬扛总得有一些信念或者信条。那个时候我父亲是我的人生导师，他说当年岳飞在不得志的时候，安慰自己的一句话叫"时运未来君且守，困龙也有上天时"，我就时刻记着这句话。第二句话是我从小父亲就给我灌输的："因为我们是普通家庭的孩子，你不要跟人比背景，更不要跟别人比经济条件，比什么？比实力、比能力、比你的难度稳定性、比你的运动成绩。"父亲从小就给我树立了正确价值观，让我主动朝着自己努力还不够的方向继续奔跑。

当然在你不得志的时候，我们确实需要有信念去支撑，2013年是我最艰难的时候，我那时候面对全运会和世锦赛两个大赛，想要获得好的成绩，但是身体已经亮红灯了，而信心是必须要有的，绝对不能在关键时候掉链子。那时候的想法就是，成功往往在于最后多一点点的坚持，比的就是最后谁能坚持得久，高手之间过招，比的就是意志品质，谁能坚持到最后谁就能胜利。

第二点，关于您刚才说身心，我先问一下您是同学还是老师？是在这边工作吗？那您是不是练瑜伽？

所有的体育项目中只有两个体育项目源于东方的内外结合，一个是中国的太极，一个是印度的瑜伽。它们都非常讲究内外结合，身心灵、义气、形神想法不一样，但是道理都相通。我们经常讲一句话，叫天地万物，世界最强的对手不是别人，而是自身。超越之前的自己，也就是认知，方可见全新境界。其实我觉得每个人的认知差异非常大，这就是刚才你问的问题，你的认知上去了，你对太极拳的理解是不是更为深刻？如果你的认知没有上去，可能它就是一个圈，可以这样回答你吗？

所以，我们每个人的本体感觉是不太一样的，如果您问我的感觉，我不教学的话，我可能追求个人意境，我更多在乎的是一个字，就是刚才在前面我打出的一个"顺"，还记得吗？呼吸我更注重的是气息，大家可以听一下，因为我们通过呼吸使我们的血氧量饱和，这个时候我们的精气神就会往上走，固本升阳，血气上升。当我们氧气不足的时候，那么大脑缺氧会怎么样？昏昏沉沉想睡觉的状态，所以要学会用呼吸调整，这就是为什么我时刻在抓气息。有的时候特别忙，睡眠是不足的，所以要靠呼吸调整，这就是我的方法，谢谢。

❓ 同学：老师您好，我看您很多的冠军都是在上大学之后才拿到的。而您在上大学之后，您的年龄包括训练的机会，专业的指导，实际上都是不占优势的，为什么在上大学之后您可以拿到这些冠军？您会不会有一种年龄焦虑："我现在已经20多岁了，我现在可能已经错过了。"经常拿冠军的这些优秀的运动员可能都有这些焦虑，或者说您怎么样克服这样的焦虑？谢谢老师。

💬 柴云龙：明白，问的问题都很透彻，果然我跟刘老师在上周汇报的时候还说我给北大的学生讲课肯定备感压力，之前我跟很多的这种想报考筑梦中华、圆梦北大高考研习班的学生讲了很多，每年暑假都会讲，包括我们的贫困山区，咱们北大从第一位开始每一位同学问的问题都很透彻，我来回答你。

在我大学期间从事专业训练所有的条件都是不具备的，我刚才说，上了大学后的专业运动成绩自然是下滑的，我除外。因为我自律，善于管理自己，4 年大学我没有回过家，没有寒暑假，过年我都没回家，你问的问题很透彻，问到我心坎里了。

2008 年我来北京的时候，现在的五彩城都没有建，2011 年才开始建设，那里的每一片土地的变化我都能给你说出来，为什么？因为我每周会有两次的长跑，每次 18 公里，但是大部分时候我的踝关节会垂直性骨折，那为什么还要跑？我刚才回复您的，因为所有的高负荷会导致我们的单腿乳酸堆积，产生过度的疲劳，长期这样会形成慢性损伤，所以我必须要靠慢跑去把它代谢掉。这就是靠的是信念，靠的是更加精准的科学训练方法。

在比赛的时候，往往比的就是那一点认知和一点训练方法，这是回答你的第一个问题。

第二个问题，有没有年龄焦虑？我上大学之后就年龄焦虑了，不用怀疑，我们国家体育总局规定特招的年龄为 22 周岁，而我是最后一年，如果那一年考不了的话，我就不能再走特招了，如果走单招我肯定考不上。虽然这么多年我一直在自学，但是跟科班出身的同学还是差很远的。

我们不怕不成，越晚越好，因为好饭不怕晚，当时我就是不断用大器晚成来暗示自己，心理暗示很有作用。2017 年我考了国家二级心理咨询师，更多的是针对自己，其次是帮助所授课的很多我们山区的同学，找到一个心理的共性和一个平衡点，去学会自我调整。谁规定说 20 岁一定要辉煌，有的人 30 岁辉煌，谢谢。

同学们，咱们最后还有一点时间，刘老师把宝贵的时间交给我了，我希望大家今天不能光听故事，最好还有点收获。接下来我们控制时间，所有人来体会一下，肩颈保健操，把目光聚焦到我这，我只给三分钟时间听清楚。第一，你们是长期伏案久坐、学习类人群。第二，现在我们都是智能化办公，人手一台笔记本电脑，刚才你们在低头的时候我都能看到你们的状态。所以你符合低头族人群，接下来我教你们一套肩颈保健操，简单易学，关键是实用有效。明确告诉大家颈椎病跟你所有的慢性疾病直接关联，所以一定要保护好颈椎，杜绝和缓解颈椎疲劳和肩颈疲劳，注意激活我们的斜方肌。

对于那些需要长时间在电脑前工作的人来说，不妨在工作间隙做做操，放松一下身心。现在所有的同学起立，请按我的语音提示，我不说停，请大家坚持这个动作，做完这 5 个动作之后，你再感受一下。小拇指到腋下是心经，拇指到我们的肩窝内三寸下两指，再到我们的乳侧一寸是心包经，心经、肺经和心包经练完之后，你会感觉神清气爽。现在所有人跟我一起两脚与肩同宽，两手自然下垂。

现在我们做一个含胸，再做一个展胸，感受一下自己的肌群是不是松紧的感觉，记住了。接下来开始跟我做5个动作，做完我说放松再放松。所有人听我提示，双掌根下撑，注意指尖朝前，肘窝伸直，身体中正，保持这个姿势不再动了。

首先，每个动作4个8拍，从左侧开始交替进行，左右循环，12345678，继续22345678，32345678，身体不要歪，我看有的同学左右摆动，42345678，摆动的同学说明什么？说明你的肩太紧了，右肩归位。

接下来我们进行提肩。注意一是提到极致，二是提肩的时候掌根发力，有意识去找酸胀麻的感觉。注意了，现在此时肯定大家从肘窝到掌根，一直麻到指肚是最爽的。左右上下循环，12345678，22345678，32345678，注意手肘不要弯曲，42345678。定住，别放松。先跟我学一个分解动作，双肩上提，左肩向前，右肩向后，画弧向下；左肩向后，右肩向前，画弧上提，下面来双肩归位完整版动作。

准备开始12345678，继续22345678，好，定住。有部分同学做得不错，是你的身体在摆动，接下来保持状态，不要松，右前左后32345678，42345678，好，双转肩，转胸加倍，双肩上提含胸，双肩归位。来一个完整版1234，肘关节伸直，5678，继续22345678，有的人肯定已经麻到指肚了，坚持。向后32345678，42345678，把最后一个动作做完，能有效预防肩周炎。

来两臂内旋，注意两手背相贴，后面的同学如果看不到，听我语音提示就行。两臂外旋到极致，展胸夹臂完成了。有两个细节，一是两指贴到大腿外侧，二是颈部朝左平转，拉伸的是胸锁乳突肌，锻炼我们的肩轴的内旋外展灵活性。

继续回旋到正前方，注意是内旋状态。再次外展看右侧，好，12345678来再做一个8拍，2234，注意开合要充分，5678。两臂上举，让血液回流一下，放松下来。大家再做一做。肩部肌肉是不是感觉松很多了？请坐下。

💬 **刘伟：**非常感谢柴老师今天给我们带来的讲座，不仅欣赏到他帅气的太极拳，还有他的成长经历，所以大家赶快去选柴云龙老师的太极拳课，也是体育必修课。再次用最热烈的掌声对柴老师表示衷心的感谢，谢谢。

侯逸凡
从"兵"到"后"——棋盘内外的升变之路

侯逸凡

江苏兴化人，国际象棋特级大师，三次获得女子世界国际象棋锦标赛冠军，是有史以来获得特级大师称号的最年轻的女性选手，最年轻的女子国际象棋世界冠军。现任北京大学体育教研部教师。

1999 年，开始学习国际象棋。2003 年，进入中国国际象棋队。2008 年，获得"男子国际特级大师"称号，成为当时拥有该称号的年龄最小的女棋手。2010 年，首次获得世界女子国际象棋锦标赛冠军，成为历史上最年轻的世界棋后；之后在 2011 年、2013 年和 2016 年又三次夺得女子国际象棋世界冠军，成为国际象棋史上最年轻的四冠棋后。2012 年，在第 10 届直布罗陀国际象棋公开赛中，战胜朱迪特·波尔加，打破对手 20 年来在慢棋比赛中对女棋手不败的纪录。2017 年，在第 50 届比尔国际象棋节特级大师组比赛中，战胜多位男子特级大师并夺冠，成为该赛事历史上首位夺得特级大师组冠军的女棋手。2017 年 12 月，获得罗德奖学金，并于 2018 年 8 月就读英国牛津大学。2020 年 7 月 10 日，受聘担任深圳大学教授，成为该校最年轻的正教授。2021 年 7 月 29 日，获第十四届全运会国际象棋比赛女子组冠军。2023 年进入北京大学任教。

同学们，老师们，大家好，我是侯逸凡。今天非常开心能够再次回到北大，再次来到熟悉的二教。我在这个教室上过课的。现在就来跟大家一起分享我的经历。

我是 2012 年入学北大的，是国际关系学院 2012 级的本科生。在座的同学们正值青春年华，我已经是学姐了，但还不敢说是大家的前辈。今天非常开心能够在这里跟大家一起交流互动。今天说是做讲座，但我觉得我还不够格，或者说还没有修炼到位，今天主要是跟大家分享一下作为从业大概 20 多年的棋手的一些成长经历，一些体悟，自己收获了什么，从中获得了哪些成长，以及这些经历如何发挥作用，如何影响每一步选择和未来规划。

我知道尽管有创新创业课或其他渠道，但同学们之前可能不了解国际象棋这个项目，也不是非常了解我们这个行业。如果是第一次见到的话，就当多了解一项体育运动，说不定之后可能会成为兴趣爱好；如果之前恰巧是做国际象棋项目的，等会儿欢迎踊跃举手参与我们的互动。咱们先做一个调查，多少人之前了解过国际象棋，有吗？举个手。好，后半段就靠你们了，我记得这些举手的了，到时候一定要上台。

今天的主题是"从兵到后"。为什么突出这两个棋子？因为我们象棋当中，兵、王、车、马、象、后，6 种棋子，从兵到后，从字面上看，可以认为是一种提升，在棋盘上来讲，也意味着形势上的根本性改变。

我想先从一个问题开始：大家觉得国际象棋是否属于体育运动？

（同学：我觉得是。首先，它是国际项目，是亚运会的项目，而且在各个国家、在国际上它也是被列为体育项目之一的；其次，国际象棋也是一个需要锻炼脑力的运动，同时它也为双方棋手提供了交流的机会。所以，它符合体育需要具备的基本特征。）

非常好，这位同学对国际象棋有着比较深的了解。

首先，国际象棋进入了亚运会。给大家补充一点，国际象棋目前还不是亚运会的正式比赛项目。我参加了 2010 年广州亚运会，再往前 4 年多哈亚运会的时候也有过一些象棋项目，但是亚运会规定，连续 3 次进入亚运会才能够成为正式项目。很遗憾，2014 年那一届亚运会，如果我没有记错应该是在韩国，那一年国际象棋没有进入，所以说国际象棋那时还不是正式的亚运会比赛项目。不过接下来的杭州亚运会，国际象棋是作为正式比赛项目的。

其次，刚刚那位同学也提到了非常重要的一个细节，不知道大家有没有注意，国际象棋是脑力运动。但是，它跟传统体育这种体能的比拼有点不一样，对不对？在这里我说一下自己的一些看法。

作为一名棋手，我当然认为国际象棋是属于体育项目的，一般也把棋手归为运动员，毕竟这是一项竞技运动，两个人坐在棋盘前进行比拼，将会出现胜负的结果，而且我们是在既定的规则下，在有限的空间来进行这个比赛，其结果也具有比较高的公平性，能够反映运动员的水平。虽然它是一项脑力运动，但国际象棋也需要比较好的体能储备，比如我曾经下过一盘棋，持续下了 7 个多小时，中间没有休息。

下面跟大家简单分享一下我与国际象棋的故事：

我是 1999 年开始学习国际象棋的，那时才 5 岁多。也是机缘巧合，当时一眼被国际象棋迷住了，当时看到的棋子是立体的，我被吸引，迷迷糊糊地就开始学了。学了之后才逐渐发现，虽然小小 64 格的棋盘，里面却蕴含着很多战略战术，不仅要用到我们的计算能力、认知能力，很多时候还需要用推理、观察、判断来作选择。所以，成为一名优秀的棋手，并不是只要不停地埋头苦练就一定能出成绩，也不是需要大赛的历练就一定可以出成绩，更多的是我们该如何从自己的经验当中去总结。比如，你这盘棋为什么输了？为什么你的成绩就是不好？需要总结出适合自己的方法来不断地提升自身的竞技水平。这也是国际象棋吸引我的一点，因为我从小要去不同的地方参加比赛，在更多的场合去结识各行各业优秀的人，进一步提升自己。

今天主要围绕职业生涯、人生转变和自己的一些思考体悟这三个方面来和大家交流。我大概从 2005 年开始参加成人的国内以及国际比赛。可能细心的同学会发现，我 2017 年之后参加的比赛比较少了，那段时间主要也是面临一个职业上的转型，2020 年开始大多都是网络比赛了。

01 职业生涯

　　首先跟大家分享几个我早年的小故事。第一个是 2005 年的世界团体赛，大家注意一下，这是男子的世界团体赛，也是国际象棋项目中男子最重要的比赛之一。可能大家很好奇，你当时怎么能参加？这也是运气好，一共有 10 支参赛队伍，只有中国有机会派出一支男队和一支女队，为什么？因为中国女队在之前成绩非常的好，所以作为特邀得以参赛。所以比赛之前，我们国家队举办了一个内部选拔赛，我因为成绩不错，有机会入选中国女队。这是我第一次代表国家参加国际成人比赛，这是很重要的一场比赛。当然，这场比赛对女队来讲，更多的是锻炼提升自己的水平，从教练到队伍方面并不会给棋手多么大的压力，要求一定要取得什么样的成绩。

北京大学
PEKING UNIVERSITY

棋艺生涯
主要成绩

2005年世界杯中国独立区女子分区赛冠军
2007,2008年全国国际象棋女子个人锦标赛冠军
2008年世界女子国际象棋锦标赛亚军
——成为最年轻的 GM
2010年世界女子国际象棋锦标赛冠军
——成为最年轻的个人世界冠军，破纪录
2007,2010年中国国际象棋甲级联赛冠军
2007,2009,2011年女子世界团体赛冠军
2011年中国国际象棋女子名人赛冠军
2012年直布罗陀公开赛亚军，女子第一
2011-2014年世界智力精英运动会六金三银
2014年科西嘉国际象棋大师赛冠军
——创赛来首位夺冠女棋手
2009-2014年FIDE 女子大奖赛包揽总冠军
2016年国际象棋奥林匹克团体赛冠军
2011,2013,2016年女子个人世界冠军，四冠棋后
2017年 比尔国际象棋大师赛冠军
——创赛 50 年来首位夺冠女棋手
2020年国际棋联"国家杯"国际象棋网络团体赛冠军
2019-2020年世界女子大师巅峰赛冠军
2021年FIDE Speed Chess 女子锦标赛冠军

图 11-1 ⊙ 侯逸凡展示获得的成绩

　　为什么跟大家分享这次经历？因为这场比赛我表现得非常糟糕，9 盘棋我上了 3 场，大家猜猜我得了几分？一场没有赢还不算糟糕，我得了 0 分，输

了3盘。当然这个成绩，如果要求比较低，也不算多么糟糕，当作锻炼自己。有些人会觉得这真的是丢人，对自己的练习生涯、对棋艺水平的评判以及未来的参赛，都会产生不好的影响。但我当时没有，我更多的是把这场经历当作一次宝贵的锻炼机会。它让我明白，第一，比你强的人很多；第二，机会是要靠自己去争取的，只有当你的实力上来了，你的表现好了，得到了队友和教练信任的时候，你才有更多上场发挥的机会。当时9盘棋对手都是世界各国的高手，我记得那次比赛有一位我特别欣赏的棋手，当时特别希望其中某一场轮次能够有跟他同台竞技的机会，但是由于前面输了2盘，所以我跟教练提的时候，教练觉得我发挥得不够稳定。我当时就觉得非常遗憾，这个交手、切磋交流的机会，就这么被我白白浪费了，多可惜，是不是？也正是因为有这样的先例，导致我后来不断地想办法提升自己的水平，几年后我终于有了多次跟我欣赏的棋手交手的机会，而且是邀请赛。

这个经历让我明白，像国际上这种竞技项目，或者其他很多事情，如果我们觉得自己没有得到应有的机会，心里觉得不公平的时候，不妨换一种积极的心态去思考，自己到底该通过什么样的努力才可以进一步提升，是不是可以做得更好？这样机会自然而然就会来了。

刚刚提到，我第一次参加亚运会是2010年，这届亚运会上我拿到了历史上棋牌项目的第一块金牌。其实在2006年的时候，我就有参加亚运会的机会，当时在国内我的等级分排名是最高的，但由于我年龄小，那年我12岁，所以教练团队经过各方面综合考虑，觉得我还是不够稳定，像这种大赛撑不起来，因此到最后只有两位男棋手和独立棋手去参赛了，我没有得到机会。

那一次我记得很清楚，甚至有一些业界的老师都跟我说，一定要争取这样的机会。但我没有。为什么？我觉得如果教练对你不够认可，那就是因为你的水平还没有让他放心。我要做的就是不断提升自己，让自己的竞技水平更高，表现更稳定，犯错误的概率更低，才能够获得想要的这种上场锻炼、为国家争得荣誉的机会，也就是说要积累。所以后来，到了2008年甚至更往后，基本上三人赛的大赛，我都能够作为主力队员上场了，并且成绩整体都还不错。

我们接下来看2006年女子世锦赛。我第一次参加这个比赛，当年我12

岁，更多的是想锻炼一下自己，看看女子世锦赛是什么样的环境。这是一个淘汰制的赛事，一共 64 个人，我的初始排名是比较靠后的，应该是 58 往后，最后没想到我的成绩还不错。这场比赛我们连续盯了两轮，淘汰了 2 个对手，进入第三轮时成绩不好，但也算是超水平发挥了。我想跟大家分享的是，这次比赛结束之后，因为各种原因，我在比赛场地多待了一个星期，也就是这一个星期的时间，我得以近距离地观察当时世界上的高手，他们在应对这种重要比赛的时候、在比赛过程当中是什么样的状态，比赛之余又是什么样的一种状态，他们的教练和陪同人员在比赛的时候又是怎么样去准备、去应对的。我想把这些观察跟大家分享一下。

这里插一句，那年的世锦赛，大家知道谁拿了冠军？就是刘伟老师提到的许昱华老师，这在当时还是很受关注的。为什么说这次比赛很残酷？因为我发现在这场淘汰赛当中，很多原来非常有实力、非常优秀的棋手，都不自觉地紧张起来，会犯一些平时不会犯的错误——到了加赛的时候，由于时限缩短，他们的竞技水平也无法很好地体现，导致意外被淘汰。我们再说这些高手的陪同人员，如教练或者亲友团，他们在比赛期间整个人的状态都是非常绷紧的，感觉十分紧张。可想而知，这项竞技运动还是比较残酷的，如果我们错失了这个机会，就要等到两年之后了，这更体现了它的重要性。一位棋手如何在高压之下、在棘手的对手面前也能够更好地表现、发挥出自己的水平，尽可能地圆满完成任务，这确实是需要不断去总结、不断去积累的。

我的竞技生涯大多时候比较顺利，有一点就得益于我可能比较愿意去思考、观察、分析以及总结一些方法。我再给大家举一个例子，学棋我们都要研究开局，有同学可能会知道下一盘国际象棋一般分为三个阶段——开、中、残，即刚入局的时候、下棋下到一半的时候和下棋结尾的时候。在开局阶段，比如喜欢用什么样的开局模式，或有什么样的定式我们可以提前拆解。这部分其实有很多前辈棋手的高招，或者说我们也可以借助书籍和电脑软件做大量的准备工作，不过有一个惯例，大家会倾向于找那些经过高手验证的去学习和模仿，认为它是最准确的。

不过，当时我不是这样的，我在这个基础之上会想办法找一些偏招，不是那种骗招，是指相对比较冷门的招数，然后去研究它们，去琢磨这些招数到底适不适合在正式比赛中使用，如果能用的话，到底该针对什么水平或什么等级、什么风格的人去用，然后再把它们拆解、分析，后来事实证明这种做法的效果还是不错的。

我研究的开局有两个小变化，在我使用了之后得到了世界排名前 30 中的大多数棋手的认可，后来很多人都采用了。这个开局不能说是我发明的，只是此前可能是一些非专业人士下的，由于我在重要的比赛中用了，人们开始关注到了，后来发现效果还不错，所以被很多人采用。我也因此才会发现像这种研究方法，这种边学习边思考的方式，可以帮自己不断地提升，现在想来，它们对自己棋艺的帮助非常大。

图 11-2 ⊙ **侯逸凡分享自己的职业生涯**

我们再来看 2008 年世锦赛，那一年我 14 岁，积分还可以，开赛之前的排名应该是在前四，但毕竟还缺乏大赛的经验，所以说在赛前并没有被寄予厚望。不过，比赛整体非常顺利，我直接杀到了决赛。但是到了决赛之后发现，我整个人不自觉地发生了某种变化，不知道是压力还是觉得职业生涯当中的一个目标突然离自己非常近，伸手就能够得着的感觉，整个人就开始不对了，所以那次决赛我的表现不是特别好，或者说发挥比较失常，没有展现出自己应该有的水平，以1.5∶2.5输给了俄罗斯的棋手亚历山德拉·科斯坚纽克。

不过，我没有因为这次的失利影响自己接下来的竞技生涯，相反我觉得很好，我已经有了决赛的经验，这很宝贵。接下来，我要总结为什么这场决赛输了，仅仅是心态吗？还是说我在竞技水平上也有某些需要去总结和提升的地方？我总结反思这次比赛，也是要为两年之后的比赛做好准备。

接着就到了2010年，也是我第一次拿世界冠军的那年。曾经的苏联最高领导人戈尔巴乔夫给我颁奖，当时我在行业内是最年轻的世界冠军，稍微破了一下纪录。在我之前，这个纪录一直由格鲁吉亚一个非常厉害的前辈棋手保持着，她保持了32年，所以说那届拿冠军确实算是完成了自己职业生涯当中的一个阶段性目标。

不过，这场比赛下得其实并没有特别轻松，前半段顺利下到了决赛。决赛时遇到了队友。熟悉体育的都会知道，队友反而让你没有任何保障，因为大家相互之间太熟悉、太了解了。前3盘我2∶1领先，结果第四盘，她顶着重压战胜了我。等于是前面积累的优势都被打下了，当时其实我心里是有波动的，我在想会不会两年前的故事再一次上演？

明明这个目标已经非常确定了，但这一次可能又要溜走了。我们当时的赛事很紧凑，第四盘下完之后已经是晚上七八点了，第二天上午甚至下午还要来继续比赛，给我们调整的时间是很短暂的。这个时候考验的就是职业棋手心态的转变，如何适时地调整，让自己超脱出你当下正处于的这种紧张形势，这个其实是非常重要的。我觉得某种程度上也是因为2年前的经验，所以这一次我处理得相对更加稳定一些。只有当你抛开脑海中的那些杂念，那些棋盘外的因素的时候，你才能够沉浸其中，认认真真地去思考这些棋艺技法本身。

接下来是2012年。2012年的公开赛其实就是一次普通的比赛，我的对手叫作小波尔加，可能有同学会知道这个名字。小波尔加非常厉害，可以说是国际象棋界从古至今最优秀的女棋手，还没有之一，我也比不过她。其实她曾经进过男子世界前10。这盘对局是我们两人至今为止唯一的一次交手，最后是我赢了，但是并不是因为赢棋我才重点说到她。我跟大家看待这场比赛的视角不一样。这场比赛下完之后，很多人可能会说她要回去反省了，说我第一能够战胜小波尔加很厉害，第二我的实力多么强，类似的说法很多，因为这次比赛过后，我的等级分当时就超过了她，大家会有各种各样的评论。但我自己清楚地认识到，小波尔加应该是 1976 年出生的棋手，我是 1994 年的，我们俩差了将近 20 岁。这是一代到两代人的距离，棋手的职业生涯相对比较长，所以或许可以称为隔了一代，但也说明了一个问题，我当时是事业处于上升阶段，而她大概率来讲，是过了巅峰期了，实力有所下降，在这样一个情况下，我们俩碰上了，其实就像两条线，你这边在上升，她那边在下降，你赢了并不能够说明你比她强。我们需要以一种比较客观的眼光来看待这一场比赛的胜利。

另外，我强调了这只是一场比赛，如果当时我们进行一场 10 盘或者 20 盘的对抗赛，我认为我赢的概率还是相对比较低的。因为无论从大赛经验、开始准备以及残局技术等而言，她都会比我强一些。只是我的计算战术可能会好一些，但是整体而言我的胜算不是特别的大。所以，这场比赛对我而言，如何提升自己的等级排名，更稳定地发挥，才是重要的事情。

类似这样的心态，在我的国际象棋生涯当中也体现在不同的方面，比如我并不会把获得世界冠军当作我的终极目标，或者把这个事情看得非常重要，我更会想它是对我过去的付出所取得成绩的一种认可，也是对自己未来进一步提升的一种激励。因为你如果一旦把这些成绩作为你的终极目标，可能你就会丧失那种自我提升的原动力。

作为一名运动员，或者作为行业中的一位奋斗者来说，不断地去提升自己，不断地去超越自己、挑战自己才是最重要的。所以说成绩也一样，这些都是阶段性的，只是激励自己走得更远。2016 年我获得了个人的第四次世界冠军，但也是在这一年，我为了更好地提升自己的水平，决定参加男子的比赛，退出当年度国际象棋女子系列的大奖赛事。可能大家会奇怪，无论参加什么比赛，都可以提升啊。

关于这方面，我之后会简单地提一下国际象棋界的性别差异，在这里，大家可以先了解一下，男子水平普遍比女子强。转战男子赛场意味着更多的挑战；也是因为转战了男子赛场，我慢慢地发现自己的水平原来还有很大的提升空间，一些思维模式、思考方式也不断地在改变，不断地在进步。比如，我以前在下棋的过程当中，在计算的过程当中，都会尽可能地去追求完美，任何一个局面，虽然变化好了，而我觉得它从战术上来讲不够漂亮，或者说从战略上来讲优势不够大，但这样我会不会错失了一些更好更简单的练习方法？于是我花了大量的时间在这上面去打磨，争取找到一个最佳选项。而国际象棋在对弈的时候，走每一步棋都是有时间限制的，比如给你 90 分钟，如果你这个阶段时间花得特别多，是不是意味着之后就没时间思考了？我经常吃的亏就是前面花太多时间了，尽管走得不错、局面好了，但结果最后没时间了，比如我只剩 5 分钟，对手还有 30 分钟，在这种情况下，如果你们的水平没有相差特别多的话，作为只剩 5 分钟的一方来讲非常容易犯错，因为大家都有经验，对手到最后故意给你制造一些复杂的局面让你去计算，你没时间算就可能出现漏招。

从数据上来讲，在时间紧张的情况下，出现漏招的概率会大大提升。对于这个问题，虽然在某一阶段的预修时也会想最佳方法应对，但问题在于不比赛的时候它没有体现得那么清晰，而一旦到了男子赛场，对照之下，比如跟世界排名前 20、前 10，甚至世界冠军对弈的时候，基本上没有办法。我逐渐意识到其实很多时候并不需要去追求最完美的、最佳的选项，或者说很多时候并没有最佳选项，只有最适合的选项。比如，什么是最适合你学业或者最适合你职业规划的选择，对于棋盘，什么是最适合的局面选择。通过这种认识和随后的改变，我发现效果挺好，即使前面走的招法不是电脑推荐的最佳选择，但你省下了时间，而你走快了给对手造成了压力，如此，到后面你就有时间想招，而且不会犯一般的明显的错误，这时往往对手就容易犯错，你抓住机会就有获胜的可能。下棋很多时候并不是说要追求极致，追求最完美，而是第一要找到相对好的适合自己的方法，第二就是降低犯错误的概率这两点更重要一些。这些经验也是我在 2015 年、2016 年之后，在更高水平赛场上总结出来的。

02 人生转变

下面，我来说一说与北大相关的故事，也是第二部分关于人生的转变。我是 2012 年的时候来到北大读本科的。当时做这个决定并不容易，因为一开始大家都认为我可以继续下棋。所以当我选择求学时有很大的阻力。

当时我 18 岁，是正常的上学年龄，但是对于一名运动员来讲，这也是职业生涯的黄金年龄。从国家队的教练到业界的一些前辈以及我的队友、棋友们，甚至一些朋友都会问，你为啥要着急去读书？去读书很有可能会影响你的职业生涯；你可以晚几年，比如再过 4 年，或再过 6 年，20 多岁出头，再去读也完全不迟嘛，何必着急呢？为什么不利用黄金年龄去把自己职业生涯的潜力发挥得更好？大家都对我的选择抱有这些疑虑。

我当时是这么考虑的，首先我心里基本上是清楚的，我并不希望自己的一生仅仅与国际象棋有关，虽然它是我人生当中非常重要的一个环节，也是与我所从事的其他事情息息相关的，但如果只有国际象棋，时间久了，会发现自己陷在一个单一封闭的圈子里，习惯了这种思维模式，习惯了这种生活方式，就某种程度上来讲，这并不是我想要的。我觉得我需要一些其他的外部挑战，一些激励来进一步地提升自己，看看自己在一个新的领域能不能有所收获，有所成长，或者说看看外面的世界有多大。这是我选择的我的未来，是我应该理顺的一个问题。为什么是这个时间点？因为那时候我觉得可以拍着胸脯说，这不会影响我现阶段水平，不会影响我的棋艺，但我能再拿多少个冠军，是否能兼顾好，这事谁也说不准。其实我还是信心满满的，至于真的到时候会碰到哪些问题，没有人知道。

其次，这是一个陌生的环境，自然也要花时间去适应，这个过程当中也会有很多未知的东西。在作选择的时候，我问自己作了这个选择之后的最坏结果是什么？可能我的职业排名会下滑，我的现阶段水平会不如以前，这个情况我能不能接受？但既然是我自己的选择，我认为这种情况我就应当接受，就当它是我的一个最坏预期值。就这样我便决定去上学。

类似的思考行为也体现在我对一些其他事情的选择上，它有一个好处，就是往往很多时候最悲观的事情并不一定会发生，未来每一点提升对自己来讲都是一种积极的信号，反正我就是这么一种性格。某种程度上我对自己也有信心——过四五年再回棋坛，我仍然能够达到一定的水平，或者按我当时的水平滑分的可能不大。基于上面这些考虑，我来到北大。来到北大之后，我选择的是国际关系学。因为之前参加的国际比赛，我接触到了不同国家、不同行业的人，了解到不少风土人情，我希望能从学习中找到一些与棋艺战略和战术的结合点。

后来基本上就是学业和棋艺两边切换的状态，这些是在北大的一些宝贵的经历（见图 11-3）。第一张是 2016 年，应该是我毕业那年获得了奖章；中间这一张也是非常荣幸能够作为学生代表，在 2014 年的一次座谈会上给习近平总书记进行汇报。汇报结束之后，总书记问了我一个问题，重点就是性别差异，就是说脑力项目当中为什么男子选手的水平和女子选手的水平仍然有这么明显的差距。这个问题真是一针见血，说的也确实是现状，我的一些看法在下一个环节再跟大家分享。总结这段时间，主要就是比赛与学业兼顾。

学习生活　　　　　　　　　　　　　　　　　北京大学 PEKING UNIVERSITY

获得五四奖章　　　　参加座谈会　　　　荣获2017年度罗德学者

图 11-3 ⊙ 侯逸凡展示在北大学习时的经历

　　这事其实说难也不难，但说容易也不容易。我记得刚入学的时候，第一个学期完全处于适应的状态，后来才慢慢摸索出来一些道理。第一点是专注。我现在是一名学生了，在此期间主要任务是什么？是学习，我应该跟大多数同学一样，该上什么课就上什么课，认真地完成相关的作业，以及尽可能地参加一些论坛、讲座。一旦到了假期，我的生活就要立马切换到另一极——继续参加比赛。我记得当时有两个学期，大二、大三的课比较多的时候都是属于这种情况，比如期末考前可能抽个四五天，星期四、星期五连着周末欧洲比赛，回来赶期末考；到 8 月份最后一轮比赛结束，考完试当天再去国外比赛。几乎一直是这样一个状态，因为国际上很多大赛时间不可能根据个别运动员做专门的调整，只能自己协调。

　　说到这一点，也非常感谢北大，在我实在协调不开各种考试的情况下，也可以让我换个时间或者第二年再补考，这样我才兼顾了学业和比赛。

　　第二点是自我调适，这部分也很重要。可能大家听得都很多，但做起来确实不容易，我在这方面也需要依靠一些外力来帮助自己，当你发现学习状态不好、成绩下滑或是感觉到思维不如以前敏锐了，这个时候就该琢磨，是不是应该稍微调整一下生活作息了。

　　第三点是定位。我一直都会对自己有一个相对客观的认识，给自己制订一些切实可行的目标。就以在北大读书期间来说，在参加比赛的时候，我并不会给自己定下要像以前一样每个比赛必须力争冠军的目标。我会以一种更加平和的心态去琢磨，这段时间我没怎么练习，我的棋感不是特别的好，我需要给自己一个熟悉的过程，所以在比赛开始的时候会相对平稳一些，让自己有一个适应期，调整好了再去争取最大程度发挥自己的水平。

　　学业上也一样，因为多年作为运动员成长，自然在知识储备以及工作能力方面不能跟我们在座的大多数学霸们相比，但我还是对自己有比较清晰的定位，所以更多的是以第一汲取知识、第二学自己感兴趣的科目为主，其他一些比较难的，或者说是可能超出自己知识储备范围内的考试或科目，能过就行，不会对自己有那种特别高的不切实际的要求。如果两件事情你都要追求做到百分之百，最后的结果可能一边一百一边五十。我要求自己两者各做到百分之七八十，能够达到一个比较平衡的状态，这样的话两者相加不就是最大值了吗？这是我自己当时采用的方法，可能对有些人不一定适用，若今天在座的能有一两位觉得有用，我觉得已经非常好了。

接下来，谈一下北大对我的影响。我觉得北大对我们的影响其实可以说覆盖到方方面面，最主要的一是自我发展，二是职业规划。自我发展这一块其实大家都知道，主要通过我们的科研学习，通过一些北大独有的座谈、交流、论坛等各种机会来提升自己。当我们身边都是非常优秀的人的时候，自然地我们也会争取让自己变得更加优秀，或者说能够有动力，大家一起往前走。这就是一个非常良性的环境的意义所在。

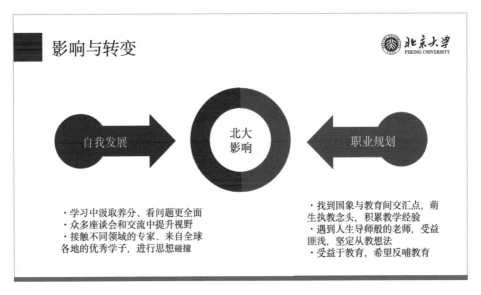

图 11-4 ⊙ 侯逸凡在北大求学过程中收获颇丰

03 职业规划

另外，我想分享的是北大对我后期职业规划的一些影响。可以说在北大学习期间，我逐渐找到了国际象棋和教育之间的交汇点，发现国际象棋可以探索和挖掘的教育功能其实还是有比较大的空间的。慢慢地我会通过自己积累的一些教学经验，其中包括我做国际象棋课助教的经验，从实践当中去发现未来、探索未来。在北大，我的导师以及一些认识的老师给予了我非常多的帮助和支持，不仅仅是传道授业解惑，更重要的是他们一直激励着我前进，比如本科毕业生的学业规划或职业选择等，甚至在一些细节方面都跟我很好地交流。我的老师跟我说过："我希望将来你能够在各个方面锻炼提升自我，展现一个运动员全面的风采。"还有人会提醒我："我感觉你最近一段时间好像整个状态比较浮；你静下心来想一想，自己真正想要争取的是什么。"就这样，他们鼓励我不断突破原来的自己，在一些人生中重要的阶段鞭策和提醒我争取选择对的道路，少走弯路。我希望自己将来能够成为一名专业老师，帮助或者启发、引导更多的学生去找寻自己的路，去追求自己的梦想，以自己的经验告诉他们如何在一些关键的选择上争取避开或者说排除一些错误选项。也是因为这些经历，我后来就希望能够在教育行业成为一名教师。

我是在 2020 年 6 月去的深圳大学，到现在已有两年多的时间。这两年多的积累让我发现，我并不希望把国际象棋当中我自己的一些技术、技巧分享给学生，虽然这也很重要，更多的是我希望能够因材施教，通过跟同学们交流，通过观察，发现他们身上的一些特长，去引导他们根据自己的兴趣爱好对未来职业方向进行规划，引导他们找到自己所热爱的道路，并且能够坚定地走下去。现在我接触的学生都是体育特长生，通过某个体育项目，比如国际象棋考进高校的，但这并不意味着他们未来就一定要成为一名职业棋手。毕竟已经是大学生了，这个阶段快成年了，如果此时你的水平没有优势，或者说只是兴趣在此，但是你却是通过这条路进入大学的，该怎么办？

我不要求你必须在求学期间把水平提高到一个什么样的高度，更重要的是通过学习，你能够掌握一些思考方法，能够通过这门课程的学习，锻炼提升自己的逻辑思维能力，并且明白在这个时候你该对自己的选择负责了，你该去思考未来的路怎么走了。这个也是我通过实践总结的一些点，国际象棋教育也是一样的，我一直认为它没有标准答案，得看每个人不同的情况。比如，有些学生属于那种计算力特别好，记忆力也非常好，但是选择方向总是过于直白，这个时候他需要有一种"曲线"的思维来帮助他理解。有时候我们的选择不应该特别的直白，不应该把自己的任务和目标第一时间展现给对手；这个时候我要用合适的教学方法来引导，这跟正常的教学是不一样的。类似的案例还有很多，但总体来讲体育运动是一项技能，很多时候并不需要给它框定一个标准答案。

国际象棋不仅在体育运动中显得比较尴尬，在高校中作为学科也非常尴尬。在高校拿它当作一门课程该如何开展，作为一个研究的领域到底该怎么样进行，其实这是我希望探索的一个主要方向。其他还有结合国家的普及教育，以及专业上到底该如何研究一种更系统的科学训练方法来提升学生的技术水平。这些都是我需要思考的。

04 拓展探索——自身思考

最后一个部分涉及的一些领域，同学们可能比我更了解，如果我讲得不对的，或者有不同看法的，大家随时交流。

第一个就是心理发育。《后翼弃兵》这部美剧，有人看过吗？这部美剧主要讲的就是女主角是一位国际象棋的天才，她如何一步一步打败男子棋手，在赛场上最终获得世界冠军的故事。当然我是用两句话概括的，其实内容非常丰富，如果感兴趣的话，同学们可以去看一看。我想从这部剧引入一个话题，在国际象棋当中男女水平差距真的很大吗？我们拿数据说话。其实现在最新的国际排名我可能刚掉出前 100；就几个月之前，很长一段时间内，前 100 位活跃选手中，只有我一个女棋手。而世界女子排名第二的，在男子排名当中可能进不了前 200 到前 300，女子排名第三的还得往后 100 多名。从这个专业系统领域排名上来看，男子和女子水平相差还是非常大的。

从参与量来讲，男性选手完全多于女性，或者我们如果从战绩上来讲，我参加过一些高水平的比赛，与现在大多数高水平的男棋手都下过，但是胜率肯定不是特别的好。

卡尔森的等级也比我高了 100 多分。这就是我们现在的差距。它存在，但是它为什么存在？首先前面说了这个项目比体力，下棋下了七八个小时，到最后如果从体能上出现什么大短板，就会出现一些漏招，这恐怕确实是因素之一，或许也是最主要的因素吧。

从客观上来讲，刚开始学习的时候，男性的参与积极性要比女性高很多，男性参与者基础更庞大，所以自然更有可能涌现出优秀的棋手，经过一层层的筛选而出圈。另外还有社会因素，这也是我们小组探讨的时候经常讨论的话题，即社会因素是不是影响男女棋手水平的因素，尤其是否影响女棋手的职业发挥和表现。

我不知道大家有没有经历过，但是我小时候就碰到过这样的情况，有人说女生下棋不一定下得好吧？而且我们业界也有一个词叫"女残"。大家知道残局是国际象棋的最后一个阶段，"女残"的意思就是说你下得像一个女棋手下的残局一样，说白了就是你的残局水平太差。说明对女棋手已经有一种刻板印象了。

虽然说确实很多时候女棋手在残局上下得不细腻或水平不高，但是这种刻板印象，在某种程度上久而久之也影响了女棋手本身，她们自己也默认或者说接受了这种说法。我是一个比较愿意接受客观事实的人，会比较倾向于拿数据说话，数据确实是这样的。我们要分析有什么样的原因导致它变成这样，或者说我未来希望怎么做，来提升整体女性参与的积极性。

当然，我也呼吁一下，今天早上正好在这里我还有一堂国际象棋课，当时我就发现到场的有百分之八十几都是男生。所以，我还是想强调一点，绝不是说这项运动或者说这项智力项目更适合男性——完全没有这回事。

如果同学们感兴趣，欢迎之后去选择国际象棋课，或者说多参与一些相关的棋类社会活动，你会发现它有独特的魅力。

我们再来看看国际象棋在中国的发展。虽然我们前面强调了，国际上男棋手的表现比女棋手好很多，但在中国，这个情况是反过来的。从 1990 年谢军老师获得女子世界冠军，到 1998 年中国女队获得国际象棋奥林匹克赛的冠军，中国总是女子的成绩冲在前面。后来直到 2014 年，我们中国男队才在国际象棋奥林匹克赛上获得冠军。一位前辈老师制定了中国国际象棋的四步走发展战略，即女子个人赛世界冠军、女子团体赛世界冠军、男子团体赛世界冠军、男子个人赛世界冠军。我们现在完成了前三步，最后一步可能也快了。

我们看国际象棋在中国的整体发展，1956 年被列为体育项目，1978 年组队参加奥林匹克团体赛，1986 年组建集训队，发展还是比较快的。这都要归功于早期谢军老师那代棋手。那时我们业界称"男帮女"，即男棋手很重要的一项任务，就是平时帮女棋手提高成绩，后来证明这种方式效果是很好的。

05 训练方式介绍

接下来，跟大家分享一下我们的一些训练方法和方式。国际象棋的训练方法经历过很大的转变，大的划分是人工智能介入之前和人工智能介入之后，这两个阶段完全是两种局面。在人工智能介入之前，我们的传统训练方式主要靠各种各样的书籍以及我们的手抄本当作资料。所谓的数据，会在每一期集合当年各位高手的棋评，做成一个简单的数据库，这个就是我们当时最为主要的一种获取世界上最新资料的方式之一。另外就是用百科学来做一个整体开局的概括，比如各种概率体系，在上面有一个非常详细的记载和叙述，这也是当年国际象棋棋手研究开局的主要资料之一。那个时候出去比赛，每次都带几个大箱子，里面装什么？装书。而现在都是装吃的或者用的东西。因为那个时候没有电脑，存储数据只能靠这些概念书、手抄本等，每次下的棋记下来，积累成一箱子，然后比赛时再带出去，还有对对手的分析也都在上面。这就是传统的训练方法。

当时对中国棋手来讲有什么挑战？资料稀缺。了解国际象棋的同学们可能会知道，这项运动流行于欧美，20世纪80年代绝大多数的高手都集中在苏联和美国等，他们的整体水平高，从业人员多，所以有更多的资料，还有自己出版的书籍和杂志。对中国来说，资料相对稀缺，收集的难度太大了。但是也有好处，对一个趣味性高的长线精彩对局来说，大家各自组成小团队，不管谁的拆解方式都得通过实践去验证，毕竟都是人脑，很多时候我们思考的精确度并不会那么高。现在则非常简单，我们电脑一键打开分析软件，几分钟就计算出来了，它能够告诉你这个局面最好的选择是什么，非常精确。人们如果通过这样的精确软件作为辅助手段去拆解，怎么办？以前我们虽然准备都十分充分，但不一定精确，而精确了趣味性就会下降，因为大家都会大幅减少犯错的概率。比如对于棋手来讲，以前我们拆15个回合（所谓15个回合就是白方黑方各走一步加起来的一个份额），下了15分钟都觉得好难，因为有很多不确定，现在电脑轻轻松松二三十个回合直接进入残局，很快就结束了。所以大家发现近十几二十年，国际象棋中出现和棋、双方打成平手的概率比以前高多了。现在的训练我主要依靠相关的一些软件或网站，比如经常用一款叫作 face 的软件训练下棋。face 有很多好处：第一，你可以快速地搜索任何人的对局；第二，给自己编数据库，储存自己下的棋，再也不用带一些笔记本、书、抄本之类的了。所以，现在精确度高但观赏性大大地降低了。因此，现在有很多人建议，希望象棋稍微改一下规则，让软件发挥的作用减少一些。

06 人工智能的作用

接下来，跟大家分享一下高科技和人工智能给国际象棋带来的影响。人工智能最早可以追溯到的一场，或者说比较经典的一场，是加里·卡斯帕罗夫对弈电脑"深蓝"，当时的电脑是由 IBM 研发的，这就是它进行的一场宣传。1997 年的那场对局，也是当时计算机打败人类最强棋手事件。到现在，其实人类棋手当中，水平比卡斯帕罗夫高的仍然屈指可数，最多也就两三个人，但是 IBM 当年研发的软件已经更新换代强了不知道多少倍了。这里介绍一下 AlphaZero。AlphaZero 是基于 AI 算法研究的，它于 2017 年与 100 支团队对弈，28 胜 72 平，没有输过，主要是基于它更有效的方法搜索和筛选机制。Stockfish 每秒运作 6000 万步，而 AlphaZero 只有 6 万步，因为它能快速排除掉不对的选项或不必要的选项，更接近于人类思维，但是 Stockfish 毕竟折算得更快。

可能大家对 AlphaZero 有点看不懂，它展示了 Alpha 思考的一些过程，如何得出一个最佳选项。那么，AlphaZero 是什么水平？它如果想上 4000 分没有任何问题。4000 分是什么概念？人类最高水平的棋手卡尔森现在的评分为 2800 多分，AlphaZero 比卡尔森高 1200 多分。1200 分在人类当中是什么样的差距？我是 2600 多分，我比卡尔森差了 100 多分，但已经是两个水平了，基本上 50 分就有一个差距，而面对 1000 多分的差距，人类棋手是下不过它的。DeepMind 的创始人、负责人说过，如果他们愿意在国际象棋上或者说围棋棋牌中投入时间，完全可以打造出比现在更强的软件，只要花时间就行，但是他说这个没有意义，毕竟棋类这个项目主要是一项脑力运动，是可以促进人类社会发展的，没必要造出更强的软件。而他们借助这种算法，在科学领域和医疗领域可以有非常不错的突破。

图 11-5 ⊙ **侯逸凡寄语北大青年**

接下来，我讲一讲基本规则。你们知道我最喜欢的棋子是什么？小兵！非常喜欢，有两个原因：第一，"兵"在棋盘上是最多的棋子种类，有 8 个。小兵一个人的时候，很容易被对方消灭，但是如果它形成了兵面，相互之间连接形成保护机制，这就是团队力量。第二，小兵虽然一开始分值较低，不过当它一步一步往前或者斜前方吃，就会触发一个特殊功能——升变，升变成除了王以外的车、马、象、后等其他棋子，提升了自己的价值，这也是我喜欢它的一个原因。虽然它一开始处在一个非常普通的位置上，但是只要能够坚定地走下去，总有一天可以蜕变。我一直觉得成功是自己定义的，不要拿世俗的成功概念来影响和限制自己的选择，只要我们能够追求属于自己的梦想，那就是成功的。

今天的分享就先到这里，谢谢各位老师，谢谢各位同学。

点评

刘伟： 刚才侯老师跟大家分享的不仅仅是国际象棋棋盘上的一些知识，更重要的是她自己的成长历程，还有她的心态。我觉得她刚才一句话说得特别好，成功是自己定义的。"冠军讲堂"的宗旨也是做最好的自己，人人都是冠军。刚才侯老师首先分享的是她成长过程中失败的经历，而失败之后该用一个什么样的心态去面对未来，才是最重要的。同学们在讲座之后应该会有很多的问题要请教侯老师。

下面咱们就进入交流互动环节。

② 同学： 我想问一个很有意思的问题，可能也包括相关的系列产品。有人提出这样一种观点，在人工智能时代，更多的时候下棋变成一种棋谱记忆的游戏，可能谁背得多，谁就有可能获得胜利。也有人提出，在年轻的阶段，可能某些时候女性的记忆力会优于男性，再加上现在在人工智能的作用下，性别差异可能会变得不那么大了。想请问您对于这个问题怎么看呢？

⌽ 侯逸凡： 谢谢，这位同学的提问非常的专业。首先是人工智能，由于软件的作用，大家都觉得现在的下棋都是在培训记忆力。这确实是一个方面，记忆力很重要，你拆解的东西你得记得，因为变化太多了，记不住的话电脑也用不上。但是它也不绝对，因为一般情况下来讲，我们都是有一个趋于中位数的记忆力，这种记忆力完全可以应付一些变化的拆解以及记忆的一些反弹运用。我前面也讲过，人工智能下棋的观赏性和趣味性降低了一些，它有一个自动过滤的计算机制，导致这个过程比较枯燥。简单地说，我们在分析的时候要学会怎么样借助人工智能，把它作为辅助工具，比如你们在不同专业里面都可能会用到一些"瓦片"，但是我们学习的基本方法应该是差不多的，而我们做出来的东西肯定不一样。下棋也是这样，软件就放在这，你同样的局面怎么拆，这是很有学问和讲究的，不是说我们拿着最好的变化去拆，就一定能赢。你遇见一个棋手他是什么风格？我们应该用什么样的策略去应对？如果这些分析你都做不好，你再去培训记忆力也是没用的。

不能否认，现在年轻选手之所以涌现得特别快，一方面因为年轻，身体条件好；另一方面记忆力确实要好得多。我们不可否认记棋谱这件事情的重要性，所以年轻是有优势的。另外，性别差异之所以在缩小，一是整个社会环境的变化；二是发展的需求。我觉得这些因素要略高于人工智能开启记忆力方面的影响。当然这是我个人的看法，谢谢。

② 同学： 侯老师您好，我是来自济南的，以前也学棋，差您大概四五年。我观察到，小时候一起下棋的小孩后来学习特别快，虽然基本上都不走专业，但出来高考基本上都能考很好的学校。在您看来，童子功学棋，对一个人的思维塑造有积极影响吗？您怎么看这个问题？或者您觉得从几岁开始学棋比较合适？谢谢。

侯逸凡： 你刚刚说的时候我就在想，你说那个小时候下棋后来学习成绩特别好的人应该说的是你自己吧？谢谢。你说的这个情况，确实很多业界人士也都说过，那是我们很多小家庭的期望。我进北大之前，跟我差不多年龄段那一级的就有几个，其他高校也都会有。至于为什么，我觉得应该是有促进作用，这体现在哪里不好说，因人而异。就是我前面说的，国家教育没有标准答案，我们不同的人学了国际象棋后，输入的可能是类似的东西，但是输出的一定是不同的。

首先我们要锻炼什么？推理能力。我现在下棋比较经典的思路是，经常会考虑这个局面我希望达到什么目标，为了达成最终目标往回一步步推，推到现在这个局面再来做选择，或许这种思维过程可以帮助我们处理一些学习问题。另外，在计算的时候我建议来回跳，我们看一个变化，千万不能看两步觉得不好就换一个，再看两步不好再换一个，来回纠结又回到原点，继续从变化 a 开始算。我更推崇的是把一个复杂的局面抛开，对于这个问题先看两步，看得比较清晰为止，在适当的时候画句号，再看下一个问题，类似这样的思维模式或许在我们解决一些比较复杂困难的问题的时候，或者写文章要不要下笔的时候，可以有所帮助。

当然还有其他的，比如记忆力、想象力，这些可能都是智力项目能够带来的影响。还有创新能力，比如参加一些打分效果不一样的比赛，打分出来你会觉得不符合直观认识，因为失分没有特别多，但是其实你明明白白地就是输给了你的对手。所以如何接受这样的失败，可能也是我们成长当中的一门必修课。

至于说几岁学棋最好，这不好说。我认识的人当中，最小的有 3 岁学的，再大一些，有些学生在十几岁学都有可能。比如叶江川老师，他是 19 岁从中国象棋转到国际象棋的。更晚的也有。但我个人认为可能要等孩子四五岁、六七岁，对这个世界已经有了基础的认识，有了基本的吸收能力，这时学棋，效果会比较好。

同学： 老师您好。我是在中小学阶段练过几年棋，今天非常荣幸能够见到您，您也是我的偶像。我有一个问题，您提到自己选择国际关系专业是出于想了解下棋中认识到的国际关系和地缘政治之间存在的内在规律的一些方面。我也了解到 2014 年在与北大师生的座谈会上，习近平总书记笑着提到，希望您能够去外交部向工作人员普及国际象棋。我的问题是，您能否对国际象棋的局势作一些分析，比如闪将等这些战略，联系到我们个人的一些行动选择，或者大到人际关系，有什么样的启发意义？

侯逸凡： 谢谢这位同学。这个问题提得非常深，也可以看出来你对各方面都很了解。我之前提到选择国际关系是因为这方面的兴趣，但是当时我还是什么都不懂的状态。经过这些年的学习，这些问题我还不敢说懂了，搞清楚了，只有一些非常浅显的看法，需要大家多交流。我相信有些同学在某些方面比我更懂一些，或者能提出更专业的见解。

国际象棋中的一些战略战术，其实和我们人生中所做的一些选择差不多。你说到个人的一些行动选择，其实弃子是一个非常好的话题。国际象棋当中每个棋子都有它本身既定的价值，这个同学们也都知道，比如"车"有一个既定的分值，5 分左右，"后"有一个既定分值，10 分左右。它们各自都有一个大概的价值，但为什么会被弃掉？这意味着某些时候你要放弃自己更高价值的东西来达到某种目的，包括不限于打开对方王城，或者获取局面的某种优势。

为什么要作这样的决定？因为经过评判，发现这个子它本来的价值随着局势的变化产生了一种新的"动态价值"，而这种"动态价值"会致使这个子的威力不如你要争取的那些点高，这就是我们的细则。我们经常讲想要提高棋类水平一定要明白"动态价值"这个词语，另外，"动态价值"跟原来相比发生了什么样的变化。比如，我们都觉得一些事情是重要的，但由于形势发生改变，如环境、年龄、所处的行业等发生

图 11-6 ⊙ 侯逸凡与同学们切磋棋艺

变化了，原来排位在第一的事情，已不是最重要的，我们要敏锐地观察判断以及迅速做出适合当下形势的一个选择和反应，不能一成不变；已有的认知中本来作为既定目标、作为我们选择的唯一依据的东西，就需要调整了。这个可以从下棋的弃子中得到启发。大家不妨去了解探索一下，或者说之后有机会再交流，因为我自己也还在学习当中。

💬 **侯逸凡：** 接下来我们进行项目推广，现在有两个选择：第一，我们简单了解一下这些子，看它们是怎么走的；第二，我们直接请一些会下棋的同学来组成一个队，我们各走一步。看看同学们喜欢哪一种方式。

💬 **刘伟：** 很感谢侯老师和北大的同学们打了一场友谊赛。我觉得大家其实水平都很高的，就是低调了一点。但是咱们跟世界冠军过招，输了的都是世界亚军，所以这种机会一定不能错过。下面请团委的贺老师为侯老师颁发这次讲座的奖杯。

💬 **侯逸凡：** 谢谢大家！

💬 **刘伟：** 接下来请侯老师在"冠军讲堂"的大球拍上签名，将来存入我们的校史馆。我跟许昱华做同学的时候，就发现国际象棋这个项目特别有魅力，学习国际象棋的人都特别聪明。今天，侯老师让我对国际象棋这个项目的魅力又有了更深刻的理解。相信未来在侯老师的带领下，北大每年参加的棋牌比赛，肯定都所向无敌。最后我们来合影，大家一起为侯老师的讲座点赞！

其实很多时候并没有最佳选项，只有最合适的选择。

——"冠军讲堂"侯逸凡

图 11-7 ⊙ 现场老师和同学合影

刘伟
乒乓国球与创新精神

刘伟

山东聊城人。乒乓球世界冠军。北京大学体育教研部教授，博士。九三学社中央教育文化专委会副主任、北京市大学生体育协会乒乓球分会秘书长。

先后获得七次乒乓球世界冠军，2017年获得法国鲁拉德骑士勋章，成为中国首位获得这一勋章的体育界人士。曾获全国三八红旗手等荣誉称号。2003年起在北京大学任教以来，积极践行立德树人根本任务，言传身教，探索 "体教融合" 的人才培养模式，教学效果显著。在教学实践中不断深化理论研究，承担多项国家级课题，著有《教体结合的制度逻辑与组织发展》等专著。2023年 "刘伟教你打乒乓" 线上课程被评为国家级一流本科课程。

首先自我介绍一下。我是北大体育教研部的老师刘伟，这是我第一次离开乒乓球台给大家开课。从 2003 年留在北大工作以来，我自己边学习边教学，教学相长。"冠军讲堂"这门课是由各个项目的奥运会冠军、世界冠军来开讲，他们身上都有很多的闪光点，希望他们在课堂上把自己的人生经历和感悟分享给大家。

01 "体育文化与创新精神" 课程介绍

这门课我们十分用心，"冠军讲堂"四个字请了曾经给张艺谋的影片《英雄》题名的汪德龙老师题字。

习近平总书记讲过，"一个有希望的民族不能没有英雄，一个有前途的国家不能没有先锋"。这些世界冠军、奥运会冠军，他们为了国家在赛场上征战，抛开了个人利益，把祖国荣誉看得高于一切。

这个课程的名称叫"体育文化与创新精神"，是和北大团委一起开设的课。课堂形式也有很多新的尝试和创新。重要的是，要让同学们感悟各个体育项目的魅力，这也是响应习近平总书记所说的"坚持健康第一的教育理念"，发扬德智体美劳五育并举的精神。

除了在课堂上聆听冠军们分享他们的个人经历以外，我希望选课的同学们能够带着问题去听。带着问题上课的话，等到上完课之后，我们就可以来回答：体育的功能、目的和本质到底是什么？什么才是冠军？什么造就了冠军？另外，我们在冠军身上可以感悟到体育精神、冠军精神以及奥林匹克精神，这些精神的内涵到底是什么？让我们带着疑问走进课堂，期末时收获满满。

每位冠军的讲座涵盖竞技体育与体育创新精神、体育生活与心理健康、奥林匹克精神与生涯探索等内容，体教融合，也和现在国家政策相契合，大家也可以思考一下体教融合的路径与前景。另外，还有体育创新实践的课程。

大家比较关心课程的分数以及考核标准。我们还是采用合格、不合格的制度，有出勤与课堂互动参与的考核，另外更重要的是让选课的同学都有机会近距离接触奥运会冠军、世界冠军，听一听他们的心声，这是非常难得的体验。期末考核是 3000 字左右的论文。

我是这门课的主讲人，也是整个课程的负责人。因为我的专业主要是乒乓球，所以我这节课的主题是——乒乓国球与创新精神，我觉得这就是"前国手在国校做点国球的事"。

我的讲座分四个部分：一是乒乓球为什么是国球；二是体育精神与冠军精神；三是体教融合的路径与前景；四是体育无国界，一起向未来。

02 乒乓球为什么是国球

图 12-1 ⊙ 刘伟正在给同学讲课

乒乓球为什么是国球？

原因有很多，但是大家一定知道乒乓球起源于英国，衍生于网球。当年英国贵族喜欢在草地上打网球，下雨天他们觉得不过瘾，就在桌子上拉张网，继续打。所以，一开始用的乒乓球拍，左边的板把比较长，类似网球拍。以前的老球拍，在博物馆里都能看到。现在的乒乓球拍是板把最短的球拍，国际比赛可以使用，（指屏幕）右下方的 ITTF 标志是国际乒联的标志。现在乒乓球这项运动在世界上有 226 个会员，是会员单位最多的项目之一。

中华人民共和国成立初期，尽管国际乒联对我们还是承认的，但因为我们坚持一个中国原则，所以退出了 15 个单项，当时的国际奥委会委员董守义也辞去了职务。

在这种情况下，1959 年的世界乒乓球锦标赛，成为我们的一个使命。我刚才讲了国际乒联的认可，才使得 1959 年荣国团在乒乓球项目上取得了男单的世界冠军，也是我们中国体育界的第一枚金牌，第一个冠军。在当时的情况下，我们能够站在国际舞台上、站在世界冠军的领奖台上向全世界发声，这是新中国迫切需要的。拿到这个冠军，鼓舞人心，展现了体育与爱国情怀的结合，产生了不可估量的影响力。

此外，这项运动还为我们国家的政治外交做出了应有的贡献，也就是众所周知的"乒乓外交"。1971 年名古屋世界锦标赛当中，各个代表队都有自己的专车，从驻地开到比赛馆，比赛完之后再开回驻地。当时，中国队的车要回驻地，车上大家有说有笑的，马上人快到齐了，准备开车的时候，突然跑上来一个非裔美国人——科恩。

他上来之后整个车厢一下就安静了，没想到会有外国运动员上车，大家也不说笑了。结果车门突然就关上了，往驻地开去，那时候谁也不敢说话。这时庄则栋让翻译过来开始跟科恩交谈。庄则栋是当时男队的主力队员，一方面出于担当精神，另一方面他觉得应该代表中国人、中国队跟他友好交流一下。

科恩上车与中国队有了交流之后，美国队提出打完比赛之后到中国访问。后来美国乒乓球队从日本名古屋来到中国访问，第二年，也就是 1972 年，尼克松访华，也就是大家所知道的破冰之旅。

我曾经去庄则栋家里拜访过他，问他："你当时送了他什么？"他说是一件杭州的织锦。等到了驻地，大家下车之后，好多日本记者在那里拍照，开始大加宣扬中美两国的关系，这个事件后来扩大到了政治方面，影响很大。

1926年是第一届乒乓球世界锦标赛，那个时候是匈牙利队的"天下"，后来也是欧洲乒乓球队占据着领先的地位，他们主要以防守型打法为主。1954年到1969年，是日本队的鼎盛时期；1969年至今，中国队一直占据优势。

这是一个大的演变过程。在1937年的世界锦标赛女单比赛中，选手们主要是以打削球、以防守为主，并且早期的球拍就是底板上粘一块胶皮板，打的声音很响，但是这样的话回合比较多。所以决赛当中，双方选手谁也打不赢谁，最后打了五六个小时，还决不出胜负来，裁判就终止了比赛。裁判让两个人抽签，谁抽中了，谁当冠军，结果这两名运动员都拒绝抽签，如果靠运气拿冠军，谁也不服谁。在2001年的国际乒联大会上，美国代表提出来应该两个人都是冠军，最后1937年的比赛，女单有两个冠军。说明那个时候乒乓球的打法受制于器材，都是防守型的打法，因而回合比较多。

图 12-2 ⊙ 乒乓球在我国受众广泛

到了 1954 年，匈牙利人发明了海绵垫，率先使用的是日本运动员，叫佐藤博志，他是 1952 年第 19 届世乒赛的男单冠军。现在国际乒联规定，海绵和胶皮加起来厚度不得超过 4 毫米，当时佐藤博治用的海绵是 8 毫米厚。过去的胶皮板弹性很小，所以谁进攻谁输，谁进攻谁容易失误，而海绵的介入，把整个乒乓球运动带入到一个进攻的时代。

后来，乒乓球从小球改为大球。38 毫米直径的乒乓球被称作小球，现在改成直径 40 毫米，这是因为小球一招致命没有观赏性。海绵的介入以及小球改大球，这叫创新。器材的创新把乒乓球带入到一个没有回合的状态。因为球改大了之后谁也打不赢谁，所以运动员们平时训练，不光要练技术，还要练体能，就是为了保证自己不受伤。可以说它也有内在的变化在其中。

乒乓球为什么是我们的国球？最重要的一个原因是我们国家有非常雄厚的乒乓球群众基础。

我在国家队打球的时候，只知道群众基础非常雄厚，各个领域各个层次都有乒乓球的比赛，并且参与的人数很多。后来到北大读书，在研究乒乓球的历史之后才发现群众基础源于 1952 年团中央发布的一个通知：为了增强青少年的体质，加速青少年体育运动的发展，要推广乒乓球。通知出台之后，各个学校制作了很多水泥乒乓球台。你们的父母可能还记得，他们在上中学的时候还没下课就准备出去抢乒乓球台，轮着打擂台。学校有这么一个环境和设施之后，大家参与的积极性就比较高，这样使得我们乒乓球的群众基础就像塔基一样非常稳固，进而塔尖上的成绩能这么稳定。

我们再来看看中国乒乓球的人才培养模式。1952 年，贺龙同志成为中国国家体委的第一任主任。当年从苏联引进了举国体制，有三级训练网——业余体校、省队、国家队，层层选拔。比如，业余体校打球的 20 个人里，也就大概十分之一的比例，有 2 个人可以进到省队；省队的二三十个人里能有两三个打进国家队就已经不错了。最后，选拔运动员代表国家队去参加世界比赛。三级训练网就是这样一个逐级淘汰的机制。随着经济发展，综合国力提升，现在国家提倡的是体教融合。大家能够非常清晰地看到体教融合的状况，包括硬件的融合以及软件的融合，以前培养的这些运动员如何融入学校，如何引领学校的体育向前发展，如何增强学生体质，做出其应有的贡献。就像时任国家体育总局局长苟仲文说的，代表中国参加比赛的，最好是能够从小学、中学、大学中来，从学校中产生冠军。这是我们体教融合的发展模式和方向。

还有一个大家比较关心的：中国乒乓球队像丁宁这样的人才后来都怎么样了？

他们有的是出国打球，还有的退役了之后到国外去执教，我们叫援外。援外教练也非常多，比如左下方的图是北京队的周树森教练（见图12-3），他去了新加坡，带领新加坡队在那年的俄罗斯世界锦标赛中战胜了中国队，夺得了女团冠军，这个是非常典型的。他率领的那些队员，像冯天薇，曾经去过国家青年队，可能是因为训练的运动量大得了心肌炎，后来就退役了；退役之后又去了新加坡，结果代表新加坡队又拿了世界冠军。还有王越古、李佳薇，李佳薇原是北京队的，她们都是从国内出去的运动员。我们乒乓球人才输出，用现在的语言来讲，也算是文化自信、体育自信、项目自信。

图 12-3 ⊙ 乒乓球走向世界

　　刚才我说的是走出去，还有迎进来。国外的联赛可能年薪比较高，但是中国乒超联赛的水平是最高的。很多国外的选手愿意到中国来打球，可以提高水平，在国际赛场上摘金夺银，取得好的成绩。

　　非洲有个选手叫阿鲁纳，他的偶像是马龙。他认为乒乓球运动员能够在中国打球，简直太幸福了。这里有太多的高手，太多的人打球，并且各种打法都有。在世界比赛中，只会一种打法，不一定能拿到冠军。在中国，像徐寅生他们那一辈提出来的，我们中国的乒乓球是百花齐放、百家争鸣，指的就是各种打法都有。

　　当今世界乒坛，中国队也不是说没有对手。比如，瓦尔德内尔。他已经50多岁了，不打球了，但是这个运动员非常了不起。他是全世界第一个大满贯运动员，并且一个人打了我们四代运动员。

　　瓦尔德内尔年轻的时候也到中国来训练过。后来我就在想，他为什么能够打我们四代运动员？我觉得他的运动生涯与我们相比，有职业和事业之分。他把乒乓球当作他的职业，因为国外是俱乐部制，这就是他的工作。他把喜欢的乒乓球作为工作，既有年薪，又可以拍广告。他的球打得确实好，发球比较刁钻，横握球板很有实力，又有头脑，这就是瑞典运动员。

　　还有瑞典的后起之秀——法尔克。法尔克的教练，就是与瓦尔德内尔一起打球的佩尔森，他给法尔克从小就设计了一个打法，即正手正胶，反手反胶。这些瑞典的运动员知道正胶的威力，中国队使用正胶的直板快攻像江嘉良、陈龙灿、刘国梁等都是他们的对手。欧洲很少有人用正胶，正胶是中国直板传统打法，是直板近台快攻所使用的。但是，欧洲人个子很高，正手用正胶，反手用反胶，也是一种打法的创新。欧洲其他选手一遇到法尔克正手的正胶都很不适应，所以，他在欧洲的成绩非常突出，后来到世界锦标赛，他能够打到决赛，与马龙争夺冠军。刚才我说瓦尔德内尔的时候，提到职业和事业，这个概念大家需要注意区分。他是以职业为主，但是我们中国运动员永远都是年轻的把老将打败，这叫抢班，不是接班。我们往往是人才辈出，年轻的把老将给打下去，说明有后起之秀。我们鼓励的是这个，追求的是事业，把它当作事业来做。事业追求的是巅峰，一旦巅峰不存在了，不是最佳状态的时候，就要思考是不是该退役了。一字之差，在意识上就不一样，造就了我们一代一代运动员的更新换代比较快。

除了瑞典的瓦尔德内尔，还有英国的皮切福德，他的打法让我耳目一新。通常，中国与这些欧洲选手对打时，中国队都站在近台，对手就退到中远台。欧洲选手身高臂长，他们在远台打很多的回合都没有关系，中国队站近台则占据着主动权，可以前后调动他们。但1米82的皮切福德打球，却站在近台，并且全身协调配合得非常好。他除了身高臂长之外，还有速度，两面弧圈球再有旋转，非常难对付。单从打法上来讲，这种理念和意识是非常先进的。

另外，就是我们面临的挑战——日本乒乓球队运动员。我关注日本乒乓球运动员的人才培养已经非常久了。

这三名选手中，最早成为世界冠军的是中间的平野美宇（见图12-4）。她在2016年夺得乒乓球世界杯的女单冠军，距日本上一次拿到世界杯冠军已经有30年。更重要的是，2017年无锡亚洲锦标赛中，她在八进四、四进二、冠亚军决赛上，连闯三关，赢了丁宁、陈梦和朱雨玲，一口气赢了中国队的三大主力。

图 12-4 ⊙ 日本三位出色的乒乓球手

当时新华社领导让我赶紧写个内参，说明一下原因。我写了2000字，主要有六条原因，三点建议。这六条原因，其中有硬件的也有软件的。

硬件是什么？当时是 2017 年，其实日本乒乓球队从 2008 年 1 月已经开始改革了，在这之前他们到中国来调研，看到我们有举国体制，有国家队，有各种各样的打法，水平高的都在一起练。而日本的人才培养模式就是刚才大家看到的，进过小学、中学、大学，大学毕业之后，进实业团。实业团就是俱乐部，是专业队。而像我们，基本上十一二岁已经开始专业化训练了；所以他们如果按照原来的体制走下去的话，别说 10 年、20 年，50 年也追不上中国乒乓球。他们看清这一点之后，就进行了一系列的改革创新。

首先在东京建了一个日本体育中心，有了这么一个硬件的场地。以前日本国家队是从名古屋这个学校抽一个，从那个俱乐部抽一个，一起组成国家集训队，代表日本去参加比赛。有了这个体育中心之后，他们就可以把各地的高手都汇聚在这里，像中国队一样在这里训练，强强对抗。

另外，像以前小学、中学、大学的模式，他们现在改进得比咱们还先进。有 7 岁组的国家队，五六岁是后备队，层级非常清楚。另外，他们从十三四岁的孩子里选出 3 个人作为试验人选，从 2008 年开始，每人每年提供相当于 100 万元人民币的钱，让他们去请中国的教练、中国的陪练来提高，买机票去国外，去打积分、打比赛，提高他们的国际排名，之后抽签的时候他们会占有一定的优势。这 3 个孩子从十三四岁就开始征战欧洲的比赛，别看年龄小，但是在场上很老到，有非常丰富的比赛经验。

这说明，除了硬件上的改变之外，日本队还在做"断代培养"计划。比如，当时跟李晓霞同年龄的，他们全部不用；比李晓霞小一批的，也不用，而是用比李晓霞小两批的运动员，也就是用十三四岁的打我们二十一二岁的。这样等于断代、断腕，才有了今天的局面。2021 年的东京奥运会，伊藤美诚在乒乓球混双首次进入奥运项目时就占据了天时地利人和，和水谷隼搭档拿下了奥运会的首枚混双金牌。

日本对于人才的培养，是先调研，再改革，最后实施。他们现在是收获阶段。现在是后奥运时代，日本参与到乒乓球运动中的人非常多，也就是说我们所面临的对手很多。未来对战日本队，比赛难度系数会越来越高。他们为什么会提高这么快？我刚才说了，他们请了中国的陪练、中国的教练，他们开始从意识上会打球了。像欧洲的那些选手，他们的技术也非常棒，但是一身武艺不知道怎么用。中国队的这些意识——得胜取胜的规律——教给他们，他们就能够占据一席之地。

现在，尤其女队，我们最大的对手就是日本队。张本智和的父母曾经跟我是国家队的队友，两个人原来是四川队调到国家队的，他的母亲是打削球的，父亲是打直腕的，他们打球的时候被横板两面进攻，打得非常狼狈，所以就让张本智和选择了打横握球板。张本智和的妹妹叫张本美和，现在在日本的同年龄组中没有人能赢他们兄妹两，他们两人会是中国队将来一段时间内最主要的对手。

我们再来看国际，"中国打世界，世界打中国"主要是指国际乒联的规则。比如，1983 年就出现了"不允许跺脚发球"，这个是有针对性的，针对的是蔡振华。为什么呢？蔡振华那个时候用的是两面胶皮，一面叫防弧圈，因为弧圈球出来之后，中国"729"球板厂就生产了一款胶皮叫防弧圈。转球到胶皮上之后一点旋转都没有了，自己想制造出旋转也不行。但是，蔡振华用的一面是有强烈旋转的，一面是没有强烈旋转的，都是黑色。结果他发球的时候转球板，你根本看不出哪一面是转的，哪一面是不转的；他一发球，要么球跑天上去了，你就被"打死"，要么就下网了，吃发球。这些专业人士通过你击球的声音可以判断出来，摩擦声音小的就是转的，声音脆的就是不转的，他们能听出声音来。蔡振华也知道，于是他发球的时候就"噔"一跺脚，别人就听不出来了。

后来，国际乒联收到吃发球吃晕的那些国家投诉，说是没法打。于是，国际乒联就出台一个规则——发球不允许跺脚。到 1985 年，甚至要求把两面胶皮截然不同地区分开来，打比赛之前一看你的球拍黑的是转的，红的是防弧圈，我就知道怎么接了。必须把红黑两面截然不同地区分开来之后，你跺不跺脚也没人管你了，国际乒联的老规定后来也就自然而然地取消了。

另外，还有从 21 分制改到 11 分制。就像我跟院长两个人跑 100 米，他落我 60 米；但如果咱俩就比 50 米，差距就会变小，到最后 10 比 10 偶然性更强了。所以，21 分改为 11 分，也就是为了缩小国外和中国比赛的差距。

还有像无遮挡发球，也是有针对性的，针对的就是刘国梁，大家都很清楚。也就是说发球时用手臂挡着，接触球这一下对方看不到，就不知道是转的还是不转的。你接触球这一下必须让主裁判和副裁判加上对手都能够看到你击球，这就叫无遮挡发球。你不能用身体、用手臂遮着，若这样发过去之后对方吃发球，这就是犯规。

刘国梁现在是国际乒联执行副主席，也是我们中国乒协的主席。他打球的特点是传统的直板近台快攻，靠的是发球抢攻，前三板靠变化。发球被遏制之后，他没法打了，所以早早地退役，到国家队当教练，孔令辉他们退役就要晚一些。所以，国际乒联的规则对一个运动员的运动职业生涯有非常重要的影响。

1988 年，乒乓球进入奥运会的项目先是男女单打、男女双打，到了 2008 年北京奥运会的时候，也就是乒乓球主场馆在邱德拔（体育馆）比赛的时候，奥运会的项目改为男女团体和男女单打。为什么从双打改为团体？国际乒联认为，把双打放到男女团体赛中，一个国家只有一席之地，别的国家在乒乓球比赛中不管拿金银铜牌，都会非常高兴。所以，国际乒联是从项目全球化推广的角度，想让更多的人受益，更多的人拿牌。

2008 年奥运会，我们拿了男女团体赛冠军，那个时候一个国家团体当中的 3 个人都可以报单项，结果在北大的邱德拔体育馆里，中国男女队都是冠亚季军，三面五星红旗同时升起。2009 年改了，奥运会单打项目一个国家只能报 2 人，再想三面五星红旗同时升起，目前来讲是不可能了。

目前，中国国家乒乓球队有 117 人拿到世界大赛的冠军。当然，没有体育精神，没有冠军精神，不可能拿这么多金牌；更重要的是爱国主义精神，在中国国家乒乓球队训练场馆的墙上挂着一条横幅，"祖国荣誉高于一切"，这句话让我刻骨铭心。

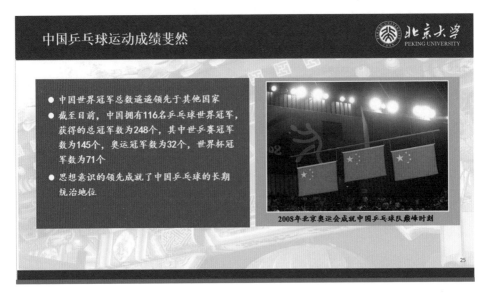

图 12-5 ⊙ **三面五星红旗同时在邱德拔体育馆升起**

这就是在邱德拔（体育馆）的三面五星红旗（见图 12-5）。这也与我 2003 年到北大的第一项工作有关。当时北大的领导说，奥委会要把 4 个场馆从奥运村改放在 4 所大学，当时分给北大的是跆拳道场馆。

后来，我拿着北京大学与国家体育总局全面合作的协议去拜访国家体育总局的副局长杨树安。我说："北大非常想为运动员的文化教育作贡献，全面合作协议也拿来了，我也要留校，想成立一个乒乓球俱乐部。"杨局说："好，北大有啥诉求？"我说："没啥诉求，就是看能不能把跆拳道场馆给我们换成乒乓球场馆，国校跟国球相结合。"他说没问题，但是我们得争取中国农业大学的同意。那时候农大的校长是陈章良，刚从北大到农大去当校长。最后两边都同意，才使得 2008 年奥运会的乒乓球场馆落在了北大。

还有一个说起乒乓球不能忘的人物就是庄则栋。他写了一本书叫《闯与创》，是我非常喜欢的一本书。我比较欣赏的一句话是"人无我有，人有我优，人优我精，人精我创"。我觉得这句话非常适合我们北大的同学们来学习，这就是意识领先。

图 12-6 ◉ 刘伟在课堂上寄语同学

在一个项目当中应当做到意识领先，而不仅仅是一招一式的领先。中国国家乒乓球队的领先，就是在意识上领先。同样一项技术，聪明的人先学会，不聪明的人也能学会。但是，意识领先就会永远都处于领先地位。所以，同学们还是要大胆创新。

我们如果总结一下乒乓球为什么是中国的国球，因为除了有领导的关怀重视、雄厚的群众基础之外，一提到中国，人们就会自然地想到乒乓球，所以它才能称为国球。

03 体育精神与冠军精神

我再给大家讲讲体育精神与冠军精神。

说到体育精神，我觉得经典的一场赛事就是新冠疫情期间我在线上曾经带领同学们观赏的一场比赛，即 2001 年在日本名古屋举行的第 46 届世乒赛男团的半决赛，中国队对韩国队。前面都打到 2：2 了，决胜盘是刘国正对金泽洙。

刘国正对金泽洙的第一局输了，第二局也落后，第三局当时是 21 分球，15∶19 落后。2001 年，我还在法学院读本科，在知春路租的房子里，印象太深了，这场球看得我手心出汗。一般我们业内人士看球，这两个人谁占上风，大概会几比几，基本上是有数的。但是，这场球你不知道谁能赢，看得非常紧张。7 个赛点一直是处于落后，下一个球输了，整个中国队就进不了决赛了。从 15∶19 落后，到后来 19∶20 落后、20∶21 落后，老处在赛点上。当时看这场比赛，我非常清晰地记得我眼前有画面，就是金泽洙跟刘国正两个人就像站在悬崖边上打拳击。金泽洙已经把刘国正打到悬崖边了，就这么一个手指头抠着悬崖没掉下去，结果刘国正翻上来，又把金泽洙打下去。

这场球让我们看到了运动员为了国家拼尽所有的不服输、不怕输、永不言败的精神！

反过来看，我们的对手金泽洙在领先这么多的情况下，为什么拿不下来这场球？我一直在思考这个问题。我觉得，他认为自己的对手不是刘国正，而是强大的中国。赛场挡板外面的中国队全是世界冠军，还有那些科研团队以及非常雄厚的群众基础。这让他手软，不敢赢、不自信，所以拿不下这场比赛。这是金泽洙运动生涯当中的遗憾。

不过，金泽洙作为教练是非常优秀的。在柳承敏对王皓的那一次奥运会男单决赛当中，金泽洙自己没有做到的，他带领的队员做到了。跟柳承敏那一次决赛之前，王皓赢了他 11 次，那是他们的第 12 次比赛；并且王皓直板横打两面，柳承敏打的是单面，两面打一面，技术上有优势，胜率上有优势，但是到最后就是没有拿下来。柳承敏就用单面，不依赖反手，拼了命也要侧身到最后。他从心理上击垮对方，最后取得了胜利。所以我觉得金泽洙是一个非常棒的教练，他知道运动员在场上缺什么。

再说说马龙，他是当今世界乒坛拿冠军最多的运动员。在我今天的讲课当中，这是唯一一个我看不到底的运动员，对他的解说是"挑战无极限"。他是人球合一的典范，就是脑海里想的和身体做出来的一致。这种行云流水式的流畅，人球合一的完美性，在他身上体现得淋漓尽致。

有一次刚拿完奥运会冠军，第二天本来应该是倒时差，他却跑去体育馆练习发球。在中国国家乒乓球队，你永远不知道他什么时候去的场地。所以，"不怕马龙比你优秀，就怕马龙比你优秀还比你勤奋！"这些冠军身上的优秀的品质才是值得我们学习的。

图 12-7 ⊙ 两位优秀的运动员

我们再来看这两次赛事（见图 12-7）。左边的图，是 1968 年的马拉松比赛，坦桑尼亚的选手由于膝关节受伤，最后一个跑到终点，全场鼓掌，为他的这种体育精神欢呼。记者采访他时说，"你完全可以弃权，你有伤了，你完全可以不跑，为什么还要坚持到最后？"他说："我的国家派我来就是让我跑到终点的。"

右边的图，是在西班牙自行车比赛当中，快到终点了，第三名的自行车坏了，他就扛着自行车往终点走。紧随其后的人一看，也知道怎么回事了，就尾随着第三名。按说比赛中大家都是争先恐后，应该超过他的，但是这个人一直尾随着第三名，最后拿了第四。记者问他为什么，他说："这种情况下我如果超过他，是不道德的。"

每个人对冠军的感悟是不一样的，对体育精神的理解也是不一样的。但是，他们的思想都展示了人性的光辉，在竞技赛场上是一道亮丽的风景线。不仅仅摘金夺银的运动员是最棒的，像我刚刚介绍的这两场赛事中的运动员，他们的选择也值得我们去品味。

凡是竞技体育的运动员，都必须具备不服输、永不言败的精神。拼搏是运动员的核心，奉献是运动员的魅力。在众多的运动员当中，为什么只有少数的运动员能拿冠军？因为他们有冠军的素质和品质，也就是追求卓越，不断超越，精益求精。

我在北大做了这么长时间的老师之后，对冠军精神有了更深的理解。我觉得每一个人其实做好自己，做最好的自己，人人都是冠军。并且，冠军不特指竞技体育，而是各个领域的杰出人员，这句话也送给在座的各位同学。

跟大家分享一下，在国家乒乓球队这支优秀的团队当中，我曾经拿过7次世界冠军，跟王涛配合7年，拿过三连冠，即第41、42、43届混合双打的冠军。通过跟王涛的配合，我理解到，不是心有灵犀一点通，而是心有灵犀不点也通，他不用说我就知道他会怎么做，这才是最高境界。虽然我拿了7次世界冠军，但不是一帆风顺的。因为，一个人的优秀并不是说你自己有多么优秀，而是你周边有多少有正能量的人在影响着你。能走到今天，我非常感谢周围有这么多正能量的人。

比如，我小时候在山东省队，后来到国家队。山东省队有一个年纪大的体委主任，从他身上我体会到"舍得"二字，他把我当作省队的独苗苗，当然我从小就是省队的第一个全国少年冠军、青年冠军、全国冠军，进而到世界冠军。这些荣誉虽然给我了，却有他的信念在里边。他说："我就不相信山东一个泱泱大省培养不出一个世界冠军来。"我是1986年拿了全国女单冠军，1987年去法国输了一场球回来重新排队，排了4年。在这4年当中别人不练你还得练，在这种困难之中，香港队的诱惑就来了。

他们说，"你代表中国队打球不就为了名吗？去香港队打球拿了冠军，可以有很多的奖金"。但我一想如果我去香港队了，老主任得多失望，再培养一个运动员，大概要 5 年到 8 年，他年龄都这么大了。当时他穿的毛衣，都是有补丁的，他什么都不图，我为了他也必须得坚持。

在国家队的训练中，我心想，我要是拿不到世界冠军，就没脸去见老主任，没脸去见山东的父老乡亲。现在想想也不后悔，你付出了，总会有回报。所以后面才有了 1991 年我跟王涛的第一个世界冠军。那是第 41 届世乒赛，我们男团第 7，女团第 2，在男女团都失利的情况下，混双仅是一个单项，所以必须要做一些事情，我们需要一个冠军。那个时候考验我跟王涛的是在男女团体都输的情况下，可不可以为了国家挺身而出，敢不敢冲到前面去拿这块金牌？

我现在带北大校队，今天北大校队的队员也来了，平时教他们技术多，今天我觉得要教给他们的，一方面是乒乓球的历史文化，另一方面是我作为教练员，应该培养他们的这种担当精神，塑造他们敢于拼搏的品格，这是非常难的。

之前是为了国家拼搏，后来到可以自己选择的时候，就遵从了自己的内心，选择我最想做的事情——到北大读书。1996 年退役之后，我也在日本早稻田大学待过，还有国内的一些学校也想让我过去，但是我心中最棒的学校就是北大，我要到北大来学习。

今天第一次给大家开课，好几个人问我紧不紧张，我说紧张，他们说："你什么场面没见过你还紧张。"其实，这种紧张是一种敬畏，对老师这份职业的敬畏，对同学们的尊重。非常羡慕大家能够从小学、中学、大学这么一路走过来，但是像我们没有办法，必须得先去打球，人生的顺序是不一样的。先去打球，等到 30 岁再来读本科的时候，其实已经错失了读书的最佳年龄。这个也是后来我在北大从事体教结合的初衷，就是想让后面的这些孩子们能够边读书边打球。

来到北大，我特别高兴。那时候骑着自行车一进北大就想笑，跟之前一进训练场地就又困又累截然不同。进北大后听大课，听老师上课，我觉得思想上全是火花。这种感觉太享受了，每天都很满足。本科法学院毕业典礼上一奏国歌，我的眼泪就哗哗地流，我就想，上了七次冠军领奖台我都没有掉过眼泪，本科毕业我怎么这么激动？

到了北大，在知识的海洋里，跟这么多优秀的老师们、同学们在一起，我越学越觉得自己渺小。但是，在中国乒乓球队，要拿冠军，必须要有霸气，我就是冠军。冠军就是独赢，只有一个。这两个团队，一个把我塑造得无限的大，一个把我塑造得无限的小。就在大与小之间，让我不卑不亢、宠辱不惊，让我能够把自己的真实感悟分享给大家。

大家看这三个"16"。从 1999 年到北大读本科，到 2015 年博士毕业，是第一个"16"。拿了 7 次世界冠军，用了 16 年，是第二个"16"。教授答辩需要 3 关，体教部 1 关，学部 1 关，全校 1 关。全校 20 个评委不好约，先是说 9 月开学答辩，到后来就推到 11 月 14 日，最后在我女儿 16 岁生日那天拿到了北大的教授职称。这是第三个"16"。

现在是第四个"16"。第四个 16 年就是奉献的 16 年。读完书、打完球，我对吃苦有一定的理解。2008 年奥运会之前，北大举办过一个冠军论坛，各个领域的人物都有一个分论坛。最后在百年纪念堂的总论坛有 5 位嘉宾，包括布莱尔、柳传志、谭盾，以及冠军论坛的发起人、澳大利亚国立大学的施耐德教授，还有我。

当时北大、清华的学生提问："你们事业成功了，怎么看待吃苦？"我跟他们说吃苦的第一关是体力之苦，就是要勤奋，大家一定不能懒惰，勤奋的人是以 10∶1 晋级的，从量的积累到质的飞跃。

第二关是思想之苦，它是从感性向理性的转变，不是你想干什么就干什么，而是你该干什么就干什么。思想上的苦你要会憋，憋这个劲的时候其实挺痛苦的，而一旦从感性向理性转变，也就是该做什么就做什么的时候，你的收获会很大。

第三关是让你瞬间觉得自己成长的心理之苦。到了顶尖之后，即进入北大之后，只能成功，不能失败。就像代表中国队一样，只能赢不能输，这是有心理压力的情况下的心理之苦。你什么时候能够面对艰难困苦淡然处之，从容不迫，你的心理什么时候就强大了。习近平总书记提出，要"实施健康中国战略"，首先我们要具备健康的心理，拥有强大的心理，才能共同打造健康中国。

04 体教融合的路径与前景

我刚才讲了体教融合，这是我在法学院大二时的想法。突然有一天我豁然开朗，要是我现在能代表国家队打球，会比以前打得更好。我发现，通过接受教育、读书学习可以达到最佳的心理状态和思想状态。如果两者能够完美地统一在一个人身上，他对项目的理解会非常深刻，能够创造最佳成绩。

正当我感到遗憾的时候，现在已经是国际象棋大师，当时和我在法学院一起读本科的许昱华问我："刘伟姐，国家队让我代表国家去参加国际象棋大师赛，参不参加？我现在都已经到北大读书了。"我说："必须参加。你为什么到北大来读书？你再回去下棋时，一定要让大家看到你通过读书有什么不一样；你要在你的棋风上，在你的成绩上让大家体会到读书的优越性。"后来我说服了她。结果，2000 年她获得了奥林匹克团体赛冠军，还有世界杯的个人赛冠军。在北大读书期间，她还取得了国际象棋大师的称号，创造了运动生涯的最佳成绩。

我 2003 年毕业，2002 年时学校领导找到我让我毕业后留校工作，当时很少有世界冠军在高校工作的。他们怕委屈我，我说不委屈。我留在北大要做一条龙的人才梯队建设，让这些孩子们可以边读书边打球。就这样才有了今天。雷声也是在北大读书期间创造了最佳成绩（见图 12-8）。

体教结合成功范例

北京大学 PEKING UNIVERSITY

许昱华
中国女子国际象棋队运动员，于北京大学学习期间，获得国际象棋奥林匹克团体赛冠军奖杯及世界杯个人冠军。

雷声
中国击剑队男子花剑运动员，于北京大学学习期间，获得中国第一块花剑运动的奥运会金牌。

李宁
中国男子体操运动员，于北京大学学习后，为我国体育产业发展做出贡献。

38

图 12-8 ⊙ 体教结合成功范例

　　另一个榜样就是李宁。我是 1999 年进北大的。1998 年北大百年校庆，我从电视上看到李宁的采访，他当时代表北京大学的学生发言。我心想，原来冠军还能到北大上学？其实，对国家作出贡献的，世界前 3 名的运动员，都可以到学校去学习。

　　2003 年留校，10 月份成立乒乓球俱乐部的时候，韩启德等领导都过来开球。当时庄则栋、邱钟惠，还有俱乐部的名誉顾问蔡振华都来到了现场，一共来了十几个世界冠军。这也是我所说的，北大做体教结合，探索体教新机制，培养优秀特长生，这是非常有前瞻性的。这个模式不仅有利于发展学校体育教育，提高学生身体素质，而且有利于大批优秀运动员的产生，以及他们素质的全面提高和日后的就业等方面。运动员融合到学校，学校体育通过这些运动员得到发展，属于双赢的局面。

　　北大校队，是我到北大的工作之一。我对北大校队的理念是，挖掘他们的潜力，激活他们的潜能。我主要还是用中国国家乒乓球队的先进理念来打造这个球队，所以拿几个冠军不足为奇。但是，在他们努力的每一块奖牌上面，都承载着他们的汗水、泪水和拼搏的过程。每一块奖牌都是一个故事。

图 12-9 ⊙ 刘伟带领北大乒乓球校队取得的成绩

这些是截至目前，北大校队所取得的成绩。国家队的队员、世界冠军们也带着他们打比赛，做场外支援。北大校队的这些学生，我也给他们做过场外，打的都是高校级的比赛。水平层次不同，但我认为挑战人的极限是一样的。全国大学生运动会这 6 块金牌当中，他们面对的对手都是专业运动员，所以训练的时候，我对他们非常严厉。

大家都知道，在北大，这些特长生跟同学们修的学分都是一样的，要学习、考试、训练、比赛。但是专业队运动员只是训练和比赛，单一得多。所以，我知道他们的这种不容易，这些金牌都是他们努力的结果。作为老师，我也有一种得英才而培养的幸福感。

今天拿冠军最多的李佳跃来了，站起来跟大家见个面！这些奖牌里，你代表北大拿了多少个冠军?

（李佳跃：26 个。）

26 个！这是最杰出的。他拿了很多大运会冠军、全国冠军，也赢过专业队。但是现在的体制下，我们没有选拔的机会，让他代表中国的大学生去参加世界大学生比赛。带着北大的学生夺取世界大学生冠军，也是我的梦想，未来可以努力实现。但是李佳跃现在已经是法学院研二的学生了，马上要毕业了，也谢谢你为北大争得的荣誉。

在教学期间，我还做了乒乓球的慕课。"学习强国""学堂在线""华文慕课"等都在用这个乒乓球教学视频。视频是 2019 年拍出来的，但是没有想到 2020 年初新冠疫情暴发。虽然不是为了疫情而做，但是在疫情期间发挥了非常大的作用。

我在教育学院读博士的时候，主要是做体教结合方面的研究。我们受益于"体教分离"，经历了"体教结合"，到了学校，主体换了，叫"教体结合"。目前是体教融合阶段，但我认为这还不是画句号的时候。未来体育还是要回归教育本源，举国体制主要是为了我们成为金牌大国，这个目标在 2008 年我们已经实现了。现在我们参与的人数、金牌的总数都已经算得上是一个体育大国了，正在向着体育强国迈进。

05 体育无国界，一起向未来

从郎平到佐藤康弘，还有安贤洙等，这些国际化的教练，其实他们每个人都不愿意离开自己的国家。但是，佐藤康弘带着苏翊鸣夺冠之后，他说能让体育成为中日友好的桥梁，这件事情就太好了。郎平去国外执教，也是一个讲好中国故事、提升中国软实力的途径。我觉得这些教练员都是非常棒的。

另外，体育可以促进各个国家运动员之间的友谊，可以超越金牌至上的理念。就像冬奥会刚刚结束，谷爱凌、苏翊鸣以及日本 3 名运动员之间的友谊。

其实，人才培养模式已经到了市场机制下的举国体制，我认为这个模式会是未来产生冠军的一条必经之路。北大校领导对体育的重视是有传统的。蔡元培校长就曾经说过，"完全人格，首在体育"。安钰峰老师在分管体育工作时，也提出了"健康校园，体育先行"。习近平总书记也寄希望于未来的青年。100 年前，北大就有一群新青年高举马克思主义的思想火炬。我曾经跟校队学生也讲过，让他们看《觉醒年代》，这不仅是一部党史、北大史，也是一部理想的奋斗史。

我们在北大读书，每个人都有自己的理想，都有自己的信念，在通往理想的路上，会碰到各种问题。但是，我们学习了中国共产党百年党史之后，再来看我们日常生活当中的这些困难，就显得微不足道。所以，我们一定要弘扬北京大学的课堂内涵，发扬北大的"敢为天下先"的精神。

冠军已经离我远去，但是我愿意与冠军精神共存。感谢中国国家乒乓球队培养我，让我有了这种不服输、不怕输的体育精神。感谢北大对我的培养，让我获得了从运动员到学生，又从教练员到老师的转变。国手、国校、国球，这是独特经历赋予我的特殊使命。今后我要为北大培养出更多的人才，为我国的体育事业做自己应有的贡献。谢谢大家！

互动

❓ 同学： 刘伟老师您好，在 1995 年的那场世乒赛上，在男双和女双都失利的情况下，您还是和搭档顶住压力获得了宝贵的冠军。我特别有感触，感觉心态是我们日常生活中非常重要的一个东西，想问问您是怎么样顶住压力，或者有没有调节心态的方式可以提供给我们这些大学生？谢谢您！

💬 刘伟： 你这个问题非常好。1991 年，当中国男队第七，女团第二次输了之后，当时整个中国乒乓球代表团陷入最低谷，谁也不说话，大家都是那种很压抑的状态。我记得非常清楚，当时体育总局的局长是伍绍祖，他没有想到中国队会男女团双双失利，马上从北京飞到日本给我们做动员。面对这种情况该怎么办？我认为需要一种积累。我刚才讲王涛男团没有上场，女团我也没有机会上场。这是 1991 年 4、5 月份的比赛，1990 年亚洲锦标赛的时候我把对手都赢了，很明显我要是上场肯定能拿下。但这种情况下，我可能不如上场的那些队员优秀，教练还是让他们上场，你自己有劲使不出来，只能把这种劲儿默默地、暗暗地攒着放在手里。所以我当时就是为了国家荣誉挺身而出，才获得了这个成就。

❓ 同学： 刘老师您好，今天听了您的讲座特别的激动，也特别的感动。我是属于工作几年之后再来读研的，我之前是在我们当地的文化体育广播电视和旅游局工作。我们平时有一个习惯，在简称我们单位名称时，通常都是说文旅局，直接把"体育"忽略掉了。同时，我们单位在体育方面，人员也不足，在当地发挥引领作用方面也不太强。所以就想问您一个问题，您觉得我们作为一个基层的政府机构，在对于建设体育强国方面，应该如何引领呢？您有没有什么好的建议？谢谢老师！

💬 刘伟： 首先这个机构的成立，文旅加上体育，这就是现在的"体育＋"。体育＋旅游、体育＋健身这些元素可以综合起来。比如，体育＋旅游，可以结合青少年的体育培训或赛事，虽然我不知道你的家乡在什么地方，但现在都把这个精品赛事当作城市形象展示。如果说这个城市很有特色，就可以举办旅游结合青少年特色体育项目的培训活动，让人们既认识了这个城市，又能到城市去体验某一项运动，可以结合当地的特色来设计。除了特色体育项目之外，我觉得还可以开展一些传统的项目，比如说像乒乓球。我走到哪儿都是乒乓球运动的推动者、推广者。我一上课，就会告诉同学们，乒乓球这项运动追求可持续发展，年轻的时候快点打、发力打，年长的时候轻点打、慢点打，可控性比较强，不会受伤。而且在学校里还有一个特点，就是只要有不怕风吹日晒雨淋的球台就可以开展，场地很方便。如果需要我做什么，可以跟我说。

同学： 刘老师好！我是练武术的，夏天的时候去参加了大学生运动会，我是代表奥地利的留学生，项目是武术。在那儿我遇到了很多我的偶像，都是我在电视上看到、关注了好几年的人物。我自己其实已经放松了心态，觉得能够参加就是我最大的荣幸，但是当站在赛场上的时候，腿不由自主地会抖，特别紧张，不敢相信真的会和自己的偶像站在同一个赛场上。所以我想问您有没有同样的经历，应该如何应对呢？

刘伟： 非常好的问题。我在赛场上拿了七次世界冠军，经历过无数的大小比赛。在我看来，人生一共有四个对手，在你的运动生涯当中也是一样：第一个对手是比你水平差的；第二个对手是比你水平高的；第三个对手是跟你水平差不多的；最后一个也是最重要的一个对手，就是你自己。面对比你差的，你不能看不起对手；面对比你好的，就像刚才你说的看到的这些冠军，你一定要敢于战胜他们，这才是你的目标；面对跟你水平差不多的，两强相遇，勇者胜！最后，就是战胜自己，只有战胜了自己，才能战胜对手。

图 12-10 ⊙ 刘伟和同学们合影